知识产权理论与实践教程

赵凤梅　王淑华　编著

知识产权出版社

全国百佳图书出版单位

—北京—

图书在版编目（CIP）数据

知识产权理论与实践教程／赵凤梅，王淑华编著.—北京：知识产权出版社，2020.5

ISBN 978 - 7 - 5130 - 6745 - 4

Ⅰ.①知⋯ Ⅱ.①赵⋯ ②王⋯ Ⅲ.①知识产权—高等学校—教材 Ⅳ.①D913.4

中国版本图书馆 CIP 数据核字（2019）第 300815 号

责任编辑：彭小华　　　　　　　　　责任校对：潘凤越

封面设计：SUN 工作室　韩建文　　　责任印制：刘译文

知识产权理论与实践教程

赵凤梅　王淑华　编著

出版发行：**知识产权出版社** 有限责任公司	网　　址：http：//www. ipph. cn
社　　址：北京市海淀区气象路 50 号院	邮　　编：100081
责编电话：010 - 82000860 转 8115	责编邮箱：huapxh@ sina. com
发行电话：010 - 82000860 转 8101/8102	发行传真：010 - 82000893/82005070/82000270
印　　刷：天津嘉恒印务有限公司	经　　销：各大网上书店、新华书店及相关专业书店
开　　本：720mm×1000mm　1/16	印　　张：17.5
版　　次：2020 年 5 月第 1 版	印　　次：2020 年 5 月第 1 次印刷
字　　数：300 千字	定　　价：68.00 元

ISBN 978 - 7 - 5130 - 6745 - 4

编写说明

　　本书是根据非法学专业学生知识产权法的教学基本要求编写，学生们的法学基础知识薄弱、授课时间短、理工科学生居多。给非法学专业学生开设知识产权法课程的目的，一是让学生们树立尊重知识产权、保护知识产权的意识；二是对知识产权法律制度体系有全面了解；三是对知识产权侵权行为有判断能力。通过本课程的学习，让学生们在今后的工作中合法保护自己的知识产权、尊重他人的知识产权。

　　本书的编写注重实用性，教材以现行知识产权法的内容为基础，对于本领域基本理论、基础知识的阐述，皆为辅助学生理解知识产权制度的内容。为了节省授课时间，知识产权法律制度中相同的内容在总论中集中讲述。为了方便学生适用法律，在讲述相关内容时大多将法条原文列示，力求做到系统性和实用性的统一。

　　本书由长期从事知识产权法教学和研究的学者编写，撰稿人为两人，在体系上更为完整和统一。第一编、第三编、第四编由赵凤梅撰写，第二编由王淑华撰写。

　　由于作者专业水平及参考文献范围所限，本书不妥之处，敬请专家、读者不吝赐教，无论批评或商榷，编者都由衷感谢！

编　者

2019 年 11 月

目 录
ontents

第一编　知识产权总论

第一章　知识产权制度概述 ……………………………………… 003

　　第一节　知识产权的概念和特征 ……………………… 003

　　第二节　知识产权的特征…………………………………… 009

　　第三节　知识产权法概述………………………………… 015

第二章　知识产权法律制度设计 ……………………………… 019

　　第一节　知识产权制度的基本问题 ………………… 019

　　第二节　知识产权的保护………………………………… 025

第二编　著作权法

第一章　著作权法概述 ………………………………………… 035

　　第一节　著作权和著作权法………………………………… 035

　　第二节　中国著作权制度的产生和发展 ……………… 038

　　第三节　中国著作权法的主要原则 ……………… 039

第二章　著作权的客体——著作权保护对象 ……………… 041

　　第一节　作品的概念及构成要件 ……………… 041

　　第二节　我国著作权法保护的作品分类 ……………… 042

　　第三节　不受著作权法保护的作品

　　　　　　——著作权对象的限制 ………………………… 050

第三章　著作权的内容 ………………………………………… 053

　　第一节　著作人身权 ……………………………………… 053
　　第二节　著作财产权 ……………………………………… 054

第四章　著作权的主体及著作权归属 …………………… 061

　　第一节　著作权的主体 …………………………………… 061
　　第二节　著作权归属的法律依据及基本规则 …………… 063

第五章　著作权的邻接权 ………………………………… 070

　　第一节　概述 ……………………………………………… 070
　　第二节　表演者权 ………………………………………… 072
　　第三节　录音制品作者的权利 …………………………… 073
　　第四节　广播者权利 ……………………………………… 074
　　第五节　出版者的权利 …………………………………… 075

第六章　著作权的取得、利用和转移 …………………… 078

　　第一节　著作权的取得及保护期限 ……………………… 078
　　第二节　著作权的许可使用与转让 ……………………… 080
　　第三节　著作权的法定转移——继承 …………………… 082

第七章　著作权的限制 …………………………………… 085

　　第一节　合理使用 ………………………………………… 085
　　第二节　法定许可使用 …………………………………… 087
　　第三节　强制许可使用 …………………………………… 089

第八章　著作权的保护 …………………………………… 093

　　第一节　著作权保护概述 ………………………………… 093
　　第二节　著作权侵权行为 ………………………………… 094
　　第三节　行政责任与刑事责任 …………………………… 096

第九章　著作权的集体管理 ……………………………… 103

　　第一节　概述 ……………………………………………… 103

第二节　集体管理的权利及实践 ·· 104

第三编　专利法

第一章　专利法概述 ·· 109

第一节　专利制度的起源与发展 ·· 109

第二节　中国专利制度 ·· 111

第二章　专利权的主体 ·· 117

第一节　专利权主体概述 ·· 118

第二节　先发明人与先申请人 ·· 122

第三章　专利权的对象 ·· 126

第一节　发明 ··· 127

第二节　实用新型 ··· 130

第三节　外观设计 ··· 132

第四节　不授予专利权的发明创造 ··· 134

第四章　专利权的取得 ·· 136

第一节　授予专利权的实质条件 ·· 137

第二节　专利申请、审批制度 ·· 143

第三节　专利复审与无效程序 ·· 151

第五章　专利权的内容 ·· 154

第一节　专利权内容概述 ·· 154

第二节　专利权人的独占实施权 ·· 156

第三节　专利权人的转让权和许可权 ·· 159

第四节　专利权的放弃权和标记权 ··· 164

第六章　专利权的限制 ·· 166

第一节　专利权的保护期限 ·· 166

第二节 不视为侵权的行为 ……………………………………………… 168

第三节 强制许可和指定许可 …………………………………… 172

第七章 专利权的保护 …………………………………………… 178

第一节 侵权行为的判断 …………………………………………… 180

第二节 专利纠纷的类型及解决途径 ………………………… 190

第三节 专利侵权民事诉讼 ………………………………………… 193

第四编 商标法

第一章 商标法概述 ……………………………………………… 201

第一节 商标法律制度概述 ………………………………………… 201

第二节 商标与相邻标记的区别 ………………………………… 203

第三节 商标法概述 ………………………………………………… 205

第四节 我国商标制度的产生及发展 ………………………… 207

第二章 商标权的对象 …………………………………………… 212

第一节 商标构成的禁止条件 …………………………………… 214

第二节 商标构成的积极条件 …………………………………… 217

第三节 商标的分类 ………………………………………………… 220

第三章 商标权的取得及期限 …………………………………… 224

第一节 商标权的产生依据 ………………………………………… 224

第二节 商标注册申请 ……………………………………………… 227

第三节 商标注册的审查和核准 ………………………………… 230

第四节 注册商标的期限和续展 ………………………………… 234

第四章 商标权的终止与无效 …………………………………… 236

第一节 商标权终止与无效概述 ………………………………… 236

第二节 注册商标无效的含义及情形 ………………………… 238

第三节 注册商标无效的程序及效力 ………………………… 240

第五章　商标权的内容与限制 ……………………………………… 242

第一节　商标权的内容概述……………………………………… 242

第二节　商标权的内容和范围　………………………………… 243

第三节　商标权的限制………………………………………… 247

第六章　商标权的保护 …………………………………………… 251

第一节　商标侵权行为概述…………………………………… 251

第二节　商标侵权行为类型…………………………………… 255

第三节　商标侵权法律责任及执法措施 ……………………… 259

第七章　驰名商标的认定及保护 ………………………………… 263

第一节　驰名商标的概念……………………………………… 263

第二节　驰名商标的认定……………………………………… 264

第三节　驰名商标的法律保护 ………………………………… 266

第一编

知识产权总论

第一章

知识产权制度概述

【内容提要】

本章讲授知识产权的概念、范围和特征，知识产权法的概念、体系和地位。本章重点内容是知识产权与其他民事权利的相同及差异特征，知识产权的特征决定了知识产权法律制度与其他民事权利保护不同的手段和体系。通过本章学习让学生对知识产权和知识产权法律制度有一个全面、准确地把握，有利于今后对知识产权各部门法的学习、理解和运用。

第一节　知识产权的概念和特征

一、知识产权的概念

在讲述什么是知识产权之前，我们先看一个与"泉标"有关的著作权纠纷。如果问起济南市最有名的地标性标志，很多人会想到位于泉城广场的"泉标"（图1-1）；如果问"泉标"属于谁，很多人会想当然地说，谁出钱设计制造的就属于谁呀，济南的"泉标"是济南市政府出资设计、制造的，当然属于济南人呀。

可是1999年8月建成的"泉标"，从"诞生"之初就留下了权利纠纷的隐患！这个标识是济南市政府出资，委托陕西省雕塑院原院长、著名雕塑家王天任先生设计，当初双方签订的委托设计、制作、安装泉标的合同未对著作权归属作出约定。按照我国现行著作权法的有关规定，委托合同未约定著作权的归属，著作权属于设计人，因此这个"泉标"的著作权属于设计者王天任先生。

图 1-1　济南市泉标

有人马上就会问，著作权属于王天任先生又怎么了？济南市政府出巨资委托设计、制造的"泉标"，难道他不让济南人把"泉标"放在泉城广场？还是他有权不让济南人去看"泉标"、不让济南人给"泉标"拍照呢？王天任先生为什么会拥有"泉标"的著作权？他拥有"泉标"的著作权有什么意义？

要回答这些问题，最基础的一点是要厘清知识产权的概念和特征。

（一）知识的概念

百度百科中对"知识"作如下解说，知识是符合文明方向的，人类对物质世界及精神世界探索的结果总和。知识，至今也没有一个统一而明确的界定，知识的概念是哲学领域最为重要的一个概念。汉语词源"知识"的"知"表示说话像射箭、正中"靶心"，意指说得很对、很准；"识"的本义是"用语言描述图案的形状和细节"，引申义为"区别、辨别"。

我们无意在此辨析"知识"的概念，只是想通过对知识概念的简单分析，使读者朋友容易理解"知识产权"的概念。抛开哲学层面的分析，我们通常理解的"知识"，是通过自我感知、思考、读书、与他人交流等各种方式获得的"信息"，掌握这些信息可以对未来遇到的事物作出正确判断，解决自己生活和工作中的问题。

在新时期由于信息获取渠道的增加和便捷，造成了知识概念的更新，不管知识获取的渠道和载体有多少变化，大体来说我们通过学习获得的知识还是可分为两类：一类是讲述是什么、为什么的知识，这类可编码的知识通过我们日常学习逐渐掌握，是我们每个人都需要掌握的基础知识，我们要尽可能全面、准确地掌握这类知识。另一类是解决特定问题的知识，包括特定的技能、特定的诀窍等，这类知识属于可意会的知识。

如果我们大家经过十几年的努力学习，掌握了很多的知识，请问我们对自己寒窗苦读获得的知识是否拥有知识产权呢？

可以告诉大家我们对自己学习获得的知识没有知识产权，我们努力学习掌握的知识，可以自由占有、使用，为什么不能说我们对这些知识具有知识产权呢？因为这些知识属于公共资源，我们每个人都可以学习、使用，不能赋予某个人产权。那么什么是知识产权？什么样的知识可以赋予特定人享有知识产权呢？

（二）知识产权的概念

"产权"不是严格的法律概念，类似于民法上"所有权"的概念。知识产权概念缘何而来在我国学界并未达成共识，有学者总结出目前学界流行的说法有德国说、法国说和瑞士说①，这些学说中出现的法语、德语和英语等外文词汇②，可以推断知识产权的概念来自中国人对外文中相关概念的翻译。英文 intellectual property 为何被翻译成"知识产权"，现在也有不同说法，仅从字义上看，通过对 property 这一术语进行语义考察，其英文严格意义应指"财产权"，是一个严格意义的法律概念，而中文"知识产权"中"产权"的概念是一个典型、模糊的经济学术语，以模糊的经济学术语翻译法律概念，其不恰当性显而易见。③ 但是经过若干年的使用，我们已经习惯了知识产权的说法，不管翻译是否准确，我们从其内涵及范围上对其界定，有利于人们掌握知识产权的概念。

首先我们分析知识产权的内涵，如果只能用一个关键词来表达知识产权内涵的话，那这个词就是"垄断"或"独占"，即在特定时间、地域范围内，某

---

① 刘春田：《知识产权法》，中国人民大学出版社 2014 年版，第 4 页。
② 余俊："'知识产权'称谓'考'"，载《中国知识产权评论（第 3 卷）》，商务印书馆 2005 年版，第 1-29 页。
③ 姜荣、孙新强："论'知识产权'与民法典的关系"，载《北航法律评论》2017 年第 1 期，第 147 页。

些知识只能被特定的人垄断使用，其他人未经许可并支付报酬都不能使用这些知识产品。因此一般知识产品不能赋予某人以产权，否则每个人使用知识信息的时候就会动辄得咎。

那么什么样的知识产品会赋予特定的人以"产权"，这是界定知识产权的范围要回答的问题，只能是特定知识产品的存在与某个主体有关，才会赋予这个主体对该知识产品有独占的权利。人们会通过哪些方式建立起和某个知识的关系呢？一种方式是通过创作、创造发明产生知识产品，这属于创造性的智力成果，我们熟悉的创造性智力成果有发明、作品等。法律规定这类智力成果如果满足规定的创造性或独创性的要求，就会赋予创造人以知识产权。近年来关于数据库的保护问题，各国对于最低限度的创造性理解有所不同，可依然不能否认其作为创造性智力成果而享有知识产权的基础。另一种方式是通过长期商业宣传使用，使得某些商业标识具有了价值，这属于标识性的智力成果。大家耳熟能详的标志性智力成果有商标、商号等，这类标记权的基础是来自标记背后承载的商誉，商誉是这些标识在长期使用过程凝结的，再优美的商标设计本身作为美术作品有其独立的价值，但这个设计所代表的商标的价值绝不是作品本身的价值。法律将这两类知识产品垄断、独占的使用权赋予特定的权利人，权利人享有的就是知识产权。

在 20 世纪 60 年代以前，知识产权尚未成为国际上广泛使用的法律概念，知识产权的"曾用名"有智力成果权、智慧成果权、智力财产权等，人们一般将基于创造性智力成果所获取的民事权利称为"无形财产权"（intangible property）。当代西方学者将该项权利的客体称为"知识财产"（interllectual property），是法学理论上的一大进步。著名法学家北川善太郎是日本推行"知识产权"概念的先驱者。

在民事权利制度体系中，知识产权的用语是与传统的财产所有权相区别而存在的①。相对于整个民事权利家族，知识产权是一个非常年轻的成员。与一般民事权利保护的客体是有形的物相对应，知识产权保护的客体是无形的信息、是与有形的表达载体相分离的思想、发明、标记、图像、表达性作品②，概言之知识产权制度是将某些知识信息予以产权化以激励其创造者。

我国立法及学者论述中知识产权概念的产生及发展情况如下。我国学者的著述中对于知识产权的概念，曾经有两种有代表性的定义。一种将知识产权定

---

① 吴汉东主编：《知识产权法学》，北京大学出版社 2009 年版，第 1 页。

② ［美］威廉·M. 兰德斯、理查德·A. 波斯纳：《知识产权法的经济结构》，金海军译，北京大学出版社 2005 年版，第 1 页。

义为人们对其创造性的智力成果依法享有的专有权利；另一种将知识产权定义为人们对其创造性的智力成果和商业标记依法享有的专有权利。早期的著述均采第一种定义，坚持这一定义的是郑成思先生，如他在其主编的《知识产权法教程》中给知识产权下的定义是："知识产权指的是人们可以就其智力创造的成果所依法享有的专有权利。"为了说明这一定义的正确性，郑成思先生在多件作品中反复论证、强调知识产权的客体，包括商业标志，都是具有创造性的智力成果。近年来，随着对知识产权研究的深入，取第二种定义的人渐多，如刘春田主编的《知识产权法》的定义是："知识产权是基于创造成果和工商业标记依法产生的权利的总称。"① 吴汉东主编的《知识产权法》的定义是："知识产权是人们对于自己的智力活动创造的成果和经营管理活动中的标记信誉依法享有的权利。"

在我国曾经采用智力成果权的名称表述知识产权，《中华人民共和国民法通则》（1986 年 4 月 12 日由第六届全国人民代表大会第四次会议修订通过，以下简称《民法通则》）开始正式使用知识产权的概念。

开篇所讲的案例中，"泉标"作为雕塑作品上产生的知识产权，属于创造性智力成果中的著作权。因为济南市政府与王天任先生签订的委托设计、制作、安装泉标合同未对著作权归属作出约定，按照我国现行著作权法的有关规定，委托合同未约定著作权的归属，著作权属于设计人，因此这个"泉标"的著作权属于设计者王天任先生。济南市政府作为委托人取得了"泉标"作为"物"的所有权，当然可以对"泉标"这个"物"占有、使用，每个济南市民都可以到泉城广场去看"泉标"，与它合影。但如果济南市政府为了宣传济南形象，定作、赠与或出售"泉标"模型及定作、赠与或出售带有"泉标"图案的工艺品，就会侵犯著作权人的著作权。

二、知识产权的范围

知识产权有狭义和广义之分。狭义的或者称为传统的知识产权包括专利、商标和版权三个法律领域②，或者说将"专利权、商标权和著作权等一般结合在一起称之为知识产权"③。广义的知识产权包括著作权、邻接权、商标权、商号权、商业秘密权、地理标记权、专利权、植物新品种权、集成电路布图设计权等各种权利。广义的知识产权范围目前已为两个主要的知识产权国际公约所

---

① 刘春田主编：《知识产权法》，中国人民大学出版社 2014 年版，第 8 页。

② 参见［美］阿瑟·R. 米勒：《知识产权法概要》，中国社会科学出版社 1997 年版，第 4 页。

③ 沈明达编著：《知识产权法》，对外经济贸易大学出版社 1998 年版，第 1 页。

认可，分别是 1967 年签订的《成立世界知识产权组织公约》（WIPO 公约）和 1993 年 12 月 15 日关贸总协定缔约方通过的《与贸易有关的知识产权协定》（TRIPS 协议）。以下分别简单介绍 WIPO 公约、TRIPS 协议及我国现行法律对知识产权范围的规定。

（一）国际公约对知识产权范围的规定

1. 《成立世界知识产权组织公约》的规定

1967 年签订的《成立世界知识产权组织公约》是知识产权国际保护领域非常重要的法律文件，该公约第 2 条第 8 款规定，"知识产权"包括以下有关项目的权利：（1）文学艺术和科学作品；（2）表演艺术家的演出、录音制品和广播节目；（3）在人类一切领域内的发明；（4）科学发现；（5）工业品外观设计；（6）商标、服务标记、商号名称和标记；（7）禁止不正当竞争；（8）在工业、科学、文学或艺术领域内其他一切来自知识活动的权利。

2. 《与贸易有关的知识产权协定》的规定

《与贸易有关的知识产权协定》中所称知识产权的范围包括：（1）著作权及相关权利（邻接权）；（2）商标权；（3）地理标记权；（4）工业品外观设计权；（5）专利权；（6）集成电路布图设计权；（7）对外未公开信息的保护权；（8）对许可合同中限制竞争行为的控制。

3. 两个公约知识产权范围之比较

《与贸易有关的知识产权协定》对知识产权范围的规定，相比 1967 年签订的《成立世界知识产权组织公约》所规定的权利对象，剔除了"科学发现"，科学发现当然是非常重要的智力成果，但却不是知识产权保护的智力成果，这是后面讲述的知识产权法定性的体现。智力成果是客观存在，只有依法确认相关智力成果的创造者才享有知识产权，对该智力成果享有独占专有的权利，科学发现不宜被民商事主体专有垄断。同时 TRIPS 协议规定的权利对象有所增加和明晰，增加了地理标记权、集成电路布图设计权，对外未公开信息的保护权、对许可合同中限制竞争行为的控制等。随着科学技术的不断发展，特别是信息技术的快速发展和广泛应用，出现了大量的新型智力成果，人们对智力成果的使用方式更是花样翻新、日新月异，知识产权是一个开放、不断变化和更新的系统，通过列举方式确定知识产权的范围几乎不可能实现，但仅抽象概括知识产权的对象又会使公众难以判断哪些东西受知识产权法律制度保护，因此列举加概述的方式是比较稳妥的办法。

（二）我国现行法律对知识产权范围的规定

根据《中华人民共和国民法总则》（2017 年 3 月 15 日第十二届全国人民代

表大会第五次会议通过，以下简称《民法总则》）第 123 条之规定，民事主体依法享有知识产权。知识产权的客体包括作品；发明、实用新型、外观设计；商标；集成电路布图设计；植物新品种；法律规定的其他客体。学者通说认为发现权、发明权和科技成果推广的权利，不具有知识产权专有财产权的权利性质，在将来的民事立法中，有关知识产权保护的范围应不包括这些权利①。

与前述广义的知识产权概念相比，狭义的知识产权包括著作权（含邻接权）、商标权和专利权。传统上，按照智力产品的性质分类，著作权和专利权的客体属于创造性智力成果，商标权保护的客体属于标识性的智力成果；按照权利应用的领域，著作权主要应用于文学艺术领域，因此著作权又被称为文学产权；而商标和专利应用于工业领域，因此商标权和专利权又经常被合称为工业产权，其实工业产权的概念大于商标权和专利权。随着科技进步和社会发展，文学艺术领域和工业产权领域不断交汇融合，知识产权保护的范围也在不断扩大。

第二节　知识产权的特征

知识产权的法律特征同知识产权的概念一样，学界有过不同的声音。目前，有关知识产权的著述较为普遍地认同的特征有客体的无形性、法律（或国家）授予性、专有性、地域性、时间性、权利的双重性。在传统上，财产权包括物权和债权两大类，知识产权是后出现的新型财产权②，本书针对非法学专业学生学习的特点，从知识产权与债权和物权等民事权利比较的角度，诠释知识产权的特征。

一、物权和债权的主要特征

本书所述物权和债权的主要特征，是从有利于学生掌握知识产权特征的角度进行阐述的，以适应非法学专业学生学习知识产权法律制度的需要。

（一）物权的主要特征

与我们每个人密切相关的物权是所有权，从很小的时候每个人就有这件物品是"我的"的概念，这就对应物权法上的所有权。根据《中华人民共和国物

① 吴汉东主编：《知识产权法学》，北京大学出版社 2009 年版，第 2－3 页。
② 姜荣、孙新强："论'知识产权'与民法典的关系"，载《北航法律评论》2017 年第 1 期。

权法》（第十届全国人民代表大会第五次会议于 2007 年 3 月 16 日通过，自 2007 年 10 月 1 日起施行，以下简称《物权法》）第 2 条第 3 款的规定，物权是指权利人依法对特定的物享有直接支配和排他的权利，包括所有权、用益物权和担保物权。具体指自然人、法人直接支配不动产或者动产的权利。

1. 物权是支配权

支配权是权利人根据自己的意志，对权利的保护对象进行直接支配，并排除他人干涉的权利。这是物权与债权最根本的区别，物权的行使不依赖于他人的配合，物权人可以自主对自己享有物权的"物"进行占有、使用、收益和处分。而债权的行使依赖于债务人的配合，是请求债务人给付的一项权利。

在开篇的案例中，济南市政府拥有"泉标"的所有权，可以对"泉标"这个"物"占有、使用。假设有了更好的雕塑作品可以替代现在的"泉标"，可以将这个雕塑租赁给他人甚至转卖给他人，都不需要经过任何他人的同意和配合，可以按照自己的意思对有所有权的"物"行使占有、使用、收益、处分的权利，这就是物权支配权所赋予所有权的权能。

2. 物权是对世权

对世权又称绝对权，是指权利的效力可以对抗一切人，即除权利人之外的任何人都负有不得侵害、干涉其权利的消极义务，而没有协助其实现权利的积极义务。这是物权与债权的重要区别之一，债权具有相对性，仅仅基于债权债务关系的双方之间有请求对待给付的权利和义务，不能向其他人主张权利。

3. 物权法定

所谓物权法定原则，亦称物权法定主义，是指物权的种类与内容只能由法律来规定，不允许当事人自由创设。物权法定是物权与债权相区别的另一个特征，特别是与强调当事人意思自治的合同之债的重要区别，虽然债的发生原因有合同之债、侵权之债、不当得利和无因管理之债，但合同之债是债权产生最重要和最常见的情形。

4. 物权公示

所谓公示，是指物权在变动时，必须将物权变动的事实通过一定的公示方法向社会公开，从而使第三人知道物权变动的情况，以避免第三人遭受损害并保护交易安全。目的是保护交易安全，特别是保护当事人对公示的信赖利益。

动产以占有作为推定权属的初步证据，不动产以登记作为权属的初步证据。"动产占有"和"不动产登记"都是物权公示的方式。

（二）债权的主要特征

债权是得请求他人为一定行为（作为或不作为）的民法上的权利。本着权利义务相对应原则，债权的对面为债务，即必须为一定行为（作为或不作为）的民法上的义务。因此债之关系本质上即为民法上的债权债务关系，债权和债务不能单独存在。

债权最主要的特征是请求权、相对权。和物权不同的是，债权是请求权，是指权利人基于债的关系而产生的、请求特定人为特定行为的权利；同时该请求只能向特定当事人提出，债权是一种典型的相对权，只在债权人和债务人之间发生效力，原则上债权人和债务人之间的债之关系不能对抗第三人。

二、知识产权与债权比较的特征

知识产权与债权相比几乎没有相同性，比较容易区分开来。债权是请求权，知识产权是支配权；债权是相对权，知识产权是对世权。

知识产权唯一与债权看起来相似的一个特征是，债权和知识产权都是有期限的，但债权基于债的消灭事由而灭失，主要基于合同之债的适当履行或者侵权人主动全面承担侵权责任，债权实现而归于消灭；也可以基于法定事由而灭失，譬如债的抵销、混同、提存等。总而言之，是债权债务关系没有继续存续的价值或理由。

知识产权有期限，不是因为知识产权到特定时间就已经没有价值了，而是法律赋予权利人独占知识使用权的期限届满了，是平衡知识产权专有人和社会公共利益的重要制度体现。

三、知识产权与物权比较的特征

知识产权与物权和债权比较，更接近哪个权利呢？答案是知识产权的特征更接近物权，因此有些书中将知识产权称为"准物权"。既然叫"准"物权，那就说明和物权相比还有很多不同特征，我们就剖析知识产权和物权的相同点和区别，力求全面掌握知识产权的特征。

（一）与物权相同的特征

物权和知识产权均为支配权和对世权。

1. 知识产权是支配权

在这方面，知识产权与物权没有什么区别，因此，知识产权被称为"准物权"。物权法的一些基本原理和制度，可适用于知识产权法，如权利法定原则、公示公信原则等；知识产权的权利人对作为其权利保护对象的信息可以进行商业性利用，也可以不利用，可以用法律许可的任何一种方式利用，也可以按自己的意志进行处分；他人未经许可，不得进行商业性使用。作为支配权，知识产权所保护的对象必须是现实存在的特定的信息，如某件作品、某项技术、某个商标；尚未实际产生的信息，不能成为知识产权的保护对象，如未来作品不能作为著作权的保护对象。

2. 知识产权是对世权

这是知识产权与属于相对权的债权的一个重要区别。知识产权的权利人可以自己使用知识产权，可以许可他人使用知识产权，其他任何人未经其许可都不能使用知识产权，否则就可能构成侵权。

既然是"准物权"那就说明与物权相比还有区别，知识产权具有公共产品的属性，在权利行使的时候其绝对性相比物权要弱，要衡平权利人、被许可人和第三人之间的利益关系，法律对知识产权专有人权利的行使作出一些限制，从这些方面看，知识产权与物权具有区别特征。

（二）与物权的区别特征

知识产权的保护对象是非物质性的信息。权利的特点、内容以及救济方法归根结底是由权利保护对象的特点决定的。知识产权法所保护的，正是人们对这种信息的控制和支配。所谓非物质性，是指知识产权保护的对象并无物质性存在，它仅是一种信息。保护对象的非物质性是知识产权区别于其他财产权利的最主要（本质）的法律特征，知识产权的其他法律特征，都以此为根据，是由这一特点派生出来的。知识产权保护对象的非物质性具有以下不同于物质财产的重要特点。

（1）知识产权保护的对象是一种精神财富，具有永久存续性；一般的有形物会因为使用而磨损、毁坏，非物质性信息不会因为被使用而损耗。

（2）通过某种载体呈现。知识产权保护的对象是无形的信息，但这种无形的信息必须通过某种载体客观呈现出来，可以被第三人感知才能受到法律保护。譬如某种发明创造的想法无法获得专利权保护，只能固定为具有明确权利要求的技术方案才能申请专利权保护；某人的创作意图无法受到著作权的保护，只能通过小说、剧本、诗词歌赋、电影作品等载体将创作意图呈现出来才可产生著作权。

（3）可复制。与一般有形物不同，知识产权保护对象非常容易被复制，这是知识产权保护的必要性及前提。在古代，书籍都是写在锦帛上、刻在竹简上，很难被复制，这种情况下是不需要著作权制度保护作品的著作权的。随着现代科技的进步，非物质性信息的复制变得越来越方便、隐蔽，形式更加多样化，导致对于知识产权的保护难度增加、保护范围扩大。

（4）具有可广泛传播性。知识产权保护的非物质性信息可以通过复制、发行、表演、广播电视组织的节目而广泛传播，随着网络成为信息传播的常用方式，非物质性信息的传播途径更加方便和多样化。

（5）可以同时被许多人使用。与一般的物只能在同一时间被一人使用不同，非物质性信息可以同时被多个人占有使用。知识产权保护对象的这个特征，使得知识产权保护具有了与有形的物权保护不同的特点，如侵权行为不容易被及时发现、侵权人数多、分布区域广泛等。

（6）不能用控制物质财产的方式控制。中国有句古语"不怕贼偷就怕贼惦记"，隐含着一个防止物权受到不法侵害的道理，物权人可以采取秘密控制手段进行保护，对于重要物品要让它随时置于可控范围内。这些控制物质财产的方式对于知识产品权利的保护均不适用，因为知识产权人获得对特定知识信息独占、垄断权利的对价，就是要公开这些信息。

（三）知识产权的法定性

权利都是依法行使、依法保护的，知识产权的法定性是强调对智力成果享有知识产权需要依法确认，即并非所有的智力成果都相应地被赋予知识产权保护，"智力成果"是一种客观存在，没有智力成果就没有知识产权，但有了智力成果不一定有知识产权，只有依法确认的智力成果才会产生知识产权。如造假币、专用于赌博工具的技术无疑是一种智力成果，也有其市场价值和创新性，但是不会产生知识产权。除了这些违法的创造性智力成果不能依法享有知识产权，违背公序良俗的智力成果也不能受到知识产权保护，例如，韩国一家企业申请注册"流氓裤"、日本一家企业申请注册"三光"商标均被商标局驳回，并非因为该商业标识缺乏显著性，而是因为它们与善良风俗相悖。

（四）知识产权可分地域取得和行使

我国关于知识产权的著述认为知识产权具有地域性，而对地域性的一般解释是，依据一国法律所取得之知识产权仅在该国范围内有效，在其他国家不发生效力。而且认为知识产权的这一特点是由知识产权须经法律直接确认这一特点决定的，因为一国的法律没有域外效力。

这一解释并无问题，但是，却未能揭示出知识产权不同于其他财产权的特征。

我们认为，这一特点应当表述为知识产权可分地域取得和行使。

1. 知识产权可分地域取得

分地域取得指同一信息可依照法律规定的程序和条件，同时或先后在不同的法域分别取得相应的知识产权。依照一国法律取得的知识产权，仅在该国领域内受法律保护。第一，须经批准授权的知识产权，只在批准授权的国家受到保护。

第二，不需经批准授权的权利，在不同的国家，只能按该国法律受到保护。

2. 知识产权可分地域行使

物质财产权由于其保护对象的唯一性，不可能分地域取得，当然也不能分地域行使。可分地域取得和行使是知识产权区别于其他民事权利的重要的特征之一。这一特征是由知识产权的保护对象的非物质性和各国法律的域内效力决定的。

（五）知识产权具有可分授性

知识产权的权利人不仅可以在不同的法域分别行使其权利，而且可以在同一法域内同时或先后将知识产权相同的或不同的权能分别授予多人行使。这包括两种情况：其一，不同的权能可以分别授予多人行使；其二，相同的权能亦可授予多人行使。

可分授性是知识产权区别于物权的又一重要特征，这一特征是由知识产权的保护对象可以同时为许多人所利用的特点决定的。知识产权这一特征在实务中的应用表现为，在著作权、专利权和商标权许可合同中，只要在许可合同中未明确约定可分授的许可权，被许可人都不可以将得到的许可权再另外授权他人使用。

（六）知识产权的时间性

时间性是指法律所确认的知识产权的效力有法定的期限，超过法定期限，权利归于消灭，其保护对象从私有领域进入公有领域，任何人均得自由利用。这确实是物质财产权所不具有的特点。

虽然不是所有的知识产权都具有法定时间性，但并不妨碍我们承认著作权、著作邻接权、专利权等权利的法定时间性，并把它作为与物质财产权的一个重要区别。同时知识产权的时间性与债权消灭、物品经过使用磨损毁坏等完全不同，不是因为知识产权不再有价值，而是法律给予权利人独占、垄断的期限届至，这是衡平知识产权专有人与社会公共利益价值的体现。

（七）某些知识产权具有双重权利性

具有人身权和财产权双重权利的知识产权有著作权和部分著作邻接权（如表演者权）以及商号权、商誉权，其他知识产权是单一的财产权。人身权与财产权共同构成民事权利的体系，人身权的重要特征是不能转让、不能剥夺、没有期限。知识产权权利双重性的特征体现在知识产权法律制度中，具有人身权和财产权双重权利的著作权不能通过转让被卖绝，即著作权转让一次增加一个权利主体，但其中的四项人身权利是不能转让的，永远属于著作权原始取得的主体享有。

[**案例分析**]　济南市政府出资委托设计、制造了"泉标"，因而济南市政府对"泉标"具有物权，可以对其行使物权。但"泉标"上记载的非物质性信息产生的知识产权与作为知识信息表达载体的"泉标"的物权是分离的，济南市政府对"泉标"没有复制的权利，未经许可不能制作工艺品或模型等。现在知识产权侵权行为构成基本不以盈利为要件，因此即使济南市政府自费用"泉标"设计制作工艺品或模型，免费送给到访客人或用于推广宣传，只要未经著作权人许可都构成侵犯著作权。

第三节　知识产权法概述

一、知识产权法的概念

知识产权法是调整因知识产品而产生的各种社会关系的法律规范的总和，它是国际上通行的确认、保护和利用著作权、工业产权以及其他智力成果专有权利的一种专门法律制度。[①]

具体来说，知识产权法是调整因创造、使用智力成果而产生的各种社会关系的法律规范的总和，知识产权法律制度既是制度文明的典范，也是激发创造力和促进社会进步的加速器。[②] 知识产权法起源于 17 世纪，随着科学技术成果在生产领域的广泛利用，知识产品的价值与自然经济时期有了本质的改变，知识产品与其他有形的物一样具备了价值和交换价值，知识产品的创造者寻求法律对他们的财产权利予以确认，并寻求不同于保护有形物的财产权利的法律手段，就出现了以保护无形的信息为客体的知识产权法律制度。

二、知识产权法的体系

知识产权法的体系是指调整知识产权相关的权利义务关系的法律规范由哪些法律文件构成。知识产权法律制度历史并不悠久，我国的知识产权法律制度的发展始于清朝末年。中华人民共和国成立后，由于计划经济体制等原因，知识产权法律制度建立的时间比较晚。改革开放后，我国的知识产权法律制度建设飞速发展，目前已经建立了较为完备的知识产权法律制度。如果说我国知识产权立法初期修改是由于来自美国等国家的外部压力，在我国知识产权立法已

---

① 吴汉东主编：《知识产权法学》，北京大学出版社 2009 年版，第 23 页。
② 刘春田主编：《知识产权法》，高等教育出版社、北京大学出版社 2005 年版，第 23 页。

经相当完备后，近期修改的动因更多是我国国情自身的需求。①

知识产权法是由基本法规范、各专门法和中国加入的国际公约和双边协定共同构成的知识产权法律体系。当前知识产权制度是一种高度国际化的制度，高标准、高水平的国际知识产权保护新格局已经形成。② 参加知识产权国际公约的国家和地区，其国内或地区知识产权保护水平都大致相同，都必须达到知识产权国际公约规定的最低保护标准。如果达不到，则必须通过修订立法的形式加以实现。③ 我国知识产权保护水平不断提高，已经完全达到了国际知识产权公约要求的标准，甚至在一些方面还有所超越。④

以下介绍我国的主要知识产权法律制度，以备大家在遇到相关知识产权需要保护时，能够按图索骥找到相关的法律依据，保护自己的合法权益。

在我国《民法总则》颁布实施之前，我国对知识产权进行法律保护的基本法规范是我国《民法通则》，其中第五章第三节专门规定了知识产权保护的相关内容，《民法通则》第 94 条规定："公民、法人享有著作权（版权），依法有署名、发表、出版、获得报酬等权利。"第 95 条规定："公民、法人依法取得的专利权受法律保护。"第 96 条规定："法人、个体工商户、个人合伙依法取得商标专用权受法律保护。"我国《民法总则》于 2017 年 10 月 1 日起施行，该总则在第 123 条明确规定，民事主体依法享有知识产权；具体列举了知识产权的客体包括作品；发明、实用新型、外观设计；商标；集成电路布图设计；植物新品种；法律规定的其他客体。

我国还相继制定了保护知识产权的专门法律制度。

（一）知识产权保护专门的法律

此处的法律是狭义的，指全国人大及其常委会制定的法律。其中最重要的知识产权法律制度是三个狭义的知识产权保护的专门法律，分别是：1982 年 8 月 23 日颁布，1983 年 3 月 1 日起实施的《中华人民共和国商标法》（2013 年 8 月 30 日第十二届全国人民代表大会常务委员会第四次会议第三次修正，以下简称《商标法》）；1984 年 3 月 12 日通过，1985 年 4 月 1 日起实施的《中华人民共和国专利法》（2008 年 12 月 27 日第十一届全国人民代表大会常务委员会第

---

① 冯晓青："关于中国知识产权保护体系几个重要问题的思考"，载《学术前沿》2018 年第 9 期，第 28 页。

② 冯晓青："国际知识产权制度变革与发展战略研究"，载《人民论坛》2019 年 8 月，第 110 页。

③ 王太平："中国民法典的'知识化'理由和具体方案"，载《知识产权》2017 年第 11 期。

④ 冯晓青："关于中国知识产权保护体系几个重要问题的思考"，载《学术前沿》2018 年第 9 期，第 30 页。

六次会议第三次修正，以下简称《专利法》）；1990 年 9 月 7 日通过，1991 年 6 月 1 日起实施的《中华人民共和国著作权法》（2010 年 2 月 26 日第十一届全国人民代表大会常务委员会第十三次会议第二次修正，以下简称《著作权法》）。除此之外，1992 年 9 月 2 日颁布，1992 年 12 月 1 日开始实施的《中华人民共和国反不正当竞争法》（2017 年 11 月 4 日第十二届全国人民代表大会常务委员会第三十次会议修订，以下简称《反不正当竞争法》）是我国知识产权保护的兜底的法律制度。

（二）行政规章

除全国人大常委会制定的法律外，国务院还制定了保护知识产权的条例，针对上述三个狭义知识产权保护法律制度制定的实施细则和条例，分别是：《中华人民共和国商标法实施条例》（以下简称《商标法实施条例》）、《中华人民共和国专利法实施细则》（以下简称《专利法实施细则》）、《中华人民共和国著作权法实施条例》（以下简称《著作权法实施条例》）。除此之外，还针对一些知识产品制定了保护条例，1997 年 3 月 29 日国务院发布的《植物新品种保护条例》，专门规定了植物新品种保护的有关内容；2001 年 3 月 28 日，国务院发布的《集成电路布图设计保护条例》，针对集成电路的特点规定了集成电路布图设计保护的有关内容；国务院 2001 年 12 月 20 日第 339 号公布《计算机软件保护条例》，自 2002 年 1 月 1 日起施行，专门规定了对计算机软件进行保护的有关内容；2006 年由国务院颁布了《信息网络传播权保护条例》，针对信息网络传播权的特点，通过该条例界定了信息网络传播权的适用范围、保护技术措施、关于合理使用法定许可的具体条件等内容。

（三）部门规章

主要有 2003 年 10 月 22 日中华人民共和国建设部和国家知识产权局联合出台的《工程勘察设计咨询业知识产权保护与管理导则》，针对工程领域知识产权的特点，对工程领域知识产权的类型、法律适用、保护范围、权利归属、侵权处理等内容进行了规制，较为完整地规定了工程领域知识产权保护的内容。

（四）司法解释

最高人民法院和最高人民检察院也先后各自或联合发布了一些关于知识产权保护的司法解释，如果涉及知识产权保护的时候，可以查询相关司法解释的有关规定。

随着对外开放的不断加深和互联网的迅速发展，知识产权的国际保护成为知识产权法律制度的重要组成部分，我国也加入了一些知识产权保护公约，分别是：1980 年加入了《世界知识产权组织公约》；1985 年加入了《保护工业产权巴黎公约》；1989 年加入了《商标国际注册马德里协定》；1990 年加入了

《关于集成电路知识产权条约》；1992 年加入了《保护文学艺术作品的伯尔尼公约》和《世界版权公约》；1993 年加入了《保护唱片制作者防止唱片被擅自复制日内瓦公约》；1994 年加入了《专利合作条约》；2001 年 12 月 11 日，加入世界贸易组织，并成为 TRIPS 协议的缔约方。①

三、知识产权法的地位

知识产权法的地位是指它在整个法律体系中所处的地位，具体指它是否作为一个独立的法律部门或归类于何种法律部门。知识产权法是民事和经济法律的重要组成部分，近十年来已经成为国际上最为活跃、发展变化最为快速的法律领域。

曾经有人认为知识产权属于民法的范畴，还有人将其划为经济法、国际经济法或科技法。知识产权法究竟处于何等地位，国内的知识产权界主要有三种观点，其中主流观点认为知识产权法属于民法的范畴。还有一些知识产权学者认为知识产权法为一个整合了民法、刑法、行政法、程序法等调整手段在内的综合性的法律制度；也有学者主张知识产权法是一个独立的法律部门，因为各项知识产权制度已构成了一个相对完整的族系。

对知识产权属于民法的范畴，多数学者并无异议，但对于未来的民法典是否应包含知识产权制度却有不同看法。一部分学者认为，知识产权不能纳入民法典中统一规定，另一部分学者则主张将知识产权制度纳入民法典中，但在具体安排上，又有两种不同的观点。第一种观点认为知识产权应在民法典中独立成编，第二种观点认为知识产权不宜在民法典中独立成编，民法典仅规定知识产权共性的规则，或仅在民事权利的客体中确认知识产权。我国知识产权法的法典化道路宜分步走，先在民法典中设知识产权编，对知识产权保护作出原则性规定，再制定专门的知识产权法典，对知识产权保护进行一体化、体系化的理性安排。②

知识产权法的独特性和复杂性已经为国际社会所认同，1997 年被列入我国大学法学专业核心课程，为同民法学、经济法学、国际经济法学等并列的学科；2001 年在社会科学院法学研究所成立了知识产权研究会，与民法研究会并行的机构，知识产权法学作为正在成长的交叉学科，已经是一个不争的事实。

---

① 刘春田主编：《知识产权法》，北京大学出版社 2005 年版，第 25 页。
② 姜荣、孙新强："论'知识产权'与民法典的关系"，载《北航法律评论》2017 第 1 期，第 154 页。

第二章

知识产权法律制度设计

【内容提要】

本章讲授知识产权法律制度的框架设计，让学生们对知识产权法律制度涉及的基本问题和框架设计有一个全面了解，有利于在以后学习三大知识产权法律制度时高屋建瓴，能够系统掌握著作权、专利权和商标权保护的相关知识。

第一节　知识产权制度的基本问题

狭义的知识产权包括著作权（含邻接权）、商标权和专利权，三大知识产权涵盖了人类创造性和标识性智力成果的精华。

每个知识产权法律制度，不管是著作权法、专利法还是商标法，都要回答五个问题：保护什么知识产品（对象或客体），保护谁的知识产权（主体或权属），保护哪些使用知识产品的方式（权利内容），对权利人有什么限制（阻却违法事由），如何保护知识产权（司法措施和侵权责任）。

著作权法、专利法和商标法不同之处在于著作权是自作品完成自动产生的，专利权和商标权需要经过行政确权程序，在专利法和商标法中要学习专利申请和商标申请的内容。另外商标作为标识性权利，与作品及专利技术本身具有的价值不同，商标的价值来自经过商标权人长期使用背后承载的商誉，商标中最有价值、最容易受到侵害的是有较高市场知名度和良好商业信誉的商业标识，因此在商标法中还要学习驰名商标的认定及保护制度。

对知识产权制度设计有一个全面了解，有利于系统掌握著作权、专利权和商标权保护的相关知识，在具体学习三大知识产权法律制度时高屋建瓴，全面领会知识产权制度创设的目的、结构及意义。

一、知识产权的对象与客体

（一）知识产权对象的概念

知识产权是对知识的产权①，知识产权的对象就是"知识"本身②，知识产权的客体即知识③，知识产权的客体即知识产品，④ 从这些叙述我们可以认为知识产权的对象或客体，是人们在科学、技术、文化等知识形态领域中所创造的精神产品，是与物质产品（即民法意义上的物）相并存的一种民事权利客体，具体指受到知识产权法律制度保护的对象。

知识产品是概括知识产权各种对象的集合概念，具有以下三个特点。

第一，知识形态的精神产品不同于一般意义上的物，但同物一样可以成为交换的标的，譬如专利技术和商标可以转让给他人获得转让费用，某些知名画家的画作可以非常高昂的价格拍卖。第二，精神产品是精神内在的东西，但可以通过一定形式的表达而取得外部的"存在"，即精神产品可以有"直接性"和"外在"的载体，将无形的信息以第三人可以感知的形态通过载体外化表现出来。这是精神产品可以受到知识产权法律保护的前提，否则无法具体界定权利的主体及保护的对象。第三，知识产权对象与载体分离，依照物与精神相分离的理论，精神产品属于内部精神的东西，呈现知识信息载体是有形物，载体物权的变更与知识产权的变更是分离的。譬如前述济南政府出资委托定作了"泉标"，即合法拥有"载体物"的所有权，但对于雕塑作品记载的信息属于作品的著作权，济南市政府并不因出资委托定作而享有。

（二）知识产权的客体

民事权利的客体是指民事法律关系的主体享有的民事权利和承担的民事义务所共同指向的对象，包括物、行为、知识产权等，⑤ 该民事权利的客体包括了智力成果。由于知识产权的对象与客体具有密切的联系，在理论和实践上都难以区分，有些教材将知识产权的客体与对象的概念混用，认为知识产权的对象就是知识产权的客体。有学者认为区分知识产权的对象和客体具有意义，刘德良教授认为各国主流民法典不能接纳知识产权的主要原因是主流理论不能区

---

① 王迁主编：《知识产权法教程》，中国人民大学出版社 2014 年版，第 1 页。
② 刘春田主编：《知识产权法》，法律出版社 2009 年版，第 9 页。
③ 李春华、董文晶主编：《知识产权法》，法律出版社 2014 年版，第 6 页。
④ 吴汉东主编：《知识产权法总论》，中国人民大学出版社 2013 年版，第 25 页。
⑤ 王立明、杨立新、王轶、程啸：《民法学》，法律出版社 2017 年版，第 41 页。

分权利客体和权利对象，无法为民法典体系化提供科学依据①；刘春田教授认为："知识产权的客体是指在对象上所施加的、能够产生一定利益关系的行为。知识产权的对象和客体属于两个不同的范畴。"② 这种区分有其合理性，知识产权的对象是知识产权本身，基于客观存在的现实，是一种与有形物相对应的非物质范畴的信息，知识产品本身不能成为法律关系的要素，主体不可能与对象直接发生法律关系，只有通过民事主体对知识产权进行控制、使用才能产生法律关系。根据专利法保护的发明和实用新型是具有新颖性、创造性和实用性的技术方案，权利主体和技术方案之间不能直接发生法律关系，只有借助于某种对技术方案施加的行为才能产生事实上的法律关系，譬如使用该技术方案生产制造产品的行为、销售使用该技术方案生产出的产品的行为等，法律通过规范民事主体的这些行为，实现对社会关系的调整。

（三）知识产权对象的分类

传统教科书曾笼统地将知识产权的保护对象说成是智力创造性成果。有学者认为知识产权的客体应分为两类：一类是智力成果；另一类是经营标记。作者认为应分为三类：一是创造性成果，包括作品及其传播媒介、工业技术；二是经营性标记；三是经营性资信。第一类发生于科学技术及文化领域，第二、三类产生于工商经营领域。本书仅就著作权法、专利法和商标权保护的对象进行叙述。

著作权法保护的对象是作品，作品的创造性要求比专利法的保护对象低，著作权保护的是表达而非思想，因此只要是独立完成的创作就符合著作权法保护对象创造性的要求。我国专利法立法采取的统一立法模式，即专利法保护的对象有三个：发明、实用新型和外观设计。商标法保护的对象是商标，商标是任何能够将自然人、法人或者其他组织的商品与他人的商品区别开的标志，包括文字、图形、字母、数字、三维标志、颜色组合和声音等，以及上述要素的组合③。与著作权法和专利权法保护的创造性治理成果不同，商标是标识性的智力成果，商标是具有显著特征、用于商品和服务上的标记，其根本的功能和作用是区别商品和服务来源。

---

① 刘德良："民法学上权利客体与权利对象的区分及意义"，载《暨南学报》2014年第9期，第7页。

② 刘春田主编：《知识产权法》，中国人民大学出版社2014年版，第9页。

③ 《商标法》第8条。

二、知识产权的主体

知识产权的主体需具备何种资格，他（它）们享有何种权利，这是由国家法律直接规定的。主体资格是民事主体在民法上（包括知识产权制度）的法律人格，是自然人及其组织成为民事主体的法律前提。法律地位平等与主体人格独立是确认民事主体资格的基本原则。

知识产权主体制度的平等精神，主要表现在三个方面：首先，知识产权制度中的平等，是一种主体从事创造性活动的自由选择，是一种取得创造者权利的机会均等。其次，知识产权制度中的平等，是一种当事人权利义务关系的协调，是对社会精神财富的合理分享。最后，知识产权主体平等相比于一般的民事行为有其特殊性，知识产权主体资格不受民事行为能力的限制，因为智力成果的完成是一个客观事实，我们不能否认社会上存在很多小发明家、小画家、小书法家，只要他们能够完成智力成果的创造就相应具备成为知识产权主体的资格。

正是基于上述三点原因，形成了知识产权主体制度区别于一般财产权主体制度的重要特征。

（一）知识产权的原始取得

知识产权的原始取得，是指以创造者的身份资格为基础，以国家认可或授予为条件，取得知识产权。在私法关系中，身份曾是特权的依托，是平等的对立物。知识产权主体制度的身份原则与此不同，它具有两个特点：第一，创造者的身份一般属于从事创造性智力劳动的自然人，但在有的情况下也可能归属于组织、主持创造活动并体现其意志或承担相应责任的法人。第二，创造者的身份与一般身份所依存的血缘关系、婚姻关系或其他社会关系无涉，它既是智力创造性活动这一事实行为的结果，又是行为人取得知识产权的前提。在有关权益纠纷中，创造者身份的确认对判定权源、划分权属有着重要的意义。此外，在知识产权的原始取得中，国家机关的授权行为是权利主体资格最终得以确认的必经程序。借用美国学者的说法：创造性活动是权利产生的"源泉"（source），而法律（国家机关授权活动）是权利产生的"根据"（origin）。

（二）知识产权的继受取得

民事主体可以通过合同、继承等方式继受取得知识产权，但知识产权的继受取得往往是不完全取得或有限制取得，譬如著作权中的人身权利（署名权、修改权和保护作品完整权）不能转让。同时知识产权原始主体可以转让其权利的一部分，也可以将不同的权利内容分别转让给不同的主体，通过知识产权的继受取得从而产生数个权利主体对同一知识产品分别享有知识产权的情形。

（三）外国人的主体资格

知识产权制度对外国人的主体资格，主要奉行"有条件的国民待遇原则"，以别于一般财产权法所采取的"有限制国民待遇原则"。

现代各国对外国人原则上给予其与本国人同等的待遇，但对外国人所享有的权利范围则有所限制，如外国人不准取得土地权、采矿权、捕鱼权，不准从事只有本国公民才能从事的某种职业等。知识产权制度主要采用有条件的国民待遇原则，即只要符合取得权利的条件，外国人就可以与本国人享有同等的权利，而在权利的范围和内容上不加限制。

三、知识产权的内容

知识产权的内容与权利人对物的占有、使用、收益、处分不同，是法律规定知识产品哪些使用方式由知识产权人独占享有，为什么知识产品的使用方式等同于权利内容？因为这些使用方式，法律赋予知识产权人一定期限内有垄断使用权，其他人未经许可并支付相应报酬不得使用这些知识产品，否则就可能要承担侵权责任。

知识产权内容也很直接体现了知识产权的法定性，法律规定哪种知识产品使用方式由知识产权人垄断，未规定的使用方式就属于公有领域，其他人可以使用。

根据《著作权法》第10条的规定："……（五）复制权，即以印刷、复印、拓印、录音、录像、翻录、翻拍等方式将作品制作一份或者多份的权利；……（七）出租权，即有偿许可他人临时使用电影作品和以类似摄制电影的方法创作的作品、计算机软件的权利，计算机软件不是出租的主要标的的除外；……（九）表演权，即公开表演作品，以及用各种手段公开播送作品的表演的权利。"2001年10月27日第九届全国人民代表大会常务委员会第二十四次会议修改《著作权法》，在复制权中删除了"临摹"这种方式，同时增加了出租权和机械表演权的内容，那么本次修改后临摹别人的作品不再构成著作权侵权；未经许可并向著作权人支付报酬，有偿许可他人临时使用电影作品和以类似摄制电影的方法创作的作品、计算机软件就构成侵犯著作权人的出租权；商场、超市、车站、机场、KTV厅等公开场合，即使购买了正版CD播放背景音乐，属于"用各种手段公开播送作品的表演"，就侵犯了著作权人的机械表演权。

《专利法》第11条第2款规定："外观设计专利权被授予后，任何单位或者个人未经专利权人许可，都不得实施其专利，即不得为生产经营目的制造、许诺销售、销售、进口其外观设计专利产品。"本次《专利法》修订时外观设计独占实施权增加了"许诺销售权"①，本次《专利法》修订之前，许诺销售外观设计专利产品不构成侵权，之后就构成侵犯外观设计专利权；同时，发明和实用新型专利权人的独占实施权包括制造、使用、许诺销售、销售、进口其专利产品，外观设计专利权人的独占实施权是制造、许诺销售、销售、进口其外观设计专利产品，因此未经专利权人许可使用发明和实用新型专利产品构成侵权，而未经专利权人许可使用外观设计专利产品不构成侵权。

《商标法》第57条规定："有下列行为之一的，均属侵犯注册商标专用权：（一）未经商标注册人的许可，在同一种商品上使用与其注册商标相同的商标的；（二）未经商标注册人的许可，在同一种商品上使用与其注册商标近似的商标，或者在类似商品上使用与其注册商标相同或者近似的商标，容易导致混淆的。"即注册商标专用权人的独占权利是在相同或近似商品上排除其他人使用相同或相似的商标，否则不构成侵犯注册商标专用权。而商标法规定了注册的驰名商标权人的专利内容则扩大到不相同或者不相类似商品。②

从上述例子中可以直接反映出，知识产权的内容就是法律规定了知识产权人对其享有知识产权的知识产品，包括作品、专利和商标享有哪些独占、垄断的实施权，这些权利内容随着知识产权立法的修订而变化。

四、知识产权的限制

知识产权的限制是对知识产权人专有权的限制，即他人未经许可使用知识产权人的知识产权却不构成侵权的行为，这是知识产权人的专有权和社会公共利益衡平的要求。知识产权人的权利概括起来有两项：许可权和报酬请求权，如果两项权利都被限制了就属于知识产权的合理使用，如果只限制权利人的许可权就属于知识产权的法定许可。知识产权的限制要严格按照法律规定的条件，在知识产权侵权诉讼中，被控侵权人可以知识产权限制的情形予以抗辩。

---

① 《专利法》第11条规定，发明和实用新型专利权被授予后，除本法另有规定的以外，任何单位或者个人未经专利权人许可，都不得实施其专利，即不得为生产经营目的制造、使用、许诺销售、销售、进口其专利产品，或者使用其专利方法以及使用、许诺销售、销售、进口依照该专利方法直接获得的产品。外观设计专利权被授予后，任何单位或者个人未经专利权人许可，都不得实施其专利，即不得为生产经营目的制造、许诺销售、销售、进口其外观设计专利产品。

② 《商标法》第13条规定，为相关公众所熟知的商标，持有人认为其权利受到侵害时，可以依照本法规定请求驰名商标保护。就相同或者类似商品申请注册的商标是复制、摹仿或者翻译他人未在中国注册的驰名商标，容易导致混淆的，不予注册并禁止使用。就不相同或者不相类似商品申请注册的商标是复制、摹仿或者翻译他人已经在中国注册的驰名商标，误导公众，致使该驰名商标注册人的利益可能受到损害的，不予注册并禁止使用。

　　我国《著作权法》第 22 条规定了 12 种合理使用的情形，这 12 种情形下可以不经著作权人许可，不向其支付报酬，但应当指明作者姓名、作品名称，并且不得侵犯著作权人依照本法享有的其他权利。第 23 条规定了法定许可的几种情形，符合法定许可条件时，可以不经著作权人许可，但应当按照规定支付报酬，指明作者姓名、作品名称，并且不得侵犯著作权人依照本法享有的其他权利。

　　我国《专利法》第六章专章规定了专利实施的强制许可，包括交叉强制许可、公共利益强制许可和紧急状态强制许可的构成要件和申请程序。第 69 条规定了不视为侵犯专利权的 5 种情形，这 5 种情形包括权利穷竭、在先使用、交通工具临时过境、专为科学研究使用、为提供行政审批所需的信息，制造、使用、进口专利药品或者专利医疗器械的，以及专门为其制造、进口专利药品或者专利医疗器械的。第 70 条规定了"善意"侵权不承担赔偿责任，但不排除侵权行为性质的认定，为生产经营目的使用、许诺销售或者销售不知道是未经专利权人许可而制造并售出的专利侵权产品，能证明该产品合法来源的，不承担赔偿责任。

　　我国《商标法》未明确规定商标权的限制，不可否认，在立法主要是打击假冒商标活动的当时，"无限制"的商标权更有利于商标权的保护。然而，随着市场经济的发展和商标法实践的深入，一些复杂问题相继出现，越来越多的权利冲突事件不断反映出这种"绝对"商标权的弊端。因此，我们有必要对商标权的限制问题进行研究，并进一步在我国商标立法中补充和完善有关商标权限制的规定。

五、知识产权保护的特殊安排

　　基于前述知识产权保护对象的特点，知识产权侵权方式多样，可以同时发生多人侵权行为，侵权证据容易灭失，侵权损害后果严重，所以需要单独制定知识产权保护的法律制度，同时在制度设计上有特殊的安排。知识产权保护手段涉及的内容较多，对于在校学生来说，掌握知识产权保护制度上的安排，对于以后选择合适的路径维护知识产权具有重要意义，因此专门用下面一节内容来系统地论述。

第二节　知识产权的保护

　　随着科技进步和市场化程度加深，以创造性智力成果和标识性智力成果为客体的知识产权价值越来越大，甚至远远超过传统意义上具有商业价值的土地、房屋和机器设备的价值，曾引起广泛关注的苹果公司与深圳唯冠就 iPad 商标案中，深圳唯冠最有价值的财产就是其在中国注册的 iPad 商标，所有银行债权人都紧盯着这个商标来实现自己的债权。2012 年 6 月 25 日广东省高级人民法院宣布，苹果公司已与深圳唯冠达成和解，苹果公司向深圳唯冠支付 6000 万美元，深圳唯冠将 iPad 商标过户给苹果公司。因为知识产权市场价值巨大、保护对象是非物质性的信息，导致侵权形式多样化、侵权行为不容易被发现、侵权证据很容易灭失、侵权行为给权利人造成的损失巨大，传统的有形财产保护制度不能适用知识产权保护的要求，因此必须对知识产权采取一些特殊保护手段。

一、知识产权保护的方式

（一）自我保护

知识产权自我保护是知识产权保护的基础，需要人们树立知识产权保护的意识，掌握知识产权制度的特征，尤其是企业要加强知识产权保护的制度建设，对于各个环节中可能产生的著作权、商标权、专利权、商业秘密权等知识产权，要结合自己企业的情况，制定针对项目和具体人员的专门管理规定或签订协议；对于其他研究成果，包括但不限于研究数据、材料样品、不公开的技术资料等，通常也要有专门的管理办法。[①]

作为智力成果的创造者要有知识产权保护意识，依法保护自己的合法权益，研发、设计过程要注意保密，防止技术泄露或者丧失新颖性。我国专利权的原始取得采取先申请制，即一项专利技术谁先申请就有可能获得专利权保护，而不考虑谁先完成发明创造，如果未能尽到注意义务导致技术方案泄露，就有可能被其他人在先提出专利申请。同样我国商标法采取先注册取得商标权的原则，并非是先使用者取得商标权，对于企业使用的商标要及时向国家商标局提出注册申请。

（二）行政保护

虽然知识产权是私权，但是某些侵犯知识产权的行为不仅侵害了知识产权人的权利，也会对消费者造成损害，影响正常社会秩序，需要行政机关对侵权行为进行打击；同时通过民事诉讼维护知识产权人的权益，诉讼程序复杂、周期长，相比之下行政保护手段快速、有效，因此通过行政手段保护知识产权具有与民事保护不同的特点。知识产权行政执法是知识产权刚性保护的手段之一，

---

① 赵凤梅、李炳金："浅析工程领域知识产权侵权之预防"，载《山东审批》2014 年 06 期，第 99 页。

是知识产权保护的重要组成部分。2016 年全国工商系统查处各类商标违法案件
31 754 件，2015 年全国版权系统查处盗版侵权案件 3400 余件，专利行政执法
处理了大量的假冒专利案件。①

　　目前与知识产权保护有关的行政机关比较分散，不同的知识产权归属于不
同行政部门管理，著作权行政管理部门主要以版权局主导，我国国家版权局曾
于 1997 年 1 月发布了《著作权行政处罚实施办法》，该部分先后于 2003 年、
2009 年进行了修订，该办法规定了对侵犯著作权行为进行行政处罚的内容。专
利侵权的行政保护由专利管理部门即各级专利局进行，可以责令侵权人停止侵
权，根据侵权行为具体情况采取没收侵权物品、销毁侵权设备、就侵权赔偿进
行调解等。商标侵权的行政保护由工商行政管理局负责，工商行政管理部门认
定侵权成立，可以责令停止侵权、没收和销毁侵权商品和主要用于制造侵权商
品的工具，可以对侵权人按照违法经营额进行罚款，也可以对侵犯商标专有权
的赔偿数额进行调解。其他涉及知识产权保护的行政机关还有农业部对农业植
物品种的保护，林业局对林业植物品种权的保护等。

　　随着经济全球化进程的加深，海关在知识产权保护中起着越来越重要的作
用，根据《中华人民共和国知识产权海关保护条例》的规定，知识产权权利人
可以将其商标专用权、著作权和与著作权相关的权利、专利权向海关总署备案。
现在有专门的知识产权海关保护系统，知识产权权利人通过该系统可以向海关
总署办理知识产权海关保护备案、向海关申请扣留侵权嫌疑货物和举报进出口
侵权货物。

　　（三）刑事保护

　　侵犯知识产权的行为要承担刑事责任与我国传统文化观念是有冲突的，孔
乙己说读书人窃书不算偷，更何况只是未经许可用了别人的信息还要坐牢？随
着知识产权的地位和作用越来越重要，知识产权的市场价值越来越巨大，对知
识产权的刑法保护逐渐受世界各国和地区的关注，知识产权的救济也从最初的
民事、行政途径越来越多地转到采用刑事法律加以保护。从国际保护知识产权
的趋势来看，一个显著的特点就是越来越注重运用刑法保护知识产权。通过近
些年我国对知识产权保护的宣传，知识产权刑法保护也慢慢得到了社会公众的
认可。

　　我国最早出现知识产权刑法保护的立法出现在我国 1997 年刑法典，在整个
侵犯知识产权罪一章中仅仅规定了 7 个罪名（分别是侵犯著作权罪，销售侵权

---

① 徐波、刘辉：“知识产权综合管理背景下知识产权行政执法探析”，载《电工知识产权》
2018 年第 1 期，第 60 ~ 63 页。

复制品罪，假冒注册商标罪，销售假冒注册商标的商品罪，非法制造、销售非法制造的注册商标标识罪，假冒专利罪，侵犯商业秘密罪）。虽然我国1997年刑法典中关于侵犯知识产权的犯罪是以旧的知识产权法律为基础的，规定的罪名较少，但开创了知识产权刑法保护的先河，具有非常重要的意义。

我国于2001年12月11日正式加入了世界贸易组织（World Trade Organization，简称WTO），为了适应世界贸易组织的要求，我国先后修改了《专利法》《著作权法》《商标法》《计算机软件保护条例》《音像制品管理条例》等一系列涉及知识产权保护的法律法规，增加和细化了知识产权刑法保护的内容，在知识产权保护中起着非常重要的震慑作用。

（四）民事保护

虽然知识产权保护方式有很多种，但通过知识产权民事诉讼来维护知识产权人的利益，与刑事、行政救济措施相比较而言，民法对知识产权的保护更为直接，具有维护权利状态或对权利人所受损害给予经济补偿之作用。[①] 因此本书针对学生的特点，先简单介绍民事诉讼的一般原则，通过比较知识产权诉讼与一般民事诉讼的不同，重点介绍知识产权民法保护的特点。

二、知识产权民事保护的特点

（一）民事诉讼的一般原则

我们先简单讲解一下民事诉讼的一般原则，再讲述知识产权民事诉讼的一些特别规定，便于大家掌握和理解。

1. 民事诉讼管辖

民事诉讼中的管辖，是指各级法院之间和同级法院之间受理第一审民事案件的分工和权限。诉讼管辖包括级别管辖和地域管辖，级别管辖按起诉时的诉讼标的额确定，民事诉讼案件一般由基层人民法院管辖，由中级人民法院和高级人民法院管辖的第一审民事案件是在本辖区有重大影响的民事案件，具体依据《最高人民法院关于调整高级人民法院和中级人民法院管辖第一审民商事案件标准的通知》（法发〔2015〕7号）[②] 来确定。地域管辖的一般原则是"原告就被告"，即对公民提起的民事诉讼，由被告住所地人民法院管辖；被告住所地与经常居住地不一致的，由经常居住地人民法院管辖。

---

① 吴汉东等：《知识产权基本问题研究》，中国人民大学出版社2005年版，第59页。
② 最高人民法院网. http://www.court.gov.cn/，访问日期：2015-05-05。

2. 民事诉讼归责原则

在我国民事责任的归责原则体系是由过错责任原则、无过错责任原则、公平责任原则构成。以过错承担民事侵权责任为原则，无过错担责，或适用公平原则都需要有法律明确的规定。其中过错推定是适用过错责任原则的一种方式，指证明侵权人有过错的举证责任由侵权人承担。

3. 民事诉讼举证责任

举证责任是指民事案件当事人，对自己提出的主张有收集或提供证据的义务。民事诉讼中当事人对自己提出的主张，有责任提供证据；即民事诉讼举证责任分配的一般原则是"谁主张、谁举证"，除非法律另有规定。譬如上述民事诉讼中的侵权人过错之要件，一般应由原告即被侵权人举证证明，特殊情况下法律将证明侵权行为无过错的责任倒置给侵权人。

4. 民事诉讼司法措施

民事诉讼司法措施主要是证据保全和财产保全，证据保全指人民法院根据当事人的申请或依照职权，对于可能灭失或将来可能难以取得的证据进行提取和管制的活动；民事诉讼财产保全指在民事诉讼中，人民法院为保证将来的判决能得以实现，根据当事人的申请，或者人民法院依职权决定，对当事人争议的有关财物采取临时性强制措施的制度。对于一般的民事诉讼案件，证据保全和财产保全均在人民法院受理案件之后进行。

（二）知识产权民事诉讼的特点

1. 诉讼管辖

（1）级别管辖。与一般民事诉讼不同，知识产权诉讼的级别管辖以中级人民法院受理一审案件为原则，只有个别基层人民法院有知识产权案件的管辖权，同时针对不同的知识产权案件管辖权也不同，专利权案件的管辖权更为集中。《最高人民法院关于审理商标案件有关管辖和法律适用范围的解释》（2001 年12 月 25 日最高人民法院审判委员会第 1203 次会议通过）第 2 条第 3 款规定："商标民事纠纷第一审案件，由中级人民法院管辖。"该条第 4 款规定："各高级人民法院根据本辖区的实际情况，经最高人民法院批准，可以在较大城市确定 1 ~ 2 个基层人民法院受理第一审商标民事纠纷案件。"《最高人民法院关于审理专利案件适用法律问题的若干规定》（2001 年 6 月 19 日最高人民法院审判委员会第 1180 次会议通过，根据 2013 年 2 月 25 日最高人民法院审判委员会第1570 次会议通过的《最高人民法院关于修改〈最高人民法院关于审理专利纠纷案件适用法律问题的若干规定〉的决定》第一次修正，根据 2015 年 1 月 19 日最高人民法院审判委员会第 1641 次会议通过的《最高人民法院关于修改〈最高人民法院关于审理专利纠纷案件适用法律问题的若干规定〉的决定》第二次修正，该修正自 2015 年 2 月 1 日起施行）第 2 条规定："专利纠纷第一审案件，由各省、自治区、直辖市人民政府所在地的中级人民法院和最高人民法院指定的中级人民法院管辖。最高人民法院根据实际情况，可以指定基层人民法院管辖第一审专利纠纷案件。"《最高人民法院关于审理著作权民事纠纷案件适用法律若干问题的解释》（2002 年 10 月 12 日最高人民法院审判委员会第 1246 次会议通过）第 2 条规定："著作权民事纠纷案件，由中级以上人民法院管辖。各高级人民法院根据本辖区的实际情况，可以确定若干基层人民法院管辖第一审著作权民事纠纷案件。"最高人民法院于 2010 年 1 月 28 日发出了《关于调整地方各级人民法院管辖第一审知识产权民事案件的通知》，对知识产权案件一审管辖作出了调整，具体涉及知识产权案件的时候，可根据专利权、商标权、著作权的不同侵权案件类型及侵权标的确定一审级别管辖。

（2）地域管辖。知识产权侵权案件诉讼管辖，与其他一般民事诉讼地域管辖有所不同，其地域管辖是由侵权行为地或者被告住所地人民法院管辖。侵权行为地包括：产品的制造、使用、许诺销售、销售、进口等行为的实施地；原告仅对产品制造者提起诉讼，制造地与销售地不一致的，制造地人民法院管辖；为共同被告的，都有管辖权；销售者是制造者的分支机构，销售地法院有管辖权。

《最高人民法院关于北京、上海、广州知识产权法院案件管辖的规定》经 2014 年 10 月 27 日最高人民法院审判委员会第 1628 次会议通过，2014 年 10 月 31 日最高人民法院以法释〔2014〕12 号公布。该《规定》共 8 条，自 2014 年 11 月 3 日起施行。该司法解释对专利、植物新品种、集成电路布图设计、技术秘密、计算机软件民事和行政案件；对国务院部门或者县级以上地方人民政府所涉及的著作权、商标、不正当竞争等行政行为提起诉讼的行政案件；涉及驰名商标认定的民事案件的作出专属知识产权法院管辖的规定；同时规定行政案件由北京知识产权法院管辖等。

2. 举证责任

知识产权民事诉讼在举证责任分配有一些规定与其他民事诉讼不同，有些举证责任"倒置"给了侵权人，譬如在新产品制造方法的发明专利侵权案件中，被告的方法与专利方法不同之举证责任转移给被告；在"善意"侵权案件中，不承担赔偿责任的举证责任在被告。

3. 诉前禁令与诉前证据保全

与一般民事诉讼在案件受理后才能进行证据保全和财产保全不同，知识产权侵权案件权利人可以在起诉前向人民法院申请诉前禁令和财产保全措施。譬如《专利法》规定，专利权人或者利害关系人有证据证明他人正在实施或者即将实施侵犯其专利权的行为，如不及时制止将会使其合法权益受到难以弥补的损害的，可以在起诉前向人民法院申请采取责令停止有关行为和财产保全的措施。这些司法措施对于知识产权人维护自己的合法权益非常重要，因为知识产权侵权的证据非常容易灭失，法院如果在受理案件后再行采取保全措施，侵权人很可能利用这个时间差消除侵权证据，因此大家要非常重视知识产权诉讼司法措施的运用。

4. 损害赔偿的数额

三大知识产权法律制度都明确规定了侵权损害赔偿数额的计算方法，侵犯知识产权的赔偿数额有几种计算方法供权利人选择使用：一是按照权利人因被侵权所受到的损失确定；二是按照侵权人因侵权所获得的利益确定；被侵权人的损失或者侵权人获得的利益难以确定的，参照该专利许可使用费的倍数合理确定。这几种损失计算方法权利人都无法完成举证的，由人民法院在法定赔偿数额以下酌定。我国现行《商标法》规定在人民币 300 万元以下酌定；《专利法》规定在人民币 100 万元以下酌定；《著作权法》正在修改进程中，目前还是按照人民币 50 万元以下酌定。

第二编

著 作 权 法

第一章

著作权法概述

【内容提要】

本章讲述著作权法律制度的起源与发展，著作权法的主要内容。本章重点内容是著作权的基本概念及特征、著作权法制度的沿革及几次修订的主要内容。通过本章学习，要求大家把握著作权法律制度的特点，了解著作权制度的历史，熟悉我国著作权法修订的内容，并据此理解我国著作权法律制度的发展趋势及立法现状。

第一节　著作权和著作权法

一、著作权

（一）概念

著作权是基于文学、艺术和科学作品创作而产生的知识产权，是指作者及其他著作权人对文学、艺术和科学作品依法享有的专有性人身权利和财产权利的总称。《著作权法》第2条规定："中国公民、法人或者其他组织的作品，不论是否发表，依照本法享有著作权。"

著作权的对象是作品。《著作权法实施条例》第2条规定，著作权法所称作品，是指文学、艺术和科学领域内具有独创性并能以某种有形形式复制的智力成果。第3条规定："著作权法所称创作，是指直接产生文学、艺术和科学作品的智力活动。为他人创作进行组织工作，提供咨询意见、物质条件，或者进行其他辅助工作，均不视为创作。"因此，文学、艺术和科学作品的创作是著作权产生的前提和基础，是著作权法律关系发生的法律事实构成。作品获得著作权法保护，必须具有原创性和独特性，具有一定的表现形式。所谓原创性，可以细分为两部分，一是原始性，二是创造性。原始性强调为自己独立创作，创造性则只要求最低程度的创意。[1]

著作权又被称为版权。版权最初的含义是 copyright（版和权），也就是复制权。

（二）著作权的性质

著作权人因创作完成而享有著作人身权，同时享有著作财产权。特殊情况下，著作权人享有人身权，但不一定享有著作财产权。

1. 著作人身权的性质

（1）不可转让。著作权中的人身权具有专属性，其权能主要包括署名权、发表权、修改权、获得作品完整权，人身权无法通过自由意志而转移给他人。著作权可以转让给第三人，但其著作权的人身权不能转由第三人享有和行使。

（2）不可剥夺、不可扣押、不可强制执行。著作权可以用作质押，以担保债务的履行，但著作人身权不能用作质押，也不能被剥夺、扣押、强制执行。

（3）发表权之外的个别权利事实上可以继承。发表权只能行使一次，因此无法通过继承移转。

（4）人身权中的署名权、修改权和保护作品完整权具有永久性。发表权的行使具有一次性。

2. 著作财产权的性质

（1）可让与性。著作权中的财产权可以通过转让而由著作权人以外的人取得。如建筑作品设计的著作权人，将因许可他人使用设计作品而获得的收益权转让给第三人。

（2）期限性。著作权的财产权，跟其他知识产权中的财产权属性一样，仅在法定期限内受到保护，超过法定期限则进入公共领域，成为公众的智慧财富。

（3）可继承性。作者的配偶、父母、子女等继承人，可以按照继承法的规定，对其生前作品在其去世后享有处分等财产权。

二、著作权法

（一）概念

著作权法是指调整因著作权的产生、控制、利用和支配而产生的社会关系的法律规范的总称。

---

[1] 杨智杰：《智慧财产权法》，新学林出版股份有限公司 2019 年版，第 27~28 页。

狭义的著作权法指《著作权法》；广义的著作权法包括著作权法、邻接权法、各种相关的法律规范以及调整国家与国家之间，就相互提供著作权保护而缔结的国际条约。

我国著作权法律规范主要见于《宪法》《民法通则》《著作权法》《刑法》以及单行法规、行政条例和最高人民法院的司法解释等文件中。我国参加的与著作权有关的知识产权国际条约，我国与其他国家签订的有关著作权保护的双边条约，通过立法程序，也可以转化为我国著作权法的法源。

（二）地　位

著作权法是一门交叉学科，是以民法为主，行政法、诉讼法、刑法为辅的民事法律规范。

三、著作权、专利权和商标权的区别及其一体保护问题

（一）著作权与专利权、商标权等工业产权的区别

（1）适用领域、作用、表现形式不同。著作权保护的是有独创性的文学艺术科学作品，主要适用于文化艺术领域；专利法保护的是发明、实用新型或外观设计的技术方案；商标法保护的是适用于产品或服务的商标专用权，适用于工业、商业领域。

（2）著作权的独占性和排他性程度更弱些——保护条件不同。工业产权的独占性、时间性、地域性更强一些。如专利权是一种无形财产权，具有排他性质，任何人要实施专利，除法律另有规定的以外，必须得到专利权人的许可，并按双方协议支付使用费，否则构成侵权。专利权只在授权有效期限内有效，期限届满或终止失效后该发明创造就成为全社会的共同财富，任何人都可以自由利用。一个国家授予的专利权只在授予国或地区的区域范围内有效，对其他国家或地区没有法律约束力。

（3）权利的取得方式不同。著作权自作品完成自动产生，作品登记通常不是著作权产生的前提，而专利权、商标权均需完成申请核准，审批登记是权利产生的必要前提。

（二）著作权与专利权、商标权等工业产权的一体保护

我国目前知识产权法对于著作权、专利权和商业秘密等知识产权，分别规范，尚未形成一体化保护。立法应考虑进行一体化保护，防止产生智慧成果保护的疏漏。

以济南某公司的注册商标为例。其商标"好煮夫"（图 2 - 1）的 LOGO 由抽象的四条弧线构成，包括以下寓意：一是像碗口里飘出的两缕香气，代表好

煮夫生产美味食品；二是像两只手捧着一颗心，寓意好煮夫传递的是一颗爱心；三是 1、3 和 2、4 弧线构成两颗相交的心形图案，寓意好煮夫和客户心连心；好煮夫文字图案中的"煮"字下面有 5 个点，寓意好煮夫好吃多一点，分量多一点，关爱多一点……该商标中的图形和文字，同样是其快餐盒外观设计，申请外观设计专利权，可以有效防止其他人的假冒行为。同时，因为该图案系一种艺术创作的作品，也自作品完成之日起当然享有著作权的保护。该图案应用于产品外包装上，还可以申请外观设计专利权，外观设计专利权的保护期仅有10 年，期限届满后，不能再受到专利权的保护，而著作权的保护期为作者终生加死亡后 50 年，比专利权的保护期要长。而且，注册商标的保护期虽为 10 年，可以无限续期，事实上产生永久性。因此，仅从权利保护期限上说，通过一体化保护，可以实现智慧成果受到最长期限的保护。如果该图案被他人非法使用，该公司可以针对不同权利的保护范围，确定通过著作权、商标权、外观设计专利权的维权路径。

图 2 - 1　好煮夫商标

第二节　中国著作权制度的产生和发展

1986 年 4 月，全国人民代表大会第四次会议审议通过《民法通则》，其第94 条规定，"公民、法人享有著作权（版权），依法有署名、发表、出版、获得报酬等权利"，第一次以国家基本法的形式明确规定公民、法人享有著作权。

1990 年 9 月 7 日，第七届全国人民代表大会常务委员会第十五次会议审议通过了《著作权法》，于 1991 年 6 月 1 日起实施。这是我国第一部著作权法，《著作权法》的颁布实施，实现了著作权法律保护从"立起来"到"用起来"的历史转变。

1992 年决定同时参加《伯尔尼公约》和《世界版权公约》。按照《伯尔尼公约》和《世界版权公约》的规定，两个著作权国际公约分别于 1992 年 10 月 15 日和 1992 年 10 月 30 日对我国生效。

2001 年 10 月 27 日第九届全国人民代表大会常务委员会第二十四次会议《关于修改〈中华人民共和国著作权法〉的决定》第一次修正，主要为满足加入世界贸易组织基本条件，对不符合世界贸易组织《与贸易有关的知识产权协议》规定的条款进行了修改。2010 年 2 月 26 日第十一届全国人民代表大会常务委员会第十三次会议《关于修改〈中华人民共和国著作权法〉的决定》第二次修正，这次仅为履行世界贸易组织贸易争端裁决，对个别条款进行了修改。经过两次修订，我国著作权法律制度向现代化迈出了重要的一步。现行《著作权法》系 2010 年修正版。

第三节　中国著作权法的主要原则

一、保护作者权益原则

作者是作品的创作者，其合法权益包括著作财产权与著作人身权，法律对著作权人的周全保护，可以保护作者的创作积极性，增加整个社会的精神财富，推动社会文学艺术和科学进步。

二、鼓励优秀作品传播原则

传播系作品广泛使用的基础，需花费大量的人力与物力，对它的法律保护在复制技术发展使得侵权极为便利的今天显得越来越重要。我国《著作权法》第四章明确规定作品主要传播者的权利，即是鼓励优秀作品传播原则的直接体现。

三、作者利益与公众利益协调原则

当今作品都是在借鉴前人优秀成果的基础上发展起来的，它们虽然可以视为作者的人格标志和财产权利，但更是整个社会精神财富的一部分，任何人包括作者都不应对之绝对垄断，以免妨碍全社会文学、艺术和科学事业的整体进步，因此著作权法应体现作者利益与社会公共利益的平衡保护，协调好两者关系。

四、与著作权国际保护一致原则

鼓励优秀作品的创作与传播，促进社会经济、文化的发展，是所有文明国家实施著作权立法的基本目的。著作权具有严格的地域性，但随着传播技术的发展和国际版权贸易的扩大，优秀作品越来越多地在全球范围内成为全人类共同的精神财富。因此，加强著作权国际保护的协同、统一协调，在尊重各国国情和法律制度的前提下，尽力促使各国著作权保护水平基本一致，将更有力地推动全球文化发展和文明进步。

第二章

著作权的客体——著作权保护对象

【内容提要】

著作权法保护的对象是具有创造性的智力成果。作品的表现形式多种多样，且体现的创造性多少有差异。我国著作权法对于作品的类型进行了明确的列举，主要包含文字作品等9类。同时，因为对于作品保护范围的认定，关系到法律调整著作权与社会公共智力财富成果之间的平衡，法律对部分不享有著作权的作品作了除外规定。

第一节　作品的概念及构成要件

一、作品的概念

《著作权法》所称作品，指文学、艺术和自然科学、社会科学、工程技术等作品，是具有独创性并能以某种有形形式复制的智力创作成果。

《民法总则》第123条明确规定："民事主体依法享有知识产权。知识产权是权利人依法就下列客体享有的专有的权利：（一）作品……"我国《著作权法》第3条规定："本法所称的作品，包括以下列形式创作的文学、艺术和自然科学、社会科学、工程技术等作品。"

[案例分析] 猴子自拍照是否属于作品？① 动物不具有法律规定的人格，不

---

① "动保组织诉摄影师占有猴子自拍照称侵犯知识产权"，载《北京晨报》2015年9月24日。2011年，英国摄影师戴维·斯莱特在印度尼西亚游历期间，架起三脚架，让野生黑冠猴摆弄他的照相机，结果猴子无意间按动快门，拍摄了数张"自拍照"。斯莱特把猴子的自拍照收入自己的作品集，2014年在美国出版并销售相关图书。这只猴子因自拍照在全球声名大噪。维基百科使用猴子的自拍照但拒绝付费，理由是猴子是版权人，美国一家动物保护组织向美国联邦法院递交诉讼，状告斯莱特把猴子的"自拍照"据为己有、侵犯了这只猴子的知识产权。法院最后认定了斯莱特的版权，但要求他将25%的版权收入捐赠给致力于保护该黑冠猴的慈善组织。

能成为权利主体。因此，摄影作品中由动物自主拍摄的照片，不应由动物取得著作权。为了实现著作权法促进智力成果传播之立法初衷，以及对摄影师在照片形成中所付出智力劳动之认可，动物自主拍摄所产生的摄影作品，著作权主体空缺应由摄影设备控制人来填补。① 此时的摄影作品控制人才是事实上的创作者。

二、著作权法所保护的作品的特点

（1）独创性。作品必须具有独创性，是体现作者自己创作的智力成果，是表现自己思想观念和感情的智力成果，不以技艺水平高下为准。不同于专利法中的创造性，专利的创造性对于技术性要求较高，且要求必须具有新颖性。

（2）可复制性。属于文学、艺术和科学领域内的成果，能以某种有形形式复制。著作权法保护的作品，是指作者所表达的思想、感情、观念的成果，而不是这些思想感情、观念的载体，但作品又必须附着于一定的载体，以一定的有形的载体固定、记录下来，并且这种形体可以被大量复制。

（3）作品的表现形式应当符合法律的规定。作品的表现形式不违反法律法规和公共利益，不应属于依法被禁止出版、传播的作品。

第二节　我国著作权法保护的作品分类

我国《著作权法》所称的作品，包括以文字作品、口述作品等形式创作的文学、艺术和自然科学、社会科学、工程技术等作品，主要包括 8 类明确列举的作品类别，第 3 条加了一个兜底条款"法律、行政法规规定的其他作品"，以便于涵盖生活中新出现的作品类别。《中华人民共和国著作权法实施条例》第 4 条，对著作权法和该条例中下列作品的含义进行了阐述。我国著作权法保护的作品，主要有如下类别。

一、文字作品

文字作品，是指小说、诗词、散文、论文等以文字形式表现的作品（《著作权实施条例》第 4 条第 1 款）。这些作品无论附着在什么载体之上，只要该文字形式得以显示其存在，就属于文字作品。各国著作权法都把文字作品列为首要的和基本的作品形式予以保护。

---

① "摄影作品中著作权主体的认定——'猴子自拍照'为例"，载《法制博览》2016 年 4 期。

二、口述作品

口述作品，是指即兴的演说、授课、法庭辩论等以口头语言形式表现的作品（《著作权实施条例》第4条第2款）。《伯尔尼公约》第2条虽然将"讲课、演讲、讲道和其他同类性质的作品"，即口述作品列为保护对象，但又规定各成员国得通过国内立法规定文学艺术作品或其中之一类或数类作品如果未以某种物质形式固定下来即不受保护。我国《著作权法》保护口述作品的著作权。

口述历史是一种新型的口头作品形式。口述历史档案是一种新型的档案，其制作形成过程中涉及复杂的著作权问题，尤其是著作权归属问题。

三、音乐、戏剧、曲艺、舞蹈、杂技艺术作品

根据《著作权实施条例》第4条规定，音乐作品，是指歌曲、交响乐等能够演唱或者演奏的带词或者不带词的作品；戏剧作品，是指话剧、歌剧、地方戏等供舞台演出的作品；曲艺作品，是指相声、快书、大鼓、评书等以说唱为主要形式表演的作品；舞蹈作品，是指通过连续的动作、姿势、表情等表现思想情感的作品；杂技艺术作品，是指杂技、魔术、马戏等通过形体动作和技巧表现的作品。前述作品，都是表演的艺术，都是综合艺术，文字或类同文字的符号是它们共有的要素。

音乐作品还可以和其他艺术门类相结合产生新的艺术形式。音乐和语言结合产生歌曲；和戏剧表演相结合可以产生歌剧、戏曲；和舞蹈相结合可以产生舞剧；和电影艺术相结合可以形成电影音乐；等等。表演作品，属于综合艺术。

四、美术、建筑作品

（一）美术作品

美术作品指绘画、书法、雕塑、建筑等以线条、色彩或者其他方式构成的有审美意义的平面或者立体的造型艺术作品（《著作权实施条例》第4条第8款）。

对美术作品的权利，一类是对美术作品的著作权；另一类是对美术作品原件的所有权，即占有、使用、收益、处分美术作品原件的权利。前者系基于作品创作或著作权转让或法定移转而享有的知识产权，后者是基于将作品作为财产所有而享有的物权。这是两类不同的权利，创作者原本可以同时享有著作权和原件所有权，但美术作品原件因买卖、赠与等发生所有权转移后，著作权与所有权分离。另外，美术作品还涉及著作权、所有权和展览权的冲突与平衡问

题。如所有权人希望展览美术作品，可能会与创作人的著作权发生冲突；创作人要展览美术作品原件，还要考虑原件所有人是否同意的问题。我国《著作权法》第 18 条规定："美术等作品原件所有权的转移，不视为作品著作权的转移，但美术作品原件的展览权由原件所有人享有。"因此，所有权转移不视为作品著作权的转移，著作权人主张展览权应取得原件所有权人同意，原件所有权人行使展览权可以不必征得著作权人同意。当然，已经公开发表的美术作品，所有权转移意味着著作权人在某种程度上放弃了禁止所有权人展览的权利，但对于未公开发表的美术作品，如何处理权利冲突，则因著作权法未予以明确规定而值得思考。著名文学家茅盾先生的手稿《谈最近的短篇小说》于 2014 年被南京某拍卖公司展览拍卖，茅盾家人提起著作权权属、侵权诉讼一案，法院审理认为，本案所涉手稿是茅盾先生用毛笔书写，其文字风格瘦硬清雅、俊逸舒朗，展现了瘦金体楷书书体的魅力，文字外观具有一定的美感与独创性，故涉案手稿具备美术作品的特征。同一智力创作成果可以有不同的表现形式，茅盾先生用毛笔撰写的《谈最近的短篇小说》手稿既属于文字作品，亦为美术作品，具有较高的文学艺术价值，应受到我国著作权法保护。……涉案手稿上同时承载着著作权（表达）和物权（载体），这两种权利虽然都是绝对权、对世权，但其权利的行使并非没有限制。为保护文化传播、实现作品价值，《著作权法》第 18 条的规定，美术作品原件的展览权由原件所有人享有。这一规定体现的正是物权对著作权的限缩，尤其是对于尚未发表的美术作品而言，物权人行使原件展览权时往往会出现将作品公之于众的客观后果，甚至造成作者发表权的无形丧失。同样，物权也因同一载体上著作权的存在，需要受到一定限制。《物权法》第 7 条规定，物权的取得和行使，应当遵守法律，尊重社会公德，不得损害公共利益和他人合法权益。所以，物权的行使不应损害他人的著作权。物权人在占有、使用、处分作品的过程中，不应篡改作者身份、破坏作品完整，也不得在未经著作权人许可的情况下，将作品复制、发行、改编或上传至网络，否则构成著作权侵权，应承担相应的法律后果。[①]《著作权法》没有明确规定原件所有权人的展览权和著作权人的展览权，原件所有人行使展览权不应侵害著作权人的合法权利。如该案中，法院认为，涉案手稿作为文字作品，其相关内容已经发表，但作为美术（书法）作品，茅盾先生及其继承人并没有将手稿公之于众的行为和意思表示。然而，拍卖公司在拍卖活动中，将该美术作品的完整高清照片通过互联网向社会公开，公众可以在网页上详尽地观察到手稿作品

① WEINENG SHEN 与沈丹燕、MAIHENG SHEN DIETRICH、张晖、南京经典拍卖有限公司著作权权属、侵权纠纷一案，江苏省南京市中级人民法院民事判决书（2017）苏 01 民终 8048 号。

的全部内容和所有细节，在现代互联网条件下，拍卖公司上传照片的行为客观上已将该美术作品公开发表，侵害了著作权人的发表权。而且，该拍卖公司在未经手稿著作权人许可的情况下，将涉案手稿 28 页的全部内容"翻拍"为高清电子照片，形成美术作品的电子复制件，侵害了著作权人的复制权。将手稿电子照片的数据信息上传至互联网，供公众任意浏览、复制、下载、打印、传播，侵害了著作权人的信息网络传播权。在互联网上陈列展示涉案手稿的电子照片，前后持续 3 年半之久，侵害了著作权人的展览权。

（二）建筑作品

建筑作品，是指以建筑物或者构筑物形式表现的有审美意义的作品（《著作权实施条例》第 4 条第 9 款）。

随着建设行业的蓬勃发展及"一带一路"倡议的持续深入，建筑作品的知识产权保护与国际保护日益加强。涉及建筑创作的知识产权互相有关联，包括著作权中的建筑作品与专利法中的建筑物外观设计专利保护。

我国 1991 年《著作权法》没有规定建筑作品，但《著作权法实施条例》在定义"美术作品"时，列入了"建筑"等造型艺术作品，即以美术作品的形式提供对建筑作品的保护。2001 年修订的《著作权法》将建筑作品单独列为一类保护的客体，在列举受保护的作品时，分别在不同项中列举了建筑作品、图形作品和模型作品。因此，建筑作品不包括建筑设计图和建筑模型，《著作权法》将建筑作品与工程设计图、建筑模型分别作为单独客体给予保护。按照我国现行《著作权法实施条例》，建筑作品是指"以建筑物或构筑物形式表现的作品"，该条例仅指出建筑艺术属于保护对象，但未涉及保护范围。国家知识产权局通过《专利审查指南》明确规定，从 2001 年 7 月 1 日起，对于不取决于地理条件、可重复再现的固定建筑物给予外观设计专利保护。

按照世界知识产权组织与联合国教科文组织 1986 年公布的一份文件，建筑作品包括两项内容：（1）建筑物本身（仅指外观、装饰或设计上含有独创成分的建筑物）；（2）建筑设计图与模型①。该文件指出，建筑作品中的建筑物，仅仅指外观、装饰或设计上含有独创成分的建筑物。由于建筑物的外观是建筑设计师一定美学构思的表达形式，以其外观，包括线条、装饰、色彩等来体现独创性，该表达形式可能被他人复制，因此其创作者应当享有著作权保护。同时，建筑作品的外观设计受到保护，可以申请外观设计专利保护。外观设计专利权的保护期为 10 年，著作权的保护期为作者终生加死亡后 50 年，建筑物的寿命

---

① 郑成思：《版权法》中国人民大学出版社 1997 年版，第 114 页。

一般为 50～70 年，因此，著作权对建筑作品的保护时限应当更有利于保护原创者建筑设计的智慧成果。根据《伯尔尼公约》现行文本规定，建筑以及与建筑有关的设计图、草图和立体作品，均是著作权的保护对象。

综上所述，我们认为，著作权法保护的建筑作品，应当包括建筑物本身外观设计的著作权以及与该建筑设计有关的设计图、草图、设计模型。只要具备表达方式的独创性，即应受到著作权法保护。根据常规设计建造的楼房，缺乏独创性或没有任何艺术美感，不是建筑作品。另外，建筑材料、技术方案等不属于建筑作品受保护的范围，为功能所决定的外观亦不应得到保护。

五、摄影作品

摄影作品，是指借助器械在感光材料或者其他介质上记录客观物体形象的艺术作品。摄影本质上是一项技术，是记录事物影像的一种手段。它是建立在机械、化学、光学等一系列现代科学技术基础上的应用技术（《著作权实施条例》第 4 条第 10 款）。

摄影仍然体现独创性，其构图、光影等的表现，体现摄制人的艺术创作水平。当然，纯复制性的摄影作品不受著作权法保护。如单纯翻拍某绘画作品，因缺乏创意而不属于摄影作品，不享有著作权。

六、电影等视听作品

电影作品和以类似摄制电影的方法创作的作品，是指摄制在一定介质上，由一系列有伴音或者无伴音的画面组成，并且借助适当装置放映或者以其他方式传播的作品（《著作权实施条例》第 4 条第 10 款）。

电影作品不仅表现手段复杂，创作过程也十分烦琐。我国《著作权法》原第 3 条第（5）项规定为"电影、电视、录像作品"。电影等视听作品与音像制品有以下区别：没有独创性的是录像，有独创性的则可能是电影作品，电影作品有 17 项权利，而录像制品则只有 7 项权利，二者是不同的。

七、工程设计、产品设计图与模型、地图、示意图等图形作品

图形作品，是指为施工、生产绘制的工程设计图、产品设计图，以及反映地理现象、说明事物原理或者结构的地图、示意图等作品（《著作权实施条例》第 4 条第 11 款）；模型作品，是指为展示、试验或者观测等用途，根据物体的形状和结构，按照一定比例制成的立体作品（《著作权实施条例》第 4 条第 12 款）。

工程设计图是指专门用于施工建设的设计图，产品设计图是指工业产品的

设计图。工程设计图和产品设计图作为一种独立的形式或结构，只要具备独创性就可以成为著作权法的保护对象。

"模型"要受到著作权法保护，不应属于工业产权法的保护范围，且必须满足作品的独创性要求。

对于工业设计的立体表现形式的模型，以及按照工业设计进行施工而完成的工程建设实体和物质产品的实体，则不受著作权法保护。这和《伯尔尼公约》的规定是不同的。按照《伯尔尼公约》第 2 条、第 4 条和第 5 条的规定，工业设计从图形到模型，以致按照图形建造完成的建筑物，都是著作权法的保护对象。

地图是一种以实用为主要目的的绘画艺术作品，是科学与艺术作品的结晶。区别性、可读性和使用方便的要求以及对画面和谐美观的追求，又使地图成为一种美术作品。

示意图是指借助简单的点、线、几何图形和注记等符号来说明内容较为复杂的事物及科学原理或为显示事物的具体形状或轮廓而绘制的略图，也就是《伯尔尼公约》中所说的"草图"。示意图把复杂的结构或原理简化，示意图中所体现的独创性的编排与表现，都可以成为著作权法的保护对象。

八、计算机软件

计算机软件是指计算机程序及其有关文档①，是著作权的特殊保护对象。为了保护计算机软件著作权人的权益，调整计算机软件在开发、传播和使用中发生的利益关系，鼓励计算机软件的开发与应用，促进软件产业和国民经济信息化的发展，根据《著作权法》，国务院 2001 年出台了《计算机软件保护条例》，自 2002 年 1 月 1 日起施行。该条例对软件著作权的保护不延及开发软件所用的思想、处理过程、操作方法或者数学概念等。

软件著作权自软件开发完成之日起产生，自然人、法人或其他组织都可以享有软件著作权。《计算机软件保护条例》第 8 条规定，软件著作权人享有下

---

① 《计算机软件保护条例》第 3 条规定，（一）计算机程序，是指为了得到某种结果而可以由计算机等具有信息处理能力的装置执行的代码化指令序列，或者可以被自动转换成代码化指令序列的符号化指令序列或者符号化语句序列。同一计算机程序的源程序和目标程序为同一作品。（二）文档，是指用来描述程序的内容、组成、设计、功能规格、开发情况、测试结果及使用方法的文字资料和图表等，如程序设计说明书、流程图、用户手册等。（三）软件开发者，是指实际组织开发、直接进行开发，并对开发完成的软件承担责任的法人或者其他组织；或者依靠自己具有的条件独立完成软件开发，并对软件承担责任的自然人。（四）软件著作权人，是指依照本条例的规定，对软件享有著作权的自然人、法人或者其他组织。

列各项权利：（一）发表权，即决定软件是否公之于众的权利；（二）署名权，即表明开发者身份，在软件上署名的权利；（三）修改权，即对软件进行增补、删节，或者改变指令、语句顺序的权利；（四）复制权，即将软件制作一份或者多份的权利；（五）发行权，即以出售或者赠与方式向公众提供软件的原件或者复制件的权利；（六）出租权，即有偿许可他人临时使用软件的权利，但是软件不是出租的主要标的的除外；（七）信息网络传播权，即以有线或者无线方式向公众提供软件，使公众可以在其个人选定的时间和地点获得软件的权利；（八）翻译权，即将原软件从一种自然语言文字转换成另一种自然语言文字的权利；（九）应当由软件著作权人享有的其他权利。软件著作权人可以许可他人行使其软件著作权，可以全部或者部分转让其著作权，并有权获得报酬。

计算机软件的保护需要合理区分著作权人与所有权人。软件开发完成后，使用人通过购买等方式取得软件所有权，即软件的合法复制品的所有权。著作权与所有权的行使，系知识产权保护与物权保护的不同法律问题。《计算机软件保护条例》第 16 条规定，软件的合法复制品所有人享有下列权利：（一）根据使用的需要把该软件装入计算机等具有信息处理能力的装置内。（二）为了防止复制品损坏而制作备份复制品。这些备份复制品不得通过任何方式提供给他人使用，并在所有人丧失该合法复制品的所有权时，负责将备份复制品销毁。（三）为了把该软件用于实际的计算机应用环境或者改进其功能、性能而进行必要的修改；但是，除合同另有约定外，未经该软件著作权人许可，不得向任何第三方提供修改后的软件。

九、民间文学艺术作品

民间文学艺术作品，是指由某社会群体创作的流传于民间的歌谣、音乐、戏剧、故事、舞蹈、建筑、立体艺术、装饰艺术等文学艺术表达形式。民间文学艺术作品往往流传于民间，并没有明确特定的作者，因此其权利主体认定、受保护的民间文学艺术作品的范围等内容比较特殊。《著作权法》第 6 条规定："民间文学艺术作品的著作权保护办法由国务院另行规定。"可见，民间文学艺术作品的著作权应当受到保护，但具体保护内容和方式等由国务院另行规定。迄今为止，这个办法仍未公布。

民间文学艺术作品的表现形式丰富，联合国教科文组织和 WIPO 的专家于 1982 年共同制定了一个《保护民间文学艺术表现，抵制不正当利用和其他侵害的国内法示范规定》（以下简称《示范法》），指出民间文学艺术是指由艺术遗产的各种因素构成的，某国某地区居民团体所发展和保持的产品，《示范法》第 2 条列举了民间文学艺术作品的主要表达形式有口头表达、音乐表达、活动表达、有形表达四种形式。① 在我国，民间文学艺术作品表现形式有文字、口述、音乐、戏剧、舞蹈、美术等作品，但生活习惯、传统礼仪、宗教信仰、科学观点不属于民间文学艺术作品。如《乌苏里船歌》实际上是来自赫哲族的一首民歌，王洛宾把 11 首歌曲的著作权转让给海外一出版商，其中有若干首是王洛宾"记谱"，而非"创作"的民间歌曲，王洛宾对于"记谱"的民歌享有著作权。

目前在实践中，涉及对民间文学艺术作品保护的问题，主要有：（1）哪些民间文学艺术作品作品应享有著作权保护，即确定保护范围；（2）民间文学艺术作品的著作权内容；（3）民间文学艺术作品著作权的行使主体如何确定；（4）民间文学艺术作品著作权的行使原则和具体办法。在国务院专门条例未出台之前，如何参照《著作权法》予以规范调整，以弥补法律漏洞。根据《示范法》规定，如果以营利为目的使用民间文学表达形式，必须经政府有关部门或经授权的组织的许可，否则就要承担相应责任，使用者必须缴纳使用费，以用于发展和保护该国的民间文化。我国民族众多，民间文学艺术作品种类丰富，可以据此考虑保护。

[案例分析] 保时捷股份公司诉北京泰赫雅特汽车销售服务有限公司侵犯著作财产权纠纷案 [北京市高级人民法院（2008）高民终字第 325 号民事判决、北京市第二中级人民法院（2007）二中民初字第 1764 号民事判决]，原告诉称其为北京保时捷中心建筑的著作权人，被告的"泰赫雅特中心"与"北京保时捷中心"建筑非常相似，系未经许可擅自复制原告建筑作品的行为，侵犯了原告的著作权。一审、二审人民法院审理认为，原告建筑作品的整体设计，具有独特的外观和造型，富有美感，具有独创性，属于我国著作权法所保护的建筑作品。被告的"泰赫雅特中心"与原告的建筑作品的基本特征相同，虽然二者在高台、栏杆、展厅与工作间的位置、部分弧形外观、整体颜色深浅等部分存在细微的差异，但仍属于与涉案建筑作品相近似的建筑。原告关于建筑作品内部特征亦属于建筑作品所保护的客体的主张依据不足。工作区部分的设计属于汽车 4S 店工作区的必然存在的设计，其外部呈现的横向带状及颜色，与所用建筑材料有关，并非涉案原告建筑作品的独创性成分，应当排除在著作权法

---

① 《保护民间文学表达形式，防止不正当利用及其他侵害行为的国内法示范法条》第 2 条规定，民间文学表达形式包括：（一）口头表达形式，诸如民间故事、民间诗歌及民间谜语；（二）音乐表达形式，诸如民歌及器乐；（三）活动表达形式，诸如民间舞蹈，民间游戏，民间艺术形式或民间宗教仪式；（四）有形的表达形式，诸如：（1）民间艺术品，尤其是笔画、彩画、雕刻、雕塑、陶器、拼花（拼图）、木制品、金属器皿、珠宝饰物、编织、刺绣、纺织品、地毯、服装式样；（2）乐器；（3）建筑艺术形式。

保护之外。一审人民法院判令被告对其涉案建筑予以改建，使之不与原告组合建筑特征相同或近似，相关改建效果须经法院审核，被告赔偿原告人民币 15 万元及因本案诉讼支出的合理费用 17 079 元。二审人民法院维持原判。

司法实践中涉及建筑物作品著作权的案件不多，在保时捷股份公司诉北京泰赫雅特汽车销售服务有限公司侵犯著作财产权纠纷案中①，判决具有典型意义。法院一方面综合分析北京保时捷中心的特征，认定该建筑具有独特的外观和造型，富有美感，具有独创性，属于建筑作品。另一方面又将该建筑的内部特征、属于必然存在的设计及因所用建筑材料产生的横向带状、颜色，排除在著作权法保护之外。该案的意义还在于，法院根据原告的请求判令被告对泰赫雅特中心予以改建，使该建筑不再具有与原告建筑主要特征组合相同或近似的外观造型，这对于在涉及建筑作品的侵权案件中适用停止侵害的民事责任、有效制止侵权行为，具有积极的探索意义。法院把改变侵权作品的表现这种责任定位为"停止侵害"的责任方式，判令改变侵权建筑物的外表，及时制止了侵害原告著作权的行为，防止损害的扩大。这与在侵犯文字作品著作权的判决中责令删除、改动侵权的文字作品中的侵权部分是一样的。同时，建筑物的建设、改建受严格的管理，有一系列的法规、规章的限制。因此，在要求对建筑物进行改建时，应注意限制在相关规定允许范围内，具有可行性。

第三节　不受著作权法保护的作品
——著作权对象的限制

基于社会公益的考量，有些创作虽然表面上符合著作的要件，但不能受到著作权法保护，主要有三种情形。

一、著作权法不适用的情形

有些具备了作品的条件，但是为了国家或公众的利益，不给予著作权法保护。《著作权法》第 5 条明确规定，本法不适用于如下情形。

（1）法律、法规、国家机关的决议、决定、命令和其他属于立法、行政、司法性质的文件及其官方正式译文。

（2）时事新闻。根据《著作权法实施条例》的规定，时事新闻是指通过报纸、期刊、电台、电视台等传播媒介报道的单纯事实消息。这类信息直接涉及

———————

① 参见北京市高级人民法院（2008）高民终字第 325 号民事判决书。

国家、社会公众、国际社会乃至全人类的经济、政治、文化和社会生活。因而要求广泛而迅速地传播，不应控制。故法律不给予其著作权保护。

（3）历法、通用数表、通用表格和公式。这类成果是欠缺作品实质要件的对象。这些对象具备作品形式条件，但因其形式往往具有惟一表达的特点，不具备独创性而不予以著作权法保护。我国著作权法对具有这类特点的历法、通用数表、通用表格和公式等对象，不给予著作权法保护。

二、违反宪法和法律而出版、传播的作品

1990 年《著作权法》第 4 条曾经规定"依法禁止出版、传播的作品不受保护"，虽然表面看来违背了著作权基于作品自动产生的原则，但著作权法保护的是合法创作的有利于人类文化发展与公共利益的作品，依法禁止出版、传播的作品，自然违背著作权法的立法目的，并非人类文明进步的智慧成果，本不应受到保护。但是，因为世界各国都承认著作权因创作而自动产生，我国《著作权法》修订时，将第 4 条修改为"著作权人行使著作权，不得违反宪法和法律，不得损害公共利益。国家对作品的出版、传播依法进行监督管理"。

[案例分析] 节目预告表，是否受著作权法保护？

原告的报纸与中国电视报社签订协议：中国电视报社向原告提供中央电视台节目预告表，由原告在其报纸上刊登或转载，每期付给中国电视报社稿酬 80 元。原告与广西电视台口头协商将其一周的电视节目预告表由原告刊登，每期付给广西电视台稿酬 100 元。

被告未经原告同意，自 1987 年起每周星期一在其报纸上转载原告报纸中刊登的中央电视台、广西电视台一周电视节目预告表。1988 年 2 月 1 日和 1989 年 5 月 8 日，原告在其报纸上发表声明：未经本报准许，任何报刊不得转载、刊登本报一周电视节目预告，违者依法追究法律责任。1989 年 9 月，自治区版权局发布通知《关于广播电视节目预告转载问题的通知》，被告仍继续转载原告的一周电视节目预告表。

1990 年 2 月，原告向自治区版权局提出申诉，要求被告停止侵权、赔礼道歉、赔偿损失。自治区版权局审查认为，被告擅自转载原告一周电视节目预告表，违反有关规定，属侵权行为，于同年 7 月作出裁定：被告立即停止转载原告的一周电视节目预告表；登报向原告赔礼道歉；补偿原告经济损失 6360 元。被告拒不执行，继续转载原告的一周电视节目预告表。1991 年 8 月 15 日，原告向法院提起诉讼。

原告诉称：本报享有刊登广西电视台和中央电视台节目预告的权利，并由中国电视报社授权原告代为追究广西境内各种非广播电视报社擅自刊登中央电

视台节目预告的侵权行为，被告在每星期一出版的报纸中缝刊登广西电视台和中央电视台节目预告。被告的行为侵犯了原告的合法权益，影响原告的报纸在自治区内煤矿系统和广西壮族自治区合山市的发行，给原告造成了较大经济损失。为此，请求法院判令被告立即停止刊登广西电视台和中央电视台一周电视节目预告表的侵权行为，公开赔礼道歉，赔偿经济损失。

被告辩称：电视节目预告是时事新闻。依照我国《著作权法》的规定，时事新闻不受法律保护，不论作者、出版社均不享有版权。被告的报纸确实从1987年起一直刊登广西电视台和中央电视台一周电视节目预告表，但既没有将原告报上的电视节目预告和文章翻印，也未将其整张报纸复印出售。因而原告诉被告侵权毫无根据。

原告在自治区版权局的裁定未成为事实之前，抢先在《广西广播电视报》和广西电视台公布被告被裁定处罚的消息，使被告的名誉受到损失。为此，原告应在同样的新闻媒体上赔礼道歉，赔偿经济损失2万元。

人民法院一审判决，驳回原告广西广播电视报社的诉讼请求；原告在《广西广播电视报》上公开向被告赔礼道歉，驳回被告反诉原告赔偿经济损失2万元的诉讼请求。

二审判决，维持一审判决关于驳回被告反诉原告赔偿经济损失2万元的诉讼请求的部分。撤销该判决的第一项和第二项中关于原告在《广西广播电视报》公开向被告赔礼道歉部分；被上诉人广西煤矿工人报社立即停止在其报纸上刊登《广西广播电视报》的一周电视节目预告表的侵权行为；被上诉人广西煤矿工人报社赔偿上诉人广西广播电视报社经济损失5万元，限于本判决生效后10日内付清；被上诉人广西煤矿工人报社在该报向上诉人广西广播电视报社公开赔礼道歉。赔礼道歉内容经法院审核。

第三章

著作权的内容

【内容提要】

著作权的内容是指著作权包含哪些具体的权利和义务。著作权跟专利权等知识产权相同，都是一类权利的集合或者一组权利束。根据《著作权法》第10条的规定，著作权包括人身权和财产权。著作人身权，又称精神权利，著作财产权，又称经济权益。人身权和财产权分别有不同的权能，著作权的充分保护体现在正确认定不同的权利表现形式及对权利限制享有合法性。

第一节　著作人身权

著作人身权，是指著作权人因其作品所享有的以人身（精神）利益为内容的权利。著作权包括四种人身权：发表权，即决定作品是否公之于众的权利；署名权，即表明作者身份，在作品上署名的权利；修改权，即修改或者授权他人修改作品的权利；保护作品完整权，即保护作品不受歪曲、篡改的权利。除此之外的权利，都属于财产权利。

一、发表权

发表权，又称"公开权"。即决定是否向公众披露作品的权利，系指向不特定多数人公开，包括以传统媒介或现代媒介、信息网络传播等方式的公之于众。

发表权的具体内容包含是否发表、何时发表、以何种方式发表等。发表权只有一次，一般应由著作权人行使，也可以由著作权人授权他人行使，或在著作权人已离世的情况下由其法定继承人行使。

二、署名权

即表明作者身份，在作品上署名的权利。署名权的人身专属性最强，署名权不得转让，特定作品的署名权得依合同约定或行业习惯等加以确定。

在作品上署名是作者的权利，因此在无相反证明的情况下，在作品上署名的即为著作权人，作品上的署名系著作权的权利推定的初步证据。当然，作者有权决定署名的方式，以及是否匿名、是否署真名等。在作者没有署真名的情况下，需要著作权人证明自己是作品的创作人或权利继受人。

没有参加创作的人不能成为作者，实践中存在滥用署名权问题，如将自己的姓名署在他人作品上。前述情形一般构成侵害著作权，但在作者同意的情况下，仅构成学术不端行为，而不构成侵害著作权。

三、修改权和保护作品完整权

修改权，即修改或者授权他人修改作品的权利。保护作品完整权，即保护作品不受歪曲、篡改的权利；后者是对前者的延伸。

基于作者本人的意图，在作者未授权的情况下，他人不得随意修改作品。修改权也有适当限制，如报社、杂志可以对投稿作品进行文字性修改、删节等。作者的修改权通常不能对抗作品上的物权，如对自己享有著作权而绘画作品已经被他人经由合法受让而所有的情况下，作者的修改权应征得物权人的同意。

第二节　著作财产权

著作财产权是著作权人或依法取得著作权的财产权利人对于著作权法保护的作品享有独占并利用、处分作品而获得经济价值的权利，具有经济性与排他性。著作财产权的内容包括作品使用权、获得报酬权等著作权中的经济权利，其中作品使用权是核心部分，包括复制权等以复制等方式使用作品的权利。保护著作权人财产权利的享有和行使，是社会文化发展的重要组成部分。

一、复制权

复制权，即以印刷、复印、拓印、录音、录像、翻录、翻拍等方式将作品制作一份或者多份的权利。复制权是作者原始、基本的权利之一，有广狭两种含义。狭义的复制权指以同样形式制成作品；广义的复制权还包括以不同于原来的形式对该作品的使用，只要客观上将作品载体制作成一份或多份，就构成复制。复制权往往与发行权或广播权连在一起。

国家版权局 1999 年 12 月 9 日发布的《关于制作数字化制品的著作权规定》第 2 条明确规定："将已有作品制成数字化作品，不论已有作品以何种形式表现和固定，都属于《中华人民共和国著作权法实施条例》第 5 条（一）所指的复制行为，也是《中华人民共和国著作权法》所称的复制行为。"1991 年《著作权法》第 52 条，将临摹归属于复制行为的一种，2001 年修改后的《著作权法》将临摹从复制方式中删除，认可了临摹的创造性成分。

二、发行权

发行权，即以出售或者赠与方式向公众提供作品的原件或者复制件的权利。发行权适用于所有作品，其认定不限制在以营利为目的。发行权通常与复制行为连在一起。发表权与发行权不同，前者是人身权利，指作者享有将作品公之于世的权利，只能行使一次且只能为作者所享有；后者是财产权利，指著作权人向公众提供作品原件或者复印件的权利，是著作权财产中的一项权利，可以行使多次，并且不仅仅为作者所享有。

三、出租权

出租权，即有偿许可他人临时（有期限）使用电影作品和以类似摄制电影的方法创作作品、计算机软件并获得报酬的权利，计算机软件不是出租的主要标的的除外。《著作权法》第 52 条规定，复制品的出版者、制作者不能证明其出版、制作有合法授权的，复制品的发行者或者电影作品或者以类似摄制电影的方法创作的作品、计算机软件、录音录像制品的复制品的出租者不能证明其发行、出租的复制品有合法来源的，应当承担法律责任。

需要注意的是，著作权上存在两个出租权，一是对物的出租权；二是实现作者或者邻接权人对其享有的知识产权财产权利之一的出租权。如视听作品和计算机软件，即对著作权的使用往往通过对光碟本身的租赁，而相应地付费使用其中作品的智慧成果。没有对物的租赁，不一定方便实现著作权的租赁。

四、展览权

展览权，即公开陈列美术作品、摄影作品、雕塑作品等的原件或者复制件的权利。

展览权与发表权的区别在于，展览权可多次行使，是财产权利。

展览权的权利行使的限制来自于两个方面：一是物权限制；二是第三人权利的限制。如展览某人体绘画，需要使用绘画的原作或复制件，物权人不提供的话，无法展览，而且因绘画涉及画中人的肖像权，为了防止肖像权受侵害，展览前应征得画中人的同意，获得肖像权的使用许可。

五、表演权

表演权，即公开表演作品，以及用各种手段公开播送作品的表演的权利。这里的表演包括现场表演和机械表演。适宜的作品有音乐、戏剧、曲艺等。表演他人的作品应征得著作权人的许可。表演权的实现方式是著作权集体管理，它是著作权人的权利而非表演者权。表演权的客体是作者的作品本身，表演者权的客体是现场表演。表演者权是表演者基于对作品的表演而产生的权利，是作者的表演权派生出来的权利，有关国际公约将表演者与出版者、音像制品者等作品传播者的权利统称为"邻接权"，即与著作权相邻的权利。

公开场合一般包括：商场、超级市场、宾馆、餐厅、夜总会、歌舞厅（含卡拉 OK 歌厅）、迪斯科舞厅、酒吧、咖啡厅、航空、铁路、客运汽车、展览会等任何非私密场合。

六、放映权

放映权，即通过放映机、幻灯机等技术设备公开再现美术、摄影、电影和以类似摄制电影的方法创作的作品等的权利。它不以营利为要件，是新增加的权能，特点是权利的行使要与技术设备结合。电影的放映权由制片人行使。

七、广播权

广播权，即以无线方式公开广播或者传播作品，以有线传播或者转播的方式向公众传播广播的作品，以及通过扩音器或者其他传送符号、声音、图像的类似工具向公众传播广播的作品的权利。广播权是著作权人的权利而非广播组织的权利，适宜的作品主要有：文学作品、戏曲、曲艺、音乐、电影作品。

2010 年《著作权法》修改前广播电台、电视台非营业性播放已出版的录音制品，可以不经著作权人、表演者、录音制作者许可，不支付报酬，现已修改为可不经许可，但应当支付报酬，当事人另有约定除外。

八、信息网络传播权

信息网络传播权，即以有线或者无线方式向公众提供作品，使公众可以在其个人选定的时间和地点获得作品的权利。信息网络传播权是随着互联网的发展而新增加的权能。实质意义上与广播权相似，但是传播方式有差异而已。

我国《著作权法》对信息网络传播权只作了原则性规定，具体办法则由国务院另行制定。国务院于 2006 年颁布了《信息网络传播权保护条例》，针对信息网络传播权的特点，界定了条例适用范围、保护技术措施、关于合理使用法定许可的具体条件等内容。

早在 1999 年，中国法官在审判实践中就已直接面对网络传播纠纷的问题。在轰动一时的王蒙等 6 位作家诉世纪互联通讯技术有限公司一案中，法院认为："《著作权法》第 10 条第 5 款规定的作品使用方式中，没有排除出现其他方式的可能。作品在互联网上传播，与著作权法意义上的出版、发行、公开表演等方式虽然不同，但在本质上都是为了使作品向社会公众传播。随着科学技术的发展，新的作品载体的出现，使得作品的使用范围得到了扩大，应当认定作品在互联网上传播是使用的一种方式。"该案在我国网络版权纠纷审理中具有相当重要的意义。2005 年 6 月 2 日最高人民法院对山东省高级人民法院的一个请示作了答复，明确表示对于"网络服务提供者明知有侵犯著作权的行为，或者经著作权人提出确有证据的侵权警告，仍然提供链接服务的，可以根据案件的具体情况，依据《最高人民法院关于审理涉及计算机网络著作权纠纷案件适用法律若干问题的解释》第 4 条的规定，追究其相应的民事责任"。

九、摄制权

摄制权，即以摄制电影或者以类似摄制电影的方法将作品固定在载体上的权利，通常表现为制片许可权，摄制权的行使具有不同于一般权利的复杂性。

随着新媒体、融媒体的发展，网上的如抖音等大量以摄制的方式传播某种作品，摄制权的行使和表现形式越来越丰富。

十、改编权

改编权，即改变作品，创作出具有独创性的新作品的权利。

改编权的特点是不改变作品的基本思想内容。方式主要有两种，一是变换作品表现形式；二是改变作品用途，适应某种需要。

十一、翻译权

翻译权，即将作品从一种语言文字转换成另一种语言文字的权利。适宜的作品有文字作品、口头作品，是国际版权交易中的重要权利。

翻译权的行使受到合理的限制，目前《伯尔尼公约》等均规定了对翻译权的强制许可制度。

十二、汇编权

汇编权，即将作品或者作品的片段通过选择或者编排，汇集成新作品的权利，包括注释权、整理权、编辑权等。该著作权人无权阻止他人对同一已有作品进行注释、整理、编辑。

汇编者基于创造性劳动而对汇编作品享有著作权。

十三、著作权人享有的其他权利

考虑到著作权人的权利内容随着社会经济生活发展而不断发展，著作权有关国际公约和一些国家的著作权法律还规定了其他一些著作财产权，这些权利包括：追续权、公共借阅权、角色商品化权、收回权、收取录制和复印设备版税权、接触权、畅销书条款权，等等。可以说，著作权的权利体系是开放性的，伴随着新技术与社会文明程度的发展，会有越来越丰富的权利种类及内容出现，体现著作权法越来越关切到位地保护著作权人的创作，进入一个健康可持续的良性发展循环状态。

[案例分析] 2007 年，北京市高级人民法院在环球唱片有限公司诉北京阿里巴巴信息技术有限公司侵犯录音制作者权案的判决中，就《信息网络传播权条例》（以下简称《条例》）第 23 条的理解及如何认定该案被告所提供的 MP3 音乐搜索服务是否有过错发表了如下意见：权利人发出通知，是（搜索引擎）服务提供者承担赔偿责任的前提，但并非唯一条件；即使权利人没有通知，但网络服务提供者明知或者应知所链接的录音制品侵权而仍然提供搜索、链接的，仍应承担侵权责任。被告作为从事营利活动的专业性音乐网站，在对音乐信息进行搜集、整理、分类的基础上，按不同标准制作了相应的分类信息，原告几次书面告知其网站上提供的各种形式的音乐搜索服务得到的涉案歌曲录音制品均为侵权，综合上述因素，被告怠于尽到注意义务、放任涉案侵权结果的发生的状态是显而易见的。故被告过错明显①。

但该案判决后，引发了以下疑问：权利人向网络服务提供者发出的通知应具备什么条件，才能发生相应的法律效果；仅提供自动搜索、链接服务的网络服务提供者是否明知或者应知所链接的信息侵权？如浙江泛亚电子商务有限公司诉北京百度网讯科技有限公司、百度在线网络技术（北京）有限公司侵犯著作权纠纷案。原告诉称被告通过百度网站的 MP3 搜索框向网络用户提供 MP3 搜索服务的行为侵犯其对《你的选择》等 223 首歌曲享有的著作权。原告曾向被

---

① 北京市高级人民法院（2007）高民终字第 1188 号民事判决书。

告发出两种内容不完全相同的通知。第一种通知中，原告对输入歌曲名后的搜索结果进行了甄别和选择，将其认为属于侵权的链接用星号标出，并将具体链接地址填写在后附表格中。第二种通知列明了其主张权利的歌曲名、词曲内容及作者、版权登记号，并附有演唱录音的光盘，但没有列明任何链接地址。原告主张，其在此前的"公函"中曾经列明了查找侵权作品网址的办法，故两被告以此方法即可确定侵权作品的网址。后被告全部断开原告在第一种通知中所提出的涉及被控侵权的歌曲的网页搜索和 MP3 搜索中含有涉嫌侵权作品的第三方网站的具体链接地址。

北京市高级人民法院认为，在百度网站空白搜索框内输入歌曲名称的方式向用户提供 MP3 搜索引擎的服务中，百度网站为用户提供了多种可选择的服务，用户可以自行选择其所要求的服务。用户是通过键入关键词的形式向服务提供者发出指令从而获得信息。被告接到用户的指令后根据用户的要求进行搜索，建立临时链接。所搜索、链接的内容既可能是侵权的，也可以是公有领域的信息，或者是经权利人许可传播的不侵权的内容。显然，被告事先无法判断用户将键入什么关键词、要求提供什么服务。基于这种服务的技术、自动和被动等性质，被告施予与其能力所及的注意，难以知道其所提供服务涉及的信息是侵权的。

被告接到原告第一种通知后，已将通知中明确列明的侵权歌曲所在的第三方网站的具体 MP3 链接地址全部删除，其所为符合《条例》第 23 条规定的免责要求。关于第二种通知，原告已经许可其他网站或者机构在互联网上传播涉案歌曲；就 MP3 搜索而言，搜索引擎的现有技术尚无法实现根据音频文件内容来进行搜索，只能基于关键词进行搜索。在此情况下，如果将原告主张权利的歌曲按照歌曲名称进行屏蔽，可能会损害其他被许可人的合法权利；如果将歌曲名称作为关键词进行屏蔽或删除，亦可能损害他人的合法权利，并出现删除或屏蔽错误的情形。更重要的是，该种通知不符合《条例》第 14 条关于通知书要件的要求。故原告关于被告应按照通知中提示的查找侵权作品网址的办法确定侵权作品的网址、被告负有查找侵权作品的义务的主张于法无据①。

概括上述判决，法院的意见是：通过在空白搜索框内输入歌曲名的方式提供 MP3 搜索服务的，网络服务提供者难以知道其所提供服务涉及的信息是侵权的，因此对于侵权的发生，主观上没有过错。在这种情况下，权利人应向网络服务提供者发出通知，但该通知应满足《条例》第 14 条规定的条件。

《条例》第 23 条规定，网络服务提供者为服务对象提供搜索或者链接服

---

① 北京市高级人民法院（2007）高民初字第 1201 号民事判决书。

务，在接到权利人的通知后，根据本条例规定断开与侵权的作品、表演、录音录像制品的链接的，不承担赔偿责任；但是，明知或者应知所链接的作品、表演、录音录像制品侵权的，应当承担共同侵权责任。据此，网络服务提供者免责的前提应当是对搜索或者链接的作品、表演、录音录像制品是否侵犯他人著作权或者相关权利并不知情，既不明知也不应知。对于那些根据用户指令，通过互联网自动提供搜索、链接服务，且对搜索、链接的信息不进行组织、筛选的网络服务提供者而言，他们对通过其系统或者网络的信息的监控能力有限；网络上信息数量庞大，且在不断变化、更新，故要求其逐条甄别信息、注意到信息的合法性是不可能的。通常情况下，自动提供搜索、链接功能的网络服务提供者不知道相关信息是否侵权。对于这种网络服务提供者，应让其进入"避风港"。因此，互联网信息服务活动中，根据用户的指令，通过互联网自动提供作品等的链接或搜索等功能，且对搜索、链接的内容不进行任何编辑、修改或选择的，除非有网络服务提供者明知或应知有侵犯著作权的行为或者经著作权人提出确有证据的警告后仍不采取相应措施的情况，否则网络服务提供者不应承担任何责任。

根据《条例》第 23 条的规定，提供搜索或者链接服务的网络服务提供者虽然不明知或者不应知所提供的信息侵权，但在接到权利人的通知后，不按照根据该条例规定断开与侵权信息的链接的，需承担赔偿责任。《条例》第 14 条对权利人的通知书应具备的内容作了明确的规定，（一）权利人的姓名、联系方式和地址；（二）要求删除或者断开链接的侵权作品等的名称和网络地址；（三）构成侵权的初步证明材料。权利人所发通知，应符合该条规定的要求。

第四章

著作权的主体及著作权归属

【内容提要】

著作权原则上属于作者，如无相反证明，在作品上署名的公民、法人或者其他组织为作者。著作权主体包括作者和按照法律或合同约定继受著作权的主体。著作权主体的确认，是保护著作权人创作作品的行为得以持续的前提。著作权的归属往往遵循有约定按照约定，没有约定按照法律推定的规则处理，是确认著作权人和保护著作权动态移转，促进作者愿意继续投入智慧成果的创作中并得以持续产出的基础。

第一节　著作权的主体

一、著作权主体的法律地位确认

著作权的主体指的是依法对文学、艺术和科学作品享有著作权的人。

我国《著作权法》第 11 条规定："著作权属于作者，本法另有规定的除外。创作作品的公民是作者。由法人或者其他组织主持，代表法人或者其他组织意志创作，并由法人或者其他组织承担责任的作品，法人或者其他组织视为作者。如无相反证明，在作品上署名的公民、法人或者其他组织为作者。"可见，著作权属于作品的创作者，法律另有规定的按照规定处理，这也是著作权归属的一般原则。

二、我国著作权主体的分类

我国著作权的主体可分为三种：第一种著作权主体是作者，即创作作品的自然人；第二种著作权主体是被视为"作者"的法人或其他组织；第三种著作权主体指的是基于一定的法律事实继受取得权利的主体，可以是自然人，也可以是法人或其他组织，还可以是国家。

（一）自然人作者

作者是创作作品的自然人。联合国教科文组织的《版权基本知识》一书中，将作者描述为"在版权法中，文字、艺术或科学作品的创作者被称为'作者'"。

构成作者的条件应当是：

（1）具有创作能力；

（2）进行了一定的创作劳动，亦即具有了创作行为；

（3）完成了符合法律规定意义上的创作成果。

三个作者认定条件里，最主要的条件是对于作品付出了创造性劳动。只对作品提出某些修改意见，或加进某些自己的观点的人，或者仅对作品的创作提供了辅助劳动的，因没有进行智慧成果的创作，不能视为作者。

自然人作者从创作形式上可分为单独作者和合作作者，合作作者是指两个以上的作者共同完成一部作品，二者对该作品共同享有著作权。双方共有著作权，享有相应的权利义务关系，具体内容按照双方约定执行。

（二）视为作者的法人或者其他组织

法人是指依法成立，有必要的财产或者经费，有自己的名称、组织机构和经营场所并能独立承担民事责任的组织。

我国《著作权法》规定，由法人或其他组织主持，代表法人或非法人单位的意志创作，并由法人或其他组织承担责任的作品，法人或其他组织视为作者。由此可见，法人或其他组织是基于上述条件而依法律规定推定为作者的，也可称为"准作者""视为作者"。

成为作者的首要条件是具有创作能力，创作能力是人类以生理为基础运用思维的能力，法人不具有思维，其行为都是由自然人来完成的，因此说法人不是作品的创作人，但法人是拟人化的人，具有法律主体的人格，可以将创作的意志通过自然人来实施，因此可视为"作者"。

（三）非经创作而取得权利的主体

这类主体指的是获得著作权主体的地位不是因为其创作或视为创作了作品，而是通过对原作者（包含自然人、视为作者的法人或非法人组织）原始权利的继受而获得著作权，如继承、遗赠、合同约定等。这类主体所取得的权利由于与创作无关，不是原始主体，而属于派生主体。

通过创作以外的渠道获得著作权的主体可以是公民、法人或非法人单位，也可以是国家。国家可通过接受著作权人的赠与而取得著作权，还可以因著作权人死亡无人继承而取得著作权。《著作权法实施条例》第16条规定:"国家享有著作权的作品使用,由国务院著作权行政管理部门管理。"

第二节 著作权归属的法律依据及基本规则

一、合作作品著作权的归属

(一)合作作品的认定

我国《著作权法》第13条规定:"两人以上合作创作的作品,著作权由合作作者共同享有。没有参加创作的人,不能成为合作作者。"因此,两人以上合作创作的作品属合作作品,著作权由合作者共同享有。确定什么是合作作品,除了符合创作人数及创作结果为作品的要求之外,还应考虑以下因素。

(1)必须有共同的创作意图。就是说双方对于写一部什么内容的作品,以什么形式表现等由合作者共同商量,然后根据不同的分工来进行创作,作品内容反映了合作者的共同意志。

(2)具有共同的创作行为。即合作者都必须对作品的创作付出劳动。不论分工如何,这种劳动须具有创造性,不能将一些简单的劳务性工作也视为创作劳动,如抄写稿件、整理资料等。

(二)合作作品的分类

合作作品根据创作的形式不同,可分为不可分割作品和可以分割作品。

《著作权法实施条例》第9条规定,合作作品不可以分割使用的,其著作权由各合作作者共同享有,通过协商一致行使;不能协商一致,又无正当理由的,任何一方不得阻止他方行使除转让以外的其他权利,但是所得收益应当合理分配给所有合作作者。这类似民法中的共同共有。

可以分割的作品是指合作作品的作者各自所创作的智力成果具有相对的独立性,分开后仍能作为完整作品。这类似于民法中所有权的按份共有,但是各人独立行使自己部分的权利时,不能侵害合作作品的整体著作权。

二、演绎作品的著作权归属

演绎作品是指改编、翻译、注释、整理已有作品而产生的作品。演绎作品基于他人在先的作品进行智力加工,有原创性,也属于创作作品,其主体为原始主体,其著作权由改编、翻译、注释、整理人享有。演绎作品行使著作权时,不得侵犯原作品的著作权。

三、汇编作品的著作权

我国《著作权法》第14条规定："汇编若干作品、作品的片段或者不构成作品的数据或者其他材料，对其内容的选择或者编排体现独创性的作品，为汇编作品，其著作权由汇编人享有，但行使著作权时，不得侵犯原作品的著作权。"

汇编作品通常包括百科全书、辞典、文集、期刊、年鉴等。此外，在内容的选择和编排方面体现了独创性的火车时刻表、邮政号码、电话号码大全等，同样是汇编作品。伴随互联网、大数据的兴起，数据信息的集成系开展学术研究、进行政府决策分析的重要参考，对汇编作品予以著作权法保护，对加强数据库的法律保护意义重大。

汇编作品人行使其著作权时，不得侵犯原作品的著作权。汇编人应当取得原作品著作权人的同意，并支付相应的报酬。不过，为实施义务教育和国家教育规划而编写教科书，则可以不经过著作权人同意，但应支付报酬，指明作者姓名、作品名称，而且不得侵犯著作权人的其他权利。

四、视听作品著作权归属

关于这类作品的著作权归属问题有三种不同的观点：第一种观点认为应归制片人，因为影视作品的创作是一种风险性很大的事业，需要大量投资，各种风险责任一律由制片人承担，因此，权利的主体也应是制片人。第二种观点认为应归导演所有，因为是导演按影视艺术的特点和要求自始至终对片子进行指导、创作。第三种观点认为应由导演、编剧、音乐、摄影、演员、舞美等诸多作者所共有，应属于一种合作作品。

我国《著作权法》第15条规定："电影作品和以类似摄制电影的方法创作的作品的著作权由制片者享有，但编剧、导演、摄影、作词、作曲等作者享有署名权，并有权按照与制片者签订的合同获得报酬。电影作品和以类似摄制电影的方法创作的作品中的剧本、音乐等可以单独使用的作品的作者有权单独行使其著作权。"

因此，这类作品的著作权从整体上说属于制片人，导演只对作品享有署名权，其他的如编剧、摄影师、作词者、作曲者也只是对自己创作的作品享有署名权。当然作者对自己创作部分均有获取报酬的权利。此外，对于能够单独使用的作品，其作者可以单独使用，无特殊约定"禁止另行使用"的情况下，无须征得制片人的同意，如将电影插曲由作曲者录制成磁带发行。

五、职务作品的著作权归属

（一）职务作品的认定

职务作品是指公民为完成法人或者其他组织的任务所创作的作品。由此可见，判别是否为职务作品的核心是创作的目的是否在于完成本单位的工作任务。依据《著作权法实施条例》第 11 条的规定，关于职务作品的规定中的"工作任务"，是指公民在该法人或者该组织中应当履行的职责。

一般来说，对于什么情况下的作品是职务作品，可从以下三个方面考虑。

（1）作者与本单位具有劳动法律关系，即作者属于本单位的职工，而且享受本单位的工资福利待遇。

（2）作品创作在本职工作范围之内。即作者进行创作是为了完成本单位的工作任务，包括两种情况：一是对于专业创作者而言，其工作任务就是创作作品；二是本身并非专业的创作人员，本职工作不是搞创作，但本单位根据其在某方面的特长而交给其一部分创作任务。

（3）所创作的作品与本单位的工作性质相符合，能为本单位的业务所使用。即看其作品是否与本单位的业务相适应，适应即为职务作品，不适应则是非职务作品。

（二）职务作品的权利的归属问题

著作权法将职务作品划分为两类不同情况。

1. 作者享有著作权，单位享有优先使用权

《著作权法》第 16 条第 1 款规定："公民为完成法人或者其他组织工作任务所创作的作品是职务作品，除本条第 2 款的规定以外，著作权由作者享有，但法人或者其他组织有权在其业务范围内优先使用。作品完成两年内，未经单位同意，作者不得许可第三人以与单位使用的相同方式使用该作品。"可见，这类作品的著作权归作者所有，作者所在的单位有权在其业务范围内优先使用，作品在完成两年内，未经单位同意，作者不得许可第三人以与单位使用的相同方式使用该作品。优先使用在这里实际上指的是独家使用，即由单位独家使用，但这种独家使用的范围只限制在业务领域范围内。言外之意，如果作者以其他方式自己使用或许可他人使用该作品，单位则无权干涉。

《著作权法实施条例》第 12 条规定："职务作品完成两年内，经单位同意，作者许可第三人以与单位使用的相同方式使用作品所获报酬，由作者与单位按约定的比例分配。作品完成两年的期限，自作者向单位交付作品之日起计算。"单位使用由作者享有著作权的职务作品，应向作者支付报酬，支付方式和数额

等由双方商定，但按照法律规定的精神，作者所获报酬应是部分性的。因为法律规定若在两年内准许第三方以与本单位相同方式使用，所获报酬应与单位分成，就意味着作者的创作劳动成果应有单位的一份，按此精神，在本单位使用其作品时，支付报酬时也应照顾到单位的利益。

2. 单位享有著作权，作者享有署名权

《著作权法》第16条第2款规定："有下列情形之一的职务作品，作者享有署名权，著作权的其他权利由法人或者其他组织享有，法人或者其他组织可以给予作者奖励：（一）主要是利用法人或者其他组织的物质技术条件创作，并由法人或者其他组织承担责任的工程设计图、产品设计图、地图、计算机软件等职务作品；（二）法律、行政法规规定或者合同约定著作权由法人或者其他组织享有的职务作品。"根据《著作权法实施条例》第11条第2款的规定，关于职务作品的规定中的"物质技术条件"，是指该法人或者该组织为公民完成创作专门提供的资金、设备或者资料。该条款规定的职务作品，署名权由完成作品的作者享有，著作权中的其他权利由单位享有。法律如此规定的理由在于，工程设计图、产品设计图、地图、计算机软件等职务作品的创作仅靠一两个人的工作很难完成，需要由单位提供物质技术条件，而创作作品的有关责任，也是单位向社会负责，例如，某公司研制的程序软件在运行上存在缺陷，该缺陷的责任由该公司承担，而非直接设计者承担。至于单位为职工提供了其他帮助条件的，职工与单位之间按照合同约定著作权由法人或者其他组织享有，也是尊重当事人意思自治确定职务作品归属问题。

六、委托（定作）作品著作权归属

委托作品是指一方接受另一方的委托，按照委托合同约定的有关事项进行创作的作品。

我国《著作权法》第17条规定："受委托创作的作品，著作权的归属由委托人和受托人通过合同约定。合同未作明确约定或者没有订立合同的，著作权属于受托人。"

委托合同的双方既可以是个人也可以是单位。作为委托一方是法人或自然人而受委托方是自然人时，无论合同约定著作权归属哪一方都比较好理解，对于受委托方是法人或其他组织的，问题就变得比较复杂。受委托方一般都交由本单位的人员进行创作。因此，相应地产生内外部两种法律关系，受托人与创作人之间属于职务作品关系，委托方和受托方之间属于委托作品，如果委托合同中载明著作权归属于受托人，或未载明著作权的归属问题则著作权依法应归受托方所有，这时创作人可以享有署名权及因职务作品而享有的相应权利；如果委托合同中约定著作权由委托方享有，受托方则不享有著作权，受托方创作人的权利也因此受限，不能享有著作权人的署名权。

委托作品与职务作品有着相似的地方，双方的共同点是创作作品的作者并不一定是著作权人，作者的创作目的是接受他人的安排而创作。不同点在于：（1）基于创作的关系不同。委托作品是基于委托合同而创作，职务作品是基于作者与本单位具有劳动法律关系，因本职工作或任务指派而创作。（2）权利归属的原则不同。委托作品的权利归属，法律授权由合同双方自愿协商而定，没有订立合同的，或未能通过协商在合同中明确约定著作权归属的，著作权依法归属于受托人；职务作品则按照法律确定的规则处理。

关于确定某作品创作的问题，单位和自己的职工之间能否或是否应订立委托合同？一般来说，若所要创作的作品不是其业务范围内的，双方可以订立委托合同，确定双方因作品而产生的权利义务。对于职务作品则不需要以委托形式进行创作，因为职务作品的著作权归属已由著作权法作了规定，规定的基础就是作者与单位之间存在劳动关系这种特殊法律关系，该规定是平衡单位与作者双方利益的结果。

七、美术作品的著作权归属

美术作品的著作权归属于作者，但因为美术作品的表现形式往往体现在特定的载体上，有时产生著作权人与所有权人的主体分离。《著作权法》第18条规定："美术等作品原件所有权的转移，不视为作品著作权的转移，但美术作品原件的展览权由原件所有人享有。"也就是说，美术作品转移时，著作权的所有权利中只有展览权随之转移，其他权利仍归作者所有。

对尚未发表的作品，原件的所有权人行使展览权，应注意尊重著作权人是否同意展览的意思表示。即著作权人不同意展览未发表作品的，一经展览，等于原件所有人未经著作权人同意行使了发表权，原件所有人行使展览权涉嫌侵害了著作权人的发表权。

八、计算机软件、数据库等作品的著作权归属

随着社会发展和互联网科技的进步，大数据等新的种类形式的作品出现，如对大数据进行收集汇总后，按照特定的关键词进行数据分析与提供，数据库以及数据平台等如何确定著作权的归属及相应的权利保护问题。另外，其他知识产权的归属，如集成电路布图设计专有权的归属[1]，根据《集成电路布图设

---

[1] 《集成电路布图设计保护条例》第2条规定，集成电路布图设计是指集成电路中至少有一个是有源元件的两个以上元件和部分或者全部互连线路的三维配置，或者为制造集成电路而准备的上述三维配置。

计保护条例》等相关规定，布图设计专有权通常由布图设计的创作人，即由完成布图设计的人享有，如果由多人共同完成，专有权的归属由合作者约定；未作约定或者约定不明的，其专有权由合作者共同享有。受委托创作的，其专有权的归属由委托人和受托人双方约定；未作约定或者约定不明的，其专有权由受托人享有。

[案例分析] 2016 年，北京四维图新科技股份有限公司（以下简称四维图新公司）以侵害著作权和不正当竞争为由，将北京某科技有限公司等诉至北京市海淀区人民法院，索赔 1 亿元。由于案情复杂，案件经过多次开庭审理，法院最终于 2018 年 12 月 28 日作出了一审判决，判决驳回了四维图新公司的全部诉讼请求。值得注意的是，四维图新公司主张的标的并非传统意义上的电子地图而是电子地图数据，因此，本案也被业内称为电子地图数据著作权第一案。

电子地图，我国法律一般是按照《著作权法实施条例》将其作为图形作品予以保护，其权利归属明确，大量电子地图著作权侵权案件也是以作为著作权人的制图者的胜诉告终。电子地图数据的著作权保护不能等同于电子地图，因在电子地图行业中，存在电子地图数据采集者[①]和制图者两个行为主体。多数电子地图数据采集者本身也具备制图能力，两者身份的重合导致电子地图的权利归属是清晰的。当上述两者身份分离后，对于电子地图数据能否作为《著作权法》保护对象及权利是否归属于电子地图数据采集者就发生了分歧。有的人认为电子地图数据不具有独创性，有的人认为数据的储存、打开使用等，体现其特定的技术性和创造性，应归属于数据采集人予以保护。因此，目前对电子地图数据的著作权保护存在难以克服的逻辑障碍。[②]

九、著作权的继承和承受

《著作权法》第 19 条规定，著作权属于公民的，公民死亡后，其本法第 10 条第 1 款第（5）项至第（17）项规定的权利在本法规定的保护期内，依照继承法的规定转移。著作权属于法人或者其他组织的，法人或者其他组织变更、

---

① 电子地图数据采集者即地图道路、河流、建筑等信息的原始采集主体，其目的在于尽可能全面、完善、准确地收集特定区域的全部地理数据信息，该种地图电子数据信息往往可以汇总为一个可以使用专业地图软件打开的"数据信息库"。电子地图数据采集者采集的信息越全面、越准确，说明其采集技术手段越强，如果想形成最终的电子地图，后续还需要根据不同电子地图的终端用户需求，选择合适的电子地图数据信息（比如是旅游地图还是纯粹的道路交通地图等），配以不同的图形、颜色以显示不同的事物，并通过计算机渲染的方式制作"地图瓦片"，并最终形成电子地图，后续渲染工作需要由制图方实施。

② 赵刚："国内电子地图数据著作权第一案宣判，电子地图数据信息保护别只盯着版权途径"，载《中国新闻出版广电报》2019 年 5 月 23 日。

终止后，其本法第 10 条第 1 款第（5）项至第（17）项规定的权利在本法规定的保护期内，由承受其权利义务的法人或者其他组织享有；没有承受其权利义务的法人或者其他组织的，由国家享有。

十、外国人、无国籍人的作品在中国的著作权保护

自 1992 年 9 月 30 日起施行的《实施国际著作权条约的规定》，当时对于外国人著作权的保护水平高于本国国民。现行《著作权法》给予了外国人著作权保护的国民待遇。外国人、无国籍人的著作财产权保护期的计算与中国籍著作权人相同。

《著作权法》第 2 条规定，外国人、无国籍人的作品根据其作者所属国或者经常居住地国同中国签订的协议或者共同参加的国际条约享有的著作权，受本法保护。外国人、无国籍人的作品首先在中国境内出版的，依照本法享有著作权。未与中国签订协议或者共同参加国际条约的国家的作者以及无国籍人的作品首次在中国参加的国际条约的成员国出版的，或者在成员国和非成员国同时出版的，受本法保护。

[案例分析] 2016 年 6 月，同方公司与石柱土家族自治县城乡建设委员会（以下简称石柱建委）签订《县城夜景灯饰建设项目设计合同》，约定同方公司为项目的设计单位，承担该项目设计任务，同方公司后向石柱建委提交了设计图纸。2017 年 4 月 19 日，石柱建委明确裕兴公司为前述项目业主，并委托裕兴公司与同方公司进行设计任务的往来以及支付设计费用。2017 年 7 月 23 日，石柱建委向同方公司发出《解除合同通知书》，称同方公司虽履行了部分设计服务，但未根据修改意见修改到位，通知解除双方签订的《县城夜景灯饰建设项目设计合同》。2017 年 8 月 3 日，裕兴公司与重庆市设计院签订了《建设工程设计合同（一）》，将原建设项目委托重庆市设计院进行设计，并将同方公司的设计图交予重庆市设计院。其后，项目方将重庆市设计院设计的施工图进行项目施工招投标。同方公司起诉认为重庆市设计院侵犯其著作权，要求其停止侵权并赔偿损失。一审人民法院认为重庆市设计院侵犯了同方公司的著作权，判决重庆市设计院停止侵权并赔偿经济损失及合理开支共计 43.7 万元。重庆市设计院不服一审判决，提起上诉。二审人民法院判决驳回上诉，维持原判。①

---

① 重庆市第五中级人民法院民事判决书（2017）渝 05 民初 1528 号一案的判决书。

第五章

著作权的邻接权

【内容提要】

著作权的邻接权，系通过对作品传播而享有的与著作权临近的权利，主要是对于作品进行出版、表演、录音录像、播放的权利。邻接权基于著作权而产生，同时也具有独创性，受著作权法的保护。

第一节　概　　述

一、概念

著作权的邻接权，是指与著作权相邻近的权利，也称为作品传播者权，指作品传播者（表演艺术家、录音制品的制作人和广播电视组织）在传播作品的过程中对其创造性劳动成果依法享有的专有权利。邻接权从本质上讲是作品传播者对其作品传播形式所享有的权利。狭义的邻接权仅指表演者权；广义的邻接权指一切传播媒介所享有的专有权利。我国《著作权法》第四章规定的"出版、表演、录音录像、播放"即邻接权。

邻接权是国际版权法的通用概念。日益增多的国家授权保护表演者、唱片制作者和广播组织进行活动的利益，在公开使用作者作品、各种艺术家的演出或向公众播送时事、新闻报道及任何音响或图像方面进行活动的利益。邻接权的主要类别有：表演者禁止他人未经他们同意而对他们的表演进行录音、直接广播或向公众传播的权利；唱片制作者授权或禁止他人复制他们的唱片和禁止擅自复制的唱片进口发行的权利；广播组织授权或禁止他人转播、录制和复制他们的广播节目的权利。越来越多的国家主要在版权法内适当规定保护上述某些权利或全部权利。有的国家还给予表演者一种精神权利。对任何邻接权的保护不得解释为限制或有损于根据国内版权法和国际公约给予其他邻接权的作者受益的保护。①

从 1951 年起，经过伯尔尼联盟、国际劳工组织和联合国教科文组织的努力，于 1961 年 10 月通过一个保护表演人、录音制品制作人和广播组织权益的国际公约，即《保护表演者、录音制品制作者和广播组织的国际公约》，简称《罗马公约》，从而形成了国际上对邻接权的保护。因此，邻接权的产生是传播技术进步的结果。

二、邻接权与著作权的关系

（一）联系

（1）著作权是邻接权产生的前提。

（2）邻接权的取得过程中包含了传播者的创造性劳动。如表演的创造性。因此对邻接权也给予著作权法的保护。

（二）区别

（1）主体不同。邻接权的权利主体几乎都是法人单位，著作权则包含自然人、法人、非法人组织，而且实践中以自然人居多。

（2）保护对象不同。邻接权保护的是传播作品过程中产生的成果的权利，著作权保护的是作品本身。

（3）内容不同。邻接权通常不具有人身权利的性质（表演者权除外），著作权则包含人身权和财产权。邻接权只有法律规定的几种，著作权的权利范围则非常广泛，法律甚至还用了列举性规定之后，通过概括性条款"应当由著作权人享有的其他权利"予以规定。

（4）受保护的前提不同。邻接权的保护应当以尊重著作权为前提，即邻接权的产生应当以著作权人同意其传播为前提，如未经著作权人同意，则传播者使用他人作品系侵权，侵权行为不能产生邻接权。

应当注意的是，著作权与邻接权的区别是相对的，基于历史的原因及不同法系或不同法律理论的影响，著作权的一般规定可适用于邻接权。

---

① 刘建明、王泰玄等：《宣传舆论学大辞典》，经济日报出版社 1993 年版，第 3 页。

第二节　表演者权

一、概念

表演者，是指演员、歌唱家、音乐家、舞蹈家或表演、演唱、演讲、朗诵或者以其他方式表演文学艺术作品以及指挥这种表演的人。

表演是对作品的一种再现，是在已有作品的基础上对作品通过表演进行再创作的行为。表演者的权利基于著作权人同意表演为前提。我国《著作权法》第37条规定，使用他人作品演出，表演者（演员、演出单位）应当取得著作权人许可，并支付报酬。演出组织者组织演出，由该组织者取得著作权人许可，并支付报酬。使用改编、翻译、注释、整理已有作品而产生的作品进行演出，应当取得改编、翻译、注释、整理作品的著作权人和原作品的著作权人许可。

表演者权保护的客体为表演；权利主体为表演者；权利内容既包括财产权也包括人身权；保护期限，人身权保护期不限，财产权为50年。

二、表演者的权利

（一）表演者的人身权利

（1）表明表演者身份。通常有如下几种形式：①在演出广告、宣传栏、节目单或者文艺刊物刊登的剧照上标明表演团体和演员的名称和姓名；②在表演之前由主持人介绍表演者的姓名；③由广播电台、电视台播报表演者的姓名；④通过字幕在屏幕上显示表演者的姓名等。

（2）表演形象不受歪曲。表演形象是由表演者所表现的艺术作品中的人物形象，不同于表演者的本来形象。前者是著作邻接权，即表演者权的问题，后者属于个人肖像权。

（二）表演者的财产权利

（1）播送权。许可他人从现场直播和公开传送其现场表演，并获得报酬的权利。

（2）录制权。许可他人录音录像，并获取报酬的权利。

（3）复制、发行权。表演者复制其表演的录音录像的权利；表演者发行其表演的录音录像的权利。

（4）网络传播权。许可他人通过信息网络手段向公众传播其表演，并因此获取报酬的权利。

邻接权中财产权利的保护期为 50 年，截止于该表演发生后第 50 年的 12 月 31 日。

此外，《著作权法》没有规定表演者的机械表演权和出租权，而这两种权利往往涉及表演者的很大的利益。其中，机械表演权是指表演者从机械表演其录音录像制品中获取收益的权利，出租权是指表演者从录音录像制品的租用中获取收益的权利。虽然法律没有规定，但是当事人可以通过合同作出相关约定。

与著作权区分，表演者权没有规定发表权和修改权。因为，表演者的表演是对公众进行的行为，一经表演，即已行使了发表权，故客观上已不存在单独的发表权。现行著作权法关于表演者权的规定中没有修改权，因为难于区分表演是再创作还是修改，如果他人对表演进行恶意篡改，则表演者可行使"保护表演形象不受歪曲"的权利，以维护合法权益。对于表演者而言，其对表演所享有的权利也受表演这一作品特殊性的限制，但就法律规定而言，应允许表演者享有与作者同样广泛的权利。

第三节　录音制品作者的权利

一、录制品和录制者

录制品即录音录像制品。录音制品，是指任何对表演的声音或其他声音的专门录音，主要表现为唱片、录音磁带和激光唱片等；录像制品指影视作品以外的任何有伴音或无伴音的连续相关形象、图像的录制品（与视听作品的关系）。录制者，是指录音制品和录像制品的首次制作人。

二、和相关权利人的关系

（一）录音制作者和著作权人之间的关系

现行《著作权法》第 40 条，不再区分作品的发表与否，而是统一规定，录音录像制作者使用他人作品制作录音录像制品，应当取得著作权人许可，并支付报酬。第 40 条第 2 款规定，录音录像制作者使用改编、翻译、注释、整理已有作品而产生的作品，应当取得改编、翻译、注释、整理作品的著作权人和原作品著作权人许可，并支付报酬。

（二）录音制品制作者和表演者之间的关系

《著作权法》第 41 条规定，录音录像制作者制作录音录像制品，应当同表演者订立合同，并支付报酬。

三、录音制品制作者的权利

（1）复制权。（2）发行权。（3）出租权。（4）网络传播权。

《著作权法》第42条规定，录音录像制作者对其制作的录音录像制品，享有许可他人复制、发行、出租、通过信息网络向公众传播并获得报酬的权利。权利的保护期为50年，截止于该制品首次制作完成后第五十年的12月31日。保护录音制作者权，是依法赋权，激励发展。

第四节　广播者权利

一、概念

广播者权利又称为广播组织权，是指电台、电视台等广播组织对其编制的广播电视节目依法享有的权利。该权利的客体是广播电视组织编制的广播电视节目。

二、广播者的权利

《著作权法》第43条规定："广播电台、电视台播放他人未发表的作品，应当取得著作权人许可，并支付报酬。广播电台、电视台播放他人已发表的作品，可以不经著作权人许可，但应当支付报酬。"第44条规定："广播电台、电视台播放已经出版的录音制品，可以不经著作权人许可，但应当支付报酬。当事人另有约定的除外。具体办法由国务院规定。"可见，《著作权法》区分作品是否已发表来确定广播是否应征得原著作权人同意，对于未发表的作品，应征得著作权人同意，防止因广播而无权处分了著作权人的发表权。

广播者的权利主要有以下条件。

（1）转播权。广播者将其播放的广播、电视予以转播或允许他人转播的权利。

（2）录制权。广播者将其播放的广播、电视录制在音像载体上。

（3）复制权。广播者复制音像载体的权利。

我国《著作权法》第45条规定，广播电台、电视台有权禁止未经其许可的下列行为：（一）将其播放的广播、电视转播；（二）将其播放的广播、电视录制在音像载体上以及复制音像载体。前款规定的权利的保护期为50年，截止于该广播、电视首次播放后第五十年的 12 月 31 日。

三、广播者权利与著作权人的权利协调

《著作权法》第 46 条规定："电视台播放他人的电影作品和以类似摄制电影的方法创作的作品、录像制品，应当取得制片者或者录像制作者许可，并支付报酬；播放他人的录像制品，还应当取得著作权人许可，并支付报酬。"据此，广播他人的作品，应征得著作权人的同意，并支付报酬，这体现了对在先权利的尊重。

第五节　出版者的权利

一、出版者权的概念和性质

出版者权，是指出版者对其出版的作品所享有的一系列权利的统称。客体即所出版的图书、报纸、期刊及其版式设计。专有出版权是合同约定的权利，版式设计权是法定的权利。

出版者享有邻接权的本质原因，是从事了演绎创作，从而使原作品获得了新表现形式。出版者，仅是将他人的作品以某种特定的形式予以出版，好像没有创作结果，但因其对作品形式、装帧设计及排版等也有智慧贡献，因此被置于同演绎创作者同等的法律地位。凡是图书报刊出版者享有的权利，即出版商的权利，一概都属出版者权。如认为出版专营权、出版者名称权、社标权、按时收稿权及违约索赔权、书名专有权、图书专利权、技术、经营秘密权等都是图书出版者权。根据我国《著作权法》及其实施条例的规定，认为出版者权包括图书出版者权和报刊出版者权。作品的版权在我国著作权法上等同于著作权，作品的出版权属于作者。

二、出版者权的内容

（一）图书出版者的专有出版权

在合同有效期和合同约定的地区，享有以同种文字的原版、修订版和缩编本的方式出版图书的独占权利。该权利来源于著作权人的合法授权。

图书出版合同中约定图书出版者享有专有出版权但没有明确其具体内容的，视为图书出版者享有在合同有效期限内和在合同约定的地域范围内以同种文字

的原版、修订版出版图书的专有权利。目前在实践中，出版社均提供固定格式与条款的图书出版合同，作者与出版社在此基础上予以协商，并确定双方的权利义务。

（二）版式、装帧设计专有权

出版者有权许可或者禁止他人使用其出版的图书、期刊的版式、装帧设计。其中，版式设计指出版者出版图书、刊登文章所使用的开本、字体、字形、篇章结构安排等；装帧设计，主要是图书的封面设计、报刊的刊头、标题、装饰等装潢，本属于受著作权法保护的美术作品，其作者可以是出版者的工作人员，也可以是图书的作者或译者。

我国原《著作权法实施条例》第 38 条规定，出版者对其出版的图书、报纸、杂志的装帧设计享有专有使用权。2002 年新颁布的《著作权法实施条例》取消了这项规定。因此，出版者权不含装帧设计使用权。权利保护期为 10 年，截止于使用该版式设计的图书、期刊首次出版后第 10 年的 12 月 31 日。

（三）修改权

图书出版者经作者许可，可以对作品修改、删节。报社、杂志社可以对作品作文字性修改、删节，对内容的修改，应当经作者许可。

[案例分析] 原告陈佩斯、朱时茂诉被告中国国际电视总公司停止侵权，不得出版发行侵犯陈佩斯、朱时茂小品著作权和表演者权的侵权制品案。陈佩斯、朱时茂在中央电视台组织的春晚节目中，表演了《吃面条》等脍炙人口的作品。节目主办方电视总公司未经其同意，就将其表演的小品予以汇总、出版了 VCD，市场销量非常好。原告就被告的侵权行为向被告致函，要求被告停止侵权并赔偿损失，但被告没有答复。原告认为被告的行为违背了双方约定，带有明显的侵权故意，造成对原告合法权益的再次侵害，故根据《著作权法》第 46 条第 2 项的规定诉至法院。请求依法判令被告停止侵权、停止出版销售所有侵权产品，公开赔礼道歉，在《中国电视报》上刊登赔礼道歉书，以消除影响；赔偿原告经济损失 1 937 750 元（在审理中原告撤回对 10 个小品中的两个小品的起诉，故赔偿请求变更为 1 666 465 元），并承担本案的诉讼费及原告因本案诉讼而支出的其他一切费用。被告电视总公司辩称：本案所涉小品虽由两原告创作、表演，但均在中央电视台的组织、导演下出现在电视台大型文艺节目中，成为中央电视台摄制的电视节目的组成部分。中央电视台对这些电视节目拥有全部著作权。电视总公司出版上述节目的 VCD 光盘制品，是经中央电视台许可授权后依法进行的，绝无任何侵犯他人著作权之嫌。请求驳回原告的诉讼请求。

在案件审理期间，《胡椒面》的合作作者及表演者范旭霞、《王爷与邮差》的合作作者王宝社声明：就陈佩斯、朱时茂与电视总公司侵权案放弃对相应小品的实体权利，《警察与小偷》的合作表演者巩汉林、杨蕾、魏积安、蔡明放弃对该小品的诉讼权利。后经审理，法院确认侵权成立，被告立即停止侵权，不得出版发行侵犯原告陈佩斯、朱时茂小品著作权和表演者权的侵权制品。被告自本判决生效之日起 30 日内在《中国电视报》上刊登致歉声明，向原告陈佩斯、朱时茂赔礼道歉、公开消除影响。①

---

① 原告诉称，1994 年，被告曾就非法出版发行原告创作及表演的小品一事向原告道歉并给予象征性的补偿。原告表示不再进一步追究被告的侵权行为。双方约定，对于以后的出版发行事宜由双方具体协商。但 1999 年三四月间，原告再次发现被告未经许可，擅自出版发行含有两原告在历届春节联欢晚会上表演的并享有著作权及表演者权的十个小品在内的 VCD 光盘。被告电视总公司辩称：本案所涉小品虽由两原告创作、表演，但均在中央电视台的组织、导演下出现在电视台大型文艺节目中，成为中央电视台摄制的电视节目的组成部分。中央电视台对这些电视节目拥有全部著作权。电视总公司出版上述节目的 VCD 光盘制品，是经中央电视台许可授权后依法进行的，绝无任何侵犯他人著作权之嫌。请求驳回原告的诉讼请求。

第六章

著作权的取得、利用和转移

【内容提要】

我国著作权采自动取得制度。著作权利用，包含两个方面：一是著作权的积极性利用，即著作权人自己行使著作权以及著作权人通过许可、转让、继承、质押等行为依法处分著作权；二是著作权的消极性利用，禁止侵害著作权的行为，从而对著作权予以保护。著作权的许可使用与著作权转让是不同的权利利用方式。著作权许可使用或转让合同的性质是民事合同，违反者应承担违约责任。

第一节　著作权的取得及保护期限

一、著作权的产生和消灭

（一）著作权取得制度种类

（1）自动取得制度。是指著作权以作品创作完成这一法律事实的存在而自然取得，无需履行任何手续。我国《著作权法》第 2 条规定："中国公民、法人或者其他组织的作品，不论是否发表，依照本法享有著作权。即著作权自作品完成创作之日起产生，并受著作权法的保护。"可见，我国在著作权取得上采取自动取得制度。

大多数国家和《伯尔尼公约》采著作权自动取得原则，其优点在于，作品一经创作完成即可及时获得保护，可以有效地制止侵犯著作权的行为，保护水平较高。缺点在于，发生著作权纠纷时，未经登记的作品取证困难，因此有的国家著作权法通过设立自愿登记制度作为补充。《世界版权公约》不以注册登记为取得要件，但不禁止其成员国要求履行登记手续。

（2）注册取得制度。是指以登记注册作为取得著作权的条件，作品只有经登记注册之后才能产生著作权。该制度可以明确有效地证明著作权人的身份，有利于及时处理著作权纠纷，保护著作权人的合法权益，但不能充分保护那些未及时登记的作品。大多数国家均不采纳，只有拉丁美洲和少数非洲国家采用。

（3）其他取得制度。采取有形物固定（美）；使用著作权标记，《世界版权公约》规定。

（二）我国著作权取得制度

《著作权法实施条例》第 6 条规定："著作权自作品创作完成之日起产生。"著作权自作品完成之日起产生，即我国著作权法适用的是自动取得制度。第 7 条规定："首先在中国境内出版的外国人、无国籍人的作品，其著作权自首次出版之日起受保护。"对于外国人作品也是采用了自动取得制度。

我国规定了自愿登记制度，外国及我国港澳台地区的著作权人的作品由国家版权局登记。

我国国内作品，计算机软件由中国版权保护中心登记；其他作品由各地方版权局委托的机构负责登记。

二、著作权的保护期限（著作权的消灭）

作者的署名权、修改权、保护作品完整权的保护期不受限制。因此，著作权中的前述权利不会发生权利消灭的问题。

著作权有保护期限的，期限届满，著作权消灭。

（1）公民的作品，其发表权、本法第 10 条第 1 款第（5）项至第（17）项规定的权利的保护期为作者终生及其死亡后五十年，截止于作者死亡后第五十年的 12 月 31 日；如果是合作作品，截止于最后死亡的作者死亡后第五十年的 12 月 31 日。

（2）法人或者其他组织的作品、著作权（署名权除外）由法人或者其他组织享有的职务作品，其发表权、本法第 10 条第 1 款第（5）项至第（17）项规定的权利的保护期为 50 年，截止于作品首次发表后第五十年的 12 月 31 日，但作品自创作完成后五十年内未发表的，本法不再保护。

（3）电影作品和以类似摄制电影的方法创作的作品、摄影作品，其发表权、本法第 10 条第 1 款第（5）项至第（17）项规定的权利的保护期为 50 年，截止于作品首次发表后第五十年的 12 月 31 日，但作品自创作完成后五十年内未发表的，本法不再保护。

第二节　著作权的许可使用与转让

一、著作权许可使用

（一）概念

著作权许可使用是指著作权人在保留其著作权人身份前提下，授权他人以一定的方式，在一定的时期和一定的地域范围内使用其作品的行为。被称为著作权许可证贸易，它是最常见的著作权贸易。

著作权许可使用既满足了使用人的利用需求，又不发生著作权的移转，能够较好地满足双方需求，是著作权利用最主要的方式。

（二）特点

（1）著作权许可使用并不改变著作权归属。

（2）被许可的权利受制于合同的约定。包括内容、期限、不可分售等的限制。

（3）除专有使用权人外，被许可人对第三人侵犯自己权益的行为一般不能以自己的名义提起诉讼。

（4）著作权许可使用合同保障演绎作品中的原始著作权人的权利。著作权许可使用往往通过许可使用合同完成，合同是双方权利义务的具体化。

（三）著作权许可使用合同

（1）合同形式。合同类型主要有：出版合同、表演合同、录制合同、播放合同等，法律对于许可合同的形式未做要求，当事人可以自由约定。许可使用的是专有使用权的，应当采取书面形式，但是报社、期刊社刊登作品除外。

（2）许可使用的权利种类，也就是许可使用作品的方式。

（3）权利性质。许可使用的权利是专有使用权或者非专有使用权。

（4）许可使用的范围、期间。前者指被许可的著作权在地域上的效力。期间是指被许可使用的著作权在时间上的效力。

（5）付酬标准和办法。使用作品的付酬标准可以由当事人约定，也可以按照国务院著作权行政管理部门会同有关部门制定的付酬标准支付报酬。当事人约定不明确的，按照国务院著作权行政管理部门会同有关部门制定的付酬标准支付报酬。

（6）违约责任。著作权人的原因导致受许可人不能按照约定行使著作权，以及受许可人逾期或不能支付许可使用费等导致著作权人的合法权益受损，许可合同的任何一方有权向对方追究违反合同的法律责任。

（7）双方认为需要约定的其他内容，如赠书、稿酬优惠支付、重版印刷时的利益分成等。《著作权法》第 24 条规定的专有使用权的内容由合同约定，合同没有约定或者约定不明的，视为被许可人有权排除包括著作权人在内的任何人以同样的方式使用作品；除合同另有约定外，被许可人许可第三人行使同一权利，必须取得著作权人的许可。

二、著作权的转让

（一）概念

著作权的转让，是指著作权作为一项财产权，其中的任何一项或几项权能，从一个民事主体合法的转移到另一个民事主体支配下的行为。

其法律后果是，著作权一经转让，出让人便丧失了该权利。

（二）特点

（1）著作权转让发生著作权主体的变更。（2）转让的对象仅限于财产权利。（3）著作权的转让与作品载体所有权无关。（4）著作权转让的标的（权利内容）可以有多种选择。（5）合同中没有明确约定转让的权利不发生转让。（6）转让合同应当以书面形式订立。

（三）著作权转让合同的主要条款

根据我国《著作权法》第 25 条规定，转让本法第 10 条第 1 款第（5）项至第（17）项规定的权利，应当订立书面合同，转让合同的主要内容包括：（1）作品的名称；（2）转让的权利种类，地域范围；（3）转让价金，交付转让价金的日期和方式；（4）违约责任；（5）双方认为需要约定的其他内容等款项。

三、著作权许可使用与转让的联系与区别

（一）联系

著作权许可使用与转让，都是根据双方意思自治的结果，通过设立合同约定双方的权利义务，实现非著作权人对作者作品的使用，推动著作权流转和物尽其用。

《著作权法》第 27 条规定："许可使用合同和转让合同中著作权人未明确许可、转让的权利，未经著作权人同意，另一方当事人不得行使。"

（二）区别

（1）许可使用的情况下，原著作权人不变，而转让则著作权人发生变化。

（2）许可使用范围是基于著作权人的意思，受许可人使用的权利范围不能大于著作权人的权利范围；转让，则受让人行使的权利范围就是著作权的全部权利内容。

（3）著作权作为知识产权，可以设定质押、出资入股，但只有著作权人才可以进行该种处分，也只能是基于创作或著作权转让完成，许可使用人没做该等权利。

第三节　著作权的法定转移——继承

一、自然人作品著作权的继承

为保护著作权，各国往往规定著作权在作者去世后仍然进行相当长时间的保护，直至法律规定的期限届满。因此，作者去世以后的著作权继承归属就成为各国法律必须规定的内容。著作权中的人身权，通常专属于作者，但欧洲大陆国家法律却允许继承，理由是凡民事权利必须有其主体。著作财产权都可依法转移，在很多国家还可以成为法定继承或法人变更时的继承、信托或强制执行的对象。

我国《著作权法》第 19 条规定，著作权属于公民的，公民死亡后，其著作财产权在本法规定的保护期内，依照《继承法》的规定转移。《继承法》第 3 条规定，遗产包括公民著作权、专利权中的财产权利。第 16 条规定，在著作权人死亡时，著作权被视为一般财产成为被继承或被遗赠的客体。

（1）著作人身权不能作为继承的标的。《著作权法实施条例》第 15 条规定，作者死亡后，其著作权中的署名权、修改权和保护作品完整权由作者的继承人或者受赠人保护。著作权无人继承又无人接受遗赠的，其署名权、修改权和保护作品完整权由著作权行政管理部门保护。据此规定，作者的署名权、修改权和保护作品完整权不受时间限制，著作人身权不能作为继承的标的。

《著作权法实施条例》第 17 条规定，作者生前未发表的作品，如果作者未明确表示不发表，作者死亡后 50 年内，其发表权可由继承人或者受遗赠人行使；没有继承人又无人接受遗赠的，由作品原件的合法所有人行使。据此，著作人身权中的发表权不能继承，但可以在特定条件下由继承人或受遗赠人代为行使。

（2）合作作品的继承与权利转移。《著作权法实施条例》第 14 条规定，合作者之一死亡后，其对合作作品享有的使用权和获得报酬权无人继承又无人接受遗赠的，由其他合作作者享有。因此，由其他合作作者享有的条件满足时，合作者自动取得合作者的著作权份额，这并非根据双方合意而是基于法律规定的法定转移。

（3）关于继承与夫妻共同财产的问题。作者在婚姻关系存续期间创作的作品，无论是否在婚姻关系存续期间发表获得报酬，创作人享有著作权，享有依著作权所享有的使用费请求权以及因著作权合同而获得的报酬请求权，而其配偶均对于该报酬均享有共同所有权（夫妻财产约定个人所有的除外）。因此，依著作权所享有的使用费请求权以及因著作权合同而获得的报酬请求权属于夫妻共同财产。如作者去世后获得著作权的相应报酬，则该著作权报酬首先划分出夫妻共同财产，其余部分是创作人的遗产，按照法定继承或遗嘱继承办理。

二、法人作品著作权的转移

法人作品著作权，因法人单位的关、停、并、转会发生著作权的法定移转。原则上，著作权的财产权按照一般财产权的规定处理，即根据《著作权法》第19条第2款规定，著作权属于法人或者其他组织的，法人或者其他组织变更、终止后，其本法第10条第1款第（5）项至第（17）项规定的权利在本法规定的保护期内，由承受其权利义务的法人或者其他组织享有；没有承受其权利义务的法人或者其他组织的，由国家享有。① 第16条规定，国家享有著作权的作品的使用，由国务院著作权行政管理部门管理。

现行法律对于法人著作权的人身权利没有提及，我们认为应参照《著作权法实施条例》第15条规定，其著作权中的署名权、修改权和保护作品完整权由享有著作财产权的法人，作为作者的承继人予以保护其中的著作权人身权利。

---

① 《著作权法》第10条规定："著作权包括下列人身权和财产权：（一）发表权，即决定作品是否公之于众的权利；（二）署名权，即表明作者身份，在作品上署名的权利；（三）修改权，即修改或者授权他人修改作品的权利；（四）保护作品完整权，即保护作品不受歪曲、篡改的权利；（五）复制权，即以印刷、复印、拓印、录音、录像、翻录、翻拍等方式将作品制作一份或者多份的权利；（六）发行权，即以出售或者赠与方式向公众提供作品的原件或者复制件的权利；（七）出租权，即有偿许可他人临时使用电影作品和以类似摄制电影的方法创作的作品、计算机软件的权利，计算机软件不是出租的主要标的的除外；（八）展览权，即公开陈列美术作品、摄影作品的原件或者复制件的权利；（九）表演权，即公开表演作品，以及用各种手段公开播送作品的表演的权利；（十）放映权，即通过放映机、幻灯机等技术设备公开再现美术、摄影、电影和以类似摄制电影的方法创作的作品等的权利；（十一）广播权，即以无线方式公开广播或者传播作品，以有线传播或者转播的方式向公众传播广播的作品，以及通过扩音器或者其他传送符号、声音、图像的类似工具向公众传播广播的作品的权利；（十二）信息网络传播权，即以有线或者无线方式向公众提供作品，使公众可以在其个人选定的时间和地点获得作品的权利；（十三）摄制权，即以摄制电影或者以类似摄制电影的方法将作品固定在载体上的权利；（十四）改编权，即改变作品，创作出具有独创性的新作品的权利；（十五）翻译权，即将作品从一种语言文字转换成另一种语言文字的权利；（十六）汇编权，即将作品或者作品的片段通过选择或者编排，汇集成新作品的权利；（十七）应当由著作权人享有的其他权利。

著作权人可以许可他人行使前款第（五）项至第（十七）项规定的权利，并依照约定或者本法有关规定获得报酬。

著作权人可以全部或者部分转让本条第一款第（五）项至第（十七）项规定的权利，并依照约定或者本法有关规定获得报酬。"

如果著作权无人承继的，则其署名权、修改权和保护作品完整权由著作权行政管理部门保护。

[案例分析] 涉案手稿系茅盾先生用毛笔书写的一篇评论文章——《谈最近的短篇小说》，全文近一万字，创作完成后，茅盾先生向《人民文学》杂志社投稿，并将手稿交给该杂志社。该篇文章的文字内容发表于《人民文学》1958 年第 6 期。茅盾先生是《人民文学》杂志社第一任主编（任职时间为 1949 年至 1954 年）。2013 年 11 月 13 日，某拍卖公司与张某签订委托拍卖合同，张某委托拍卖公司拍卖多件物品，其中包括涉案手稿，双方约定拍卖成交后佣金按落槌价的 15% 收取。同日，张某向拍卖公司出具情况说明一份，承诺涉案手稿为其合法持有，于 2000 年 12 月在一位著名收藏家处购得。2013 年 12 月 13 日，江苏省文物局出具对于拍卖公司"2013 秋季拍卖会"涉及文物拍品的审核意见表明该拍品并非文物。

沈某等三人作为原告向一审人民法院起诉请求：（1）判令某拍卖公司、张某停止侵害原审原告就涉案手稿作为美术作品的展览权、发表权、复制权、发行权、信息网络传播权，以及作为文字作品的复制权、发行权、信息网络传播权的行为；（2）判令某拍卖公司、张某在新华网、人民网等媒体及被告某拍卖公司官网上承认错误并向原告赔礼道歉；（3）判令某拍卖公司、张某连带赔偿原审原告 50 万元。①

法院认为，关于原告是否有提起本案诉讼的主体资格。《著作权法》第 19 条规定，著作权属于公民的，公民死亡后，其本法第 10 条第 1 款第（5）项至第（17）项规定的权利在本法规定的保护期内，依照继承法的规定转移。第 21 条规定，公民的作品，其发表权、本法第 10 条第 1 款第（5）项至第（17）项规定的权利的保护期为作者终身及其死亡后 50 年，截止于作者死亡后第五十年的 12 月 31 日。《著作权法实施条例》第 17 条规定，作者生前未发表的作品，如果作者未明确表示不发表，作者死亡后 50 年内，其发表权可以由继承人或者受遗赠人行使。本案中，茅盾先生去世后，韦某作为唯一的继承人，有权依法继承茅盾先生著作权中的财产权部分，并依法行使其著作权中的发表权。韦某去世后，鉴于其妻子陈某书面表示同意原告在本案中主张相关权利，并自愿放弃对茅盾先生全部作品著作权主张相关权利，因此，沈某三人作为韦某的继承人依法有权对涉案作品主张相关权利。

---

① 参见江苏省南京市中级人民法院民事判决书（2017）苏 01 民终 8048 号。

第七章

著作权的限制

【内容提要】

著作权具有两面性，必须在保护著作权人和社会公共利益之间进行平衡，对著作权保护过度则损害著作权进入公共财富领域发挥作用，保护不足则影响创作积极性。因此，在著作权人享有自由和权利的同时，其权利行使也受到限制。合理使用、著作权的法定许可使用、强制许可使用，都是对著作权的限制。

第一节　合理使用

一、概念及性质

（一）合理使用的概念及性质

著作权的合理使用，是指在特定条件下，著作权人以外的人使用他人已经发表的作品，可以不经著作权人的许可，不向其支付报酬，但应当指明作者的姓名、作品名称，并且不得侵犯著作权人的其他权利。

对合理使用的性质，学界有分歧①，权利限制说是目前通说。以免阻碍知识之利用与信息之传播，所以各国之法律，基于社会公益之理由，均对著作权设置种种限制，其中合理使用乃是对著作权人权利最重要且最广泛之限制。

合理使用，主要有以下特征：（1）特定目的；（2）规定方式；（3）法律允许的程度范围内；（4）使用者可以不经著作权人的许可，不向其支付报酬。

---

① 吴汉东先生在其所著的《著作权合理使用制度研究》中，将国内外著作权法学者对合理使用性质的评述，分为3种类型，即"权力限制"说、"侵权阻却"说和"使用者权利说"，这反映了主要的学者观点。

（二）合理使用的要件

（1）不得损害作者的人身权利。即合理使用的前提必须能保障著作权人的发表权、署名权、保护作品完整权。

（2）使用的作品已经发表。未发表的作用一旦被他人使用，将可能涉嫌侵害著作权人的人身权，且因未发表的作品无法从公开渠道获知，因此合理使用仅限于已经发表的作品。

（3）使用的目的仅限于为个人学习、研究或欣赏，或者为了教学、科学研究、宗教或慈善事业以及公共文化利益需要。因为使用目的的正当性，所以利用才可以不经著作权人同意。以上三个要件必须同时具备。

二、合理使用的种类

（1）为个人学习、研究或欣赏，使用他人已经发表的作品。作为文化产品的消费者使用作品载体的行为，是作者及文化产品生产者之期待。

（2）合理引用行为。为介绍、评论某一作品或者说明某一问题，在作品中适当引用他人已经发表的作品。①目的通常是说明自己的思想观点或情感。②应当比例适当，如果"引用"比例失当，则很可能转化为抄袭。③要求被引用的作品必须是已经发表的。④应当说明作品出处和作者姓名。

（3）新闻报道使用。为报道时事新闻，在报纸、期刊、广播电台、电视台等媒体中不可避免地再现或者引用已经发表的作品。因此，新闻报道的对象是已经发表的作品。在报道中应注明被引用的作品的出处。

（4）对政论性文章的转载、转播。报纸、期刊、广播电台、电视台等媒体刊登或者播放其他报纸、期刊、广播电台、电视台已经发表的关于政治、经济、宗教问题的时事性文章，但作者声明不许刊登、播放的除外。

该种转载、转播的主体、作品、目的及形式，不得违反作者意愿。

（5）对公开演讲的转载、转播。报纸、期刊、广播电台、电视台等媒体刊登或者播放在公众集会上发表的讲话，但作者声明不许刊登、播放的除外。

（6）公益性利用行为。为学校课堂教学或者科学研究，翻译或者少量复制已经发表的作品，供教学或者科研人员使用，但不得出版发行。需要注意的是仅因为教学研究需要而进行利用，并包含用于学生的学习使用。

（7）公务使用。国家机关为执行公务在合理范围内使用已经发表的作品，应当注意使用的方式仅限于执行公务，完成国家机关职能，超出这个范围则不属于合理使用；这种使用应限于合理范围。

（8）馆藏陈列或保存版本。图书馆、档案馆、纪念馆、博物馆、美术馆等为陈列或者保存版本的需要,复制本馆收藏的作品。所复制的作品仅限于本馆收藏的作品范围;无论是否已经发表,均可作此种复制;复制的目的仅限于本馆陈列和保存的版本,不得用于借阅、出售或出租。

(9)免费表演。免费表演已经发表的作品,该表演未向公众收取费用,也未向表演者支付报酬。因为救灾、扶贫等公益目的需要而筹集捐款资金表演使用他人作品的,不属于"合理使用"。

(10)室外陈列品的使用。对设置或者陈列在室外公共场所的艺术作品进行临摹、绘画、摄影录像。这是一种对原有艺术品进行的再创作行为,归为"合理使用"是国际惯例,有利于文化传播。

(11)对汉族文字作品的翻译。将中国公民、法人或者其他社会组织已经发表的汉族文字作品翻译成少数民族文字在国内出版发行。

(12)将已经发表的作品翻译成盲文出版。从任何一种文字变换为盲文,是一种翻译行为。"合理使用",系基于对盲人的特殊关爱保护,符合国际惯例。

前述12种对著作权合理使用的行为,同样适用于对于邻接权的限制。

第二节 法定许可使用

一、概念和特点

法定许可使用又称"法定许可证"制度,是指根据法律的直接规定,以特定的方式使用他人已经发表的作品可以不经著作权人的许可,但应当向著作权人支付使用费,并尊重著作权人的其他各项人身权和财产权利的制度。

法定许可使用主要有以下特点:(1)作品仅限于已发表的作品;(2)使用不违背著作权人的意愿;(3)使用方式符合法律规定;(4)使用主体具有法定的限定性;(5)按规定支付报酬。

二、法定许可的方式

(一)法定许可编写教材

为实施九年制义务教育和国家教育规划而编写出版教科书,除作者事先声明不许使用的以外,可以不经著作权人许可,在教科书中汇编已经发表的作品片段或者短小的文字作品、音乐作品或者单幅的美术作品、摄影作品,但应当按照规定支付报酬，指明作者姓名、作品名称，并且不侵犯著作权人依照本法享有的其他权利。

（二）法定许可转载或摘编

作品刊登后，除著作权人声明不得转载、摘编的外，其他报刊可以转载或者作为文摘、资料刊登，但应当按照规定向著作权人支付报酬。

（三）法定许可录音

录音制作者使用他人已经合法录制为录音制品的音乐作品制作录音制品，可以不经著作权人许可，但应当按照规定支付报酬；著作权人声明不许使用的不得使用。

（四）法定许可播放

广播电台、电视台播放他人已发表的作品（电影作品和以类似摄制电影的方法创作的作品、录像作品除外），可以不经著作权人许可，但应当支付报酬。

广播电台、电视台播放已经出版的录音制品，可以不经著作权人许可，但应当支付报酬。当事人另有约定的除外。作品仅限于录音制品，不包括录像制品。具体办法由国务院规定。

作为法定许可的一种特殊情况，这种使用的主体仅限于广播电台和电视台，不适用其他有条件传送录音制品的媒体。伴随互联网发展而新生的自媒体种类繁多，其不属于法定许可播放的主体范围。

三、合理使用与法定许可的异同

（一）相同

（1）两者的目的相同，都是因促进社会公共利益的需要而适当限制著作权人的权利，以便作品的推广使用。

（2）对象相同，都是对已发表作品的使用。

（3）都无须经过著作权人许可，即可以自行决定使用。

（二）区别

（1）有无主体范围限制。

（2）是否需要向著作权人支付报酬。

（3）是否不得违反著作权人的意愿，是否有著作权人声明不得使用的除外的限制。

第三节 强制许可使用

一、概念

强制许可是指在特定的条件下，由著作权主管机关根据情况，将对已经发表作品进行特殊使用的权利授予申请获得此项使用权的人，并把授权的依据称为"强制许可证"，因此又称为"强制许可证"制度。目的是防止著作权人滥用权利，妨碍公众基于正当目的和合理条件使用作品。

强制许可在著作权法上有两层含义。[①]第一种强制许可，是指在著作权人无正当理由而拒绝与使用者达成使用作品协议情况下，使用者经向著作权行政管理部门申请并获授权而使用该作品。第二种强制许可，是指著作权国际条约中对发展中国家的一种优惠，即发展中国家的使用者想翻译或者复制某一外国作品，但又找不到著作权人，或者虽然找到著作权人但得不到许可，则可以通过一定的程序，从本国的著作权管理机关获得"强制许可证"，以翻译或复制有关的外国作品，但是应当向著作权人支付报酬。我们所讨论的强制许可制度主要是指第一种强制许可。

二、著作权强制许可使用制度起源

我国著作权法中没有规定强制许可制度，但是我国已加入两个基本的著作权国际公约——《伯尔尼公约》和《世界版权公约》，它们的现行文本都规定了强制许可制度，因此我国也适用公约关于强制许可的规定。根据《伯尔尼公约》第17条的规定，著作权人行使自己的权利，不得违反社会公共秩序。各国政府基于公共秩序保留原则，对于滥用权利的著作权人，其既有权禁止作品的传播，也可以在必要时由国家主管机关颁发强制使用的许可。这种由国家主管机关颁发强制使用的许可制度即为著作权的强制许可。因此，根据这两个公约，缔约国主管当局享有颁发强制许可证的权力。特别是为发展中国家的教学、学术活动和科学研究方面的便利，允许主管部门颁发翻译权与复制权的强制许可证。

---

① 齐爱民、朱谢群主编：《知识产权法新论》，北京大学出版社2008年版。

三、强制许可与法定许可的联系与区别

（一）联系

合理使用、法定许可和强制许可都是对著作权人权利的限制。其制度共同点在于使用作品都不需事先征得著作权人同意。法定许可和强制许可，都在限制著作权人使用权的前提下，保留了著作权人获得报酬的权利。

（二）区别

（1）依据不同。强制许可是在使用者以合理条件要求著作权人许可使用，著作权人在无正当理由拒绝许可的情况下，经使用者申请而由著作权行政管理机关授权使用的。

（2）对象和方式不同。在合理使用与法定许可中，愿意使用作品的人，只要属于法律规定的可以合理使用或者法定许可的情形，其使用作品既不需要征得著作权人的许可，也不用履行任何手续；而强制许可需要经过以合理条件请求著作权人许可，并且向著作权行政管理机关提出申请和著作权行政管理机关审查、批准等手续。条件严格，程序复杂。

（3）司法救济方式不同。即可否提起行政诉讼不同，依法申请强制许可但未获得主管机关授权的，有权通过行政诉讼予以救济。

（4）目的不同。原则上仅限于翻译、复制改编等。

[案例分析] 山东某广告有限责任公司诉青岛某公司侵犯著作权纠纷，青岛某公司生产彩屏手机，一开机有个青岛五四广场的火炬雕塑，火炬设计人发现之后，将该公司起诉到法院，案件经济南市中级人民法院一审、山东省高级人民法院终审裁定。我国著作权法规定的合理使用的情况是非营利性使用，但这种为了出售而拍摄是否属于这种情况？被告将拍摄的陈列在室外公共场所的"五月的风"雕塑作品图像与其他图像合成后作为手机壁纸使用，涉及对他人陈列在室外公共场所的雕塑等艺术作品摄影等使用构成侵权还是合理使用的问题。

最高人民法院《关于对山东省高级人民法院〈关于山东天笠广告有限责任公司与青岛海信通信有限公司侵犯著作权纠纷一案的请示报告〉的复函》批复："对设置或者陈列在室外社会公众活动处所的雕塑、绘画、书法等艺术作品的临摹、绘画、摄影、录像人，可以对其成果以合理的方式和范围再行使用，不构成侵权。"在此，对于"合理的方式和范围"，应包括以营利为目的的"再

行使用"。①

[案例分析] 刘某曾担任 A 公司建筑师和建设设计师，直至 2011 年 4 月。2014 年 9~10 月，刘某向他人发送的 B 公司的宣传资料中使用了印有 A 公司享有著作权的 46 幅照片。A 公司起诉，以刘某窃取了其享有著作权的相关设计项目的实景照片，并向 B 公司提供，刘某和 B 公司共同构成侵权为由诉至法院。要求法院判令 B 公司和刘某停止侵权，赔偿经济损失及合理费用。在报纸上刊登声明消除影响。刘某在答辩中称，其发送的邮件为个人简历，照片引用系介绍其设计项目的合理使用不具有违法性。案件原告 A 公司向法院提供了为其拍摄项目照片的摄影公司的著作权声明，有的摄影公司声明表明摄影公司享有设计项目照片的著作权及使用权，但授予 A 公司独占许可使用权，使用期限自作品拍摄日起 50 年，针对该拍摄作品所产生的与 A 公司有关的知识产权纠纷，A 公司享有以自己名义单独提起诉讼的权利。有的摄影公司声明与著作权有关的全部知识产权归 A 公司。原告还提供了涉及著作权的底稿、原件、合法出版物、著作权登记证书、认证机构出具的证明、取得权利的合同等，证明在作品或者制品上署名的自然人，法人或其他组织，是著作权人或与著作权有关权益的权利人系原告，作为本案原告的诉讼主体资格合法。

关于刘某在邮件中使用原告享有著作权或独占使用权的照片，是否属于合理使用？法院认为根据我国《著作权法》第 22 条第 2 项规定的合理使用情形，合理使用是指为介绍评论某一作品或者说明某一问题在作品中适当引用他人已经发表的作品，并指明作者姓名、作品名称，且未侵犯著作权人其他权利的情形。本案中，刘某在邮件中使用涉案作品的目的，首先是宣传 B 公司或自己，从而获取与他人的交易机会，此种出于商业目的的使用不属于合理使用的范围。其次，为说明某一问题的引用应当符合使用惯例，且不超出达到此目的的正当需要范围。本案照片使用系为说明刘某的设计成果，也无需使用印有 A 公司的

① 最高人民法院关于对山东省高级人民法院《关于山东天笠广告有限责任公司与青岛海信通信有限公司侵犯著作权纠纷一案的请示报告》的复函（（2004）民三他字第 5 号）指出，根据《中华人民共和国著作权法》第 22 条的规定，"对设置或者陈列在室外公共场所的艺术作品进行临摹、绘画、摄影、录像"，"可以不经著作权人许可，不向其支付报酬，但应当指明作者姓名、作品名称，并且不得侵犯著作权人依照本法享有的其他权利"。青岛海信通信有限公司对"五月的风"进行拍摄的行为，属于著作权法上述规定的对作品合理使用的范围。《最高人民法院〈关于审理著作权民事纠纷案件适用法律若干问题的解释〉》第 18 条，针对著作权法第 22 条第（10）项的规定作了司法解释，即对设置或者陈列在室外社会公众活动处所的雕塑、绘画、书法等艺术作品的临摹、绘画、摄影、录像人，可以对其成果以合理的方式和范围再行使用，不构成侵权。在此，对于"合理的方式和范围"，应包括以营利为目的的"再行使用"，这是制定该司法解释的本意。司法解释的这一规定既符合伯尔尼公约规定的合理使用的基本精神，也与世界大多数国家的立法例相吻合。

摄影作品，刘某的使用超出了正当需求的范围。从数量上来看，邮件中引用的涉案作品多达 46 幅，也已经超出了适当引用的范围，宣传资料在引用涉案作品时，虽然标注了原告，但从该字样的表意理解其仅用于表明刘某的身份，而非对涉案摄影作品的署名。综上，刘某使用涉案作品的行为不能认定为是合理使用，其行为已经构成了对涉案作品著作权的侵犯。法院最终认定其侵害了著作权的复制权。①

---

① 上海市杨浦区人民法院（2014）杨民三（如）初字第 487 号民事判决书，上海知识产权法院（2015）沪知民终字第 507 号民事判决书。

第八章

著作权的保护

【内容提要】

著作权的保护既需要从正面宣示著作权的权利内容、范围等，又要从反面制止侵害著作权的行为。著作权侵权行为在现实生活中的具体表现多样，根据侵犯著作权行为的主要表现，可以区分一般侵权行为与严重侵权行为。侵犯著作权相应地产生民事、行政和刑事法律责任。

第一节　著作权保护概述

一、侵犯著作权行为的概念

侵犯著作权的行为，是指自然人、法人或非法人组织等，未经著作权人许可，又无法律上可以使用的依据，而擅自使用其著作权的行为。这里所说的著作权，也包括著作邻接权。符合法定许可、强制许可、合理使用等范围，但未署名，或未依法支付报酬的，也构成侵害著作权的行为。

随着5G、区块链等新技术飞速发展，网络作品创作、传播和使用方式不断丰富，一方面，新业态、新平台不断涌现，版权成为数字经济快速增长的重要引擎；另一方面，网络著作权保护也面临更大挑战，网络侵权也呈现片段化、阶段化、分散化、规模化特点，网络侵权成为著作权侵权行为的主要形态，网络成为著作权保护的主战场。

2002年10月12日最高人民法院审判委员会通过《最高人民法院关于审理著作权民事纠纷案件适用法律若干问题的解释》（法释〔2002〕31号）对人民法院受理的著作权侵权等民事纠纷案件的审理，确认了管辖法院、举证等诉讼规则。最高人民法院对于著作权侵权纠纷确立了著作权权属纠纷、侵害作品发表权纠纷等 28 类具体案由。

二、著作权侵权行为的构成要件

（1）行为具有违法性。侵权人具备未经著作权人许可，又无可以不经同意使用的法律依据，而擅自使用其著作权的行为或未依法署名、支付报酬等行为。

（2）损害事实。包括精神利益和经济利益损害。

（3）因果关系。违法行为与损害事实之间有因果关系。

（4）主观过错。赔偿损失以过错为要件，停止侵权不以过错为要件。

三、著作权侵权的种类

（1）直接侵权。未经作者或其他著作权人的许可而有复制、出版、发行、改编、翻译、广播、表演、展出、摄制电影等行为。大量的侵权行为属于该类侵权行为。

（2）间接侵权。侵权人的侵权行为是他人侵权行为的继续，从而构成间接侵权；或某人须对他人的行为负一定责任，而自己并没有直接从事侵权行为。

（3）违约侵权。主要发生在著作权转让及著作权许可活动中，如著作权受让人或被许可人违反合同约定，擅自超出转让协议或许可协议的约定使用著作权。这种行为既构成违约又构成侵权，构成民事责任的竞合。受害人可以根据《合同法》第 122 条的规定，追究侵权人的侵权行为或依据双方合同追究其违约责任。

第二节　著作权侵权行为

一、著作权侵权行为的具体种类

《著作权法》第 47 条列举的 10 种侵权行为，应当根据情况，承担停止侵害、消除影响、赔礼道歉、赔偿损失等民事责任。第 11 项属于兜底条款。这属于一般侵权行为。

（1）未经著作权人许可，发表其作品的。比如，某些研究机构或档案馆或者个人保管的一些作者尚未发表过的著作手稿，通常这些单位或个人只是手稿的保管人，充其量是手稿的物权所有人，而不是作品的著作权人。如果这些单位未经作者同意发表了这些作品，就构成侵犯著作发表权的行为。特别是有些档案馆，对已解密的档案材料，如果认为有出版价值，应当注意被使用材料的著作权状况。

（2）未经合作作者许可，将与他人合作创作的作品当作自己单独创作的作品发表的。为了防止这种情况发生，在著作权合同中通常需要著作权人作出承诺，保证所提供的作品不侵犯他人的著作权。

（3）没有参加创作，为谋取个人名利，在他人作品上署名的。不论作者是同意还是被迫的，都是对作者署名权的侵犯。对已经实施了侵权行为并造成后果的，可以认定行为无效，并追究行为人的侵权责任。

（4）歪曲、篡改他人作品的，侵犯作者的保护作品完整权。

（5）剽窃他人作品的。剽窃和抄袭是一个意思，是指那种将他人创作的作品冒充为自己的作品并加以使用的行为。

（6）未经著作权人许可，以展览、摄制电影和类似摄制电影的方法使用作品，或者以改编、翻译、注释等方式使用作品的行为。

（7）使用他人作品，应当支付报酬而未支付的。这主要是指那些按照著作权法的规定，使用他人已发表的作品，可以不经著作权人许可，但应当按照规定支付报酬的情况。

（8）未经电影作品和以类似摄制电影的方法创作的作品、计算机软件、录音录像制品的著作权人或者与著作权有关的权利人许可，出租其作品或者录音录像制品的行为。

（9）未经出版者许可，使用其出版的图书、期刊的版式设计的。

（10）未经表演者许可，从现场直播或者公开传送其现场表演，或者录制其表演的。上述这些行为如果未经许可，则构成对著作权人和表演者权利的侵犯。

（11）其他侵犯著作权以及与著作权有关的权益的行为。

二、著作权侵权行为人应承担的民事责任

根据《著作权法》第 46 条的规定，以上侵犯著作权的行为应当根据情况承担停止侵害等民事责任。

（1）停止侵害。无论侵权行为人主观上是否有过错，都必须立即停止著作权侵权行为，这是对于正在进行的著作权侵权行为应当首要采取的防止性制裁措施。

（2）消除影响。主要适用于著作权人身权利受到侵害的情形。如未依法署名，应立即补署名，予以更正。

（3）赔礼道歉。视著作权侵权行为造成的不利影响范围而确定采用赔礼道歉方式，如登报、公共场所声明或借助其他媒介，甚至在侵权人网站上声明等。

（4）赔偿损失。侵犯著作权或者与著作权有关的权利的，侵权人应当按照

权利人的实际损失给予赔偿；实际损失难以计算的，可以按照侵权人的违法所得给予赔偿。赔偿数额还应当包括权利人为制止侵权行为所支付的合理开支。权利人的实际损失或者侵权人的违法所得不能确定的，由人民法院根据侵权行为的情节，判决给予 50 万元以下的赔偿。

三、对侵犯著作权行为的司法措施

（一）诉前权利保全

《著作权法》第 49 条是关于诉讼前申请停止侵权行为和财产保全的规定，"著作权或者与著作权有关的权利人有证据证明他人正在实施或者即将实施侵犯其权利的行为，如不及时制止将会使其合法权益受到难以弥补的损失的，可以在起诉前向人民法院申请采取责令停止有关行为和财产保全的措施"。

（二）诉前证据保全

《著作权法》第 50 条规定，为制止侵权行为，在证据可能灭失或者以后难以取得的情况下，著作权人或者与著作权有关的权利人可以在起诉前向人民法院申请保全证据。人民法院接受申请后，必须在 48 小时内作出裁定；裁定采取保全措施的，应当立即开始执行；人民法院可以责令申请人提供担保，申请人如果不提拱担保的，法院将驳回申请；申请人在人民法院采取保全措施后 15 日内不起诉的，人民法院应当解除保全措施。

（三）举证责任倒置

《著作权法》第 52 条规定，复制品的出版者、制作者不能证明其出版、制作有合法授权的，复制品的发行者或者电影作品或者以类似摄制电影的方法创作的作品、计算机软件、录音录像制品的复制品的出租者不能证明其发行、出租的复制品有合法来源的，应当承担法律责任。

（四）人民法院依法处置权

《著作权法》第 51 条规定，人民法院审理案件，对于侵犯著作权或者与著作权有关的权利的，可以没收违法所得、侵权复制品以及进行违法活动的财物。

第三节　行政责任与刑事责任

一、行为种类

《著作权法》第 48 条规定："有下列侵权行为的，应当根据情况，承担停止侵害、消除影响、赔礼道歉、赔偿损失等民事责任；同时损害公共利益的，可以由著作权行政管理部门责令停止侵权行为，没收违法所得，没收、销毁侵权复制品，并可处以罚款；情节严重的，著作权行政管理部门还可以没收主要用于制作侵权复制品的材料、工具、设备等；构成犯罪的，依法追究刑事责任。"该条款列举了8种严重侵权行为，侵权行为严重，将涉及行政责任。

（1）未经著作权人许可，复制、发行、表演、放映、广播、汇编、通过信息网络向公众传播其作品的，著作权法另有规定的除外。

（2）出版他人享有专有出版权的图书的。

（3）未经表演者许可，复制、发行录有其表演的录音录像制品，或者通过信息网络向公众传播其表演的，除非著作权法另有规定。

（4）未经录音录像制作者许可，复制、发行、通过信息网络向公众传播其制作的录音录像制品的，著作权法另有规定的除外。

（5）未经许可，播放或者复制广播电台或电视台播放的著作权或者邻接权属于广播电台或电视台的节目的，著作权法另有规定的除外。

（6）未经著作权人或者邻接权人许可，故意避开或者破坏权利人为其作品、录音录像制品等采取的保护著作权或者邻接权的技术措施的。如果法律、法规另有规定的除外。

（7）未经著作权人或者邻接权人的许可，故意删除或者改变作品、录音录像制品等的权利管理电子信息的。法律、法规另有规定者除外。

（8）制作、出售假冒他人署名的作品的。既包括把自己制作的作品冠以他人的名字予以出售，也包括把第三人的作品冠以他人的名字予以出售的行为。

二、行政责任

（一）著作权行政管理机关

国家设立中央和地方著作权行政管理机关。国家新闻出版行政管理部门、文化行政管理部门、工商行政管理部门在各自职权范围内涉及对著作权业务的管理。海关对著作权行政保护也负有重要职责。

（二）处罚程序

根据当事人投诉，或者依职权查处违法行为，查处过程适用《行政处罚法》，当事人可在收到处罚决定书3个月内向人民法院起诉。

（三）责任形式

可以由著作权行政管理部门责令停止侵权行为，没收违法所得，没收、销毁侵权复制品，并可处以罚款；情节严重的，著作权行政管理部门还可以没收主要用于制作侵权复制品的材料、工具、设备等。

三、刑事责任

侵犯著作权罪，是指侵犯他人著作权、依法应追究刑事责任的严重违法行为。

我国《刑法》第 217 条规定，以营利为目的，有下列侵犯著作权情形之一，违法所得数额较大或者有其他严重情节的，处 3 年以下有期徒刑或者拘役，并处或者单处罚金；违法所得数额巨大或者有其他特别严重情节的，处 3 年以上 7 年以下有期徒刑，并处罚金：

（1）未经著作权人许可，复制发行其文字作品、音乐、电影、电视、录像作品、计算机软件及其他作品的；

（2）出版他人享有专有出版权的图书的；

（3）未经录音录像制作者许可，复制发行其制作的录音录像的；

（4）制作、出售假冒他人署名的美术作品的。

我国《刑法》第 218 条规定，以营利为目的，销售明知是本法第 217 条规定的侵权复制品，违法所得数额巨大的，处 3 年以下有期徒刑或拘役，并处或者单处罚金。自 2004 年 12 月 22 日起施行的《最高人民法院、最高人民检察院关于办理侵犯知识产权刑事案件具体应用法律若干问题的解释》第 5 条、第 6 条分别规定了相应的刑事责任认定问题。①

［案例分析］同方公司与重庆设计院著作权侵权纠纷案②

2016 年，原告同方公司（乙方）与（甲方）签订《县城夜景灯饰建设项目设计合同》，委托乙方承担该项目的设计任务。合同第 4 条约定，（1）项目名称为县城夜景灯饰建设项目；（2）设计内容及要求：石柱县都督大道以及整个城市建成区等灯饰建设方案设计、初步设计、施工图设计及竣工验收阶段的设计服务；（3）设计工期：合同签订后 30 个工作日内，提交方案设计、初步设计，待方案设计、初步设计通过甲方认可后 30 天内完成施工图设计。合同第

---

① 第 5 条规定，以营利为目的，实施刑法第 217 条所列侵犯著作权行为之一，违法所得数额在三万元以上的，属于"违法所得数额较大"；具有下列情形之一的，属于"有其他严重情节"，应当以侵犯著作权罪判处三年以下有期徒刑或者拘役，并处或者单处罚金：（一）非法经营数额在五万元以上的；（二）未经著作权人许可，复制发行其文字作品、音乐、电影、电视、录像作品、计算机软件及其他作品，复制品数量合计在一千张（份）以上的；（三）其他严重情节的情形。

第 6 条规定，以营利为目的，实施刑法第 218 条规定的行为，违法所得数额在十万元以上的，属于"违法所得数额巨大"，应当以销售侵权复制品罪判处三年以下有期徒刑或者拘役，并处或者单处罚金。

② 重庆市第五中级人民法院民事判决书（2017）渝 05 民初 1528 号。

6 条约定乙方应向甲方交付的设计文件、份数及时间：合同签订后 15 日内完成概念性设计方案 4 份（电子光盘 2 套），概念性设计方案通过甲方认可后 15 日内完成初步设计方案，方案设计、初步设计通过甲方认可后 30 天内完成施工图设计方案。合同第 7 条约定设计费用为最高限价为 135 万元。合同第八条约定支付方式为按阶段付款：合同签订后 15 日内，支付合同额度的 30%；方案设计、初步设计完成并报甲方认可后，5 日内支付合同额 30%；施工图设计通过施工图审查并提交甲方施工图后，5 日内支付合同金额的 35%，工程竣工验收支付剩余尾款。合同第 14 条约定保密：双方均应保护对方的知识产权，未经对方同意，任何一方均不得对对方的资料及文件擅自修改、复制或向第三人转让或用于本合同项目外的项目。如发生以上情况，泄密方承担由此引起的一切后果并承担赔偿责任。该项目涉及的设计成果均由甲方所有。

2017 年 4 月 19 日，石柱建委向裕兴公司出具《委托支付函》："石柱县县城夜景灯饰建设项目的前期工作由县城乡建委具体负责，由于该项目的业主单位一直未确定，致石柱县县城夜景灯饰建设项目设计合同的发包人为石柱建委。现根据《2017 年城市建设管理重点项目任务分解》，已明确该项目的业主为裕兴公司，为方便开展项目的后续工作，特委托你司与同方公司进行设计任务的往来以及支付设计费用（合计：40.5 万元，大写：肆拾万伍仟元整）的事宜。"

2017 年 8 月 3 日，被告设计院与裕兴公司签订了《建设工程设计合同（一）》，该合同载明发包人委托设计人承担石柱县县城夜景灯饰建设项目（一期）工程设计。该合同第 2 条约定，设计阶段为施工图设计，设计内容包括道路景观路灯、重庆农村商业银行、中医院、中国邮政、体育馆等共 31 个夜景灯饰建设子项。第 3 条约定，发包人应向设计人提交的有关资料及文件：（1）设计委托书；（2）规划红线（含电子文件）；（3）与项目相关的函件；（4）方案设计成果；（5）相关建筑的外立面图纸；（6）相关工程施工图参考样图。该合同第 5 条约定，费用，本合同设计收费依据国家《工程勘察设计收费标准（2002 年修订本）》工程设计费标准下浮 50% 收取。该项目工程费用估算约 2400 万元，计算标准设计费为 86 万元，下浮 50% 后设计费为 43 万元。本着互惠互利、真诚友好的合作原则，经双方协商，本工程设计费按 40 万元包干价计算。

（2017）渝证字第 61064 号公证书记载，2017 年 8 月 18 日，原告同方公司的代理人戴某向重庆市公证处申请证据保全。

庭审中，原告陈述公证书所附光盘的内容为署名同方公司和设计院的两套设计方案，其与提交的纸质证据中的第二组、第四组证据一致。将原告享有著作权的设计方案与被告的涉案方案进行比对，两个方案中除了施工图中电气设计说明部分有一定的差异外，设计方案中其余设计图示均是一致的。

2017 年 7 月 23 日，石柱建委向原告发出《解除合同通知书》，该通知书记载："……合同签订后，你公司虽履行了部分设计服务，但是方案设计未根据县规委会和部门修改意见修改到位，初步设计也未完成及报审，严重超出合同约定的设计工期，导致我县县城夜景灯饰建设项目实施滞后。2017 年 7 月 21 日上午，我单位授权负责本项目的裕兴公司约谈你公司项目负责人张猛，张猛向裕兴公司法定代表人声称已向你公司领导请示，你公司领导明确表示不再继续提供本项目的设计服务。现我单位依据《县城夜景灯饰建设项目设计合同》第 9.1.2 条之约定、《合同法》第 94 条第 2 项之规定，特通知你公司解除《县城夜景灯饰建设项目设计合同》。"

石柱建委出具一份未署时间的《情况说明》："2016 年，我单位与同方公司签订了《县城夜景灯饰建设项目设计合同》，由我单位委托同方公司对石柱县都督大道等提供方案设计、初步设计、施工图设计等。因同方公司迟延履行合同约定的设计义务，已履行部分不符合约定及我单位要求且未最终完成，我单位于 2017 年 7 月 23 日向同方公司寄送《解除合同通知书》，解除双方签订的《县城夜景灯饰建设项目设计合同》。2017 年 8 月 3 日，裕兴公司通过合法程序与设计院签订了《建设工程设计合同（一）》，我单位许可设计院使用该设计工程之前的设计成果，并授权裕兴公司向设计院交付了设计委托书及设计成果。"

原告为本案诉讼支出律师费 3.5 万元、公证费 2000 元。

以上事实有《县城夜景灯饰建设项目设计合同》《建设工程设计合同（一）》，署名为同方公司的《夜景灯饰规格书》《施工图》，署名为设计院的《夜景灯饰规格书》《施工图》，《解除合同通知书》，《律师服务委托合同》，律师费收据，公证费发票以及当事人的陈述予以证明。

本案系著作权侵权纠纷。本案的争议焦点如下。

1. 原告是否享有涉案设计方案的著作权

《著作权法》第 11 条规定，著作权属于作者，本法另有规定的除外。创作作品的公民是作者。由法人或者其他组织主持，代表法人或者其他组织意志创作，并由法人或者其他组织承担责任的作品，法人或者其他组织视为作者。如无相反证明，在作品上署名的公民、法人或者其他组织为作者。《著作权法》第 17 条规定，受委托创作的作品，著作权的归属由委托人和受委托人通过合同约定。合同未做明确约定或者没有订立合同的，著作权属于受托人。2017 年 4 月 11 日石柱建委发布在公共资源交易网站上的设计方案署名为原告同方公司。根据原告同方公司与石柱建委签订的合同约定，项目涉及的设计成果由石柱建委所有，同时双方在合同中也约定了整个项目设计方案分为概念性设计方案、初步设计方案、施工图设计方案三个阶段，本院认为作为建筑工程的设计方案每一阶段的完成都是在前一阶段设计方案的基础上进行修改、完善，本案项目的设计成果应为最终的施工图设计方案。在石柱建委发给原告的《解除合同书》中，石柱建委认为原告只履行了部分的设计服务，初步设计没有完成及报审，在其出具的《情况说明》中也认为原告已经履行的部分不符合约定及其要求，从中可以看出石柱建委并不认可原告的设计成果，因此石柱建委发布在公共资源交易网站上的涉案设计方案不是其认可的涉案项目的设计成果。涉案设计方案只是一个阶段性的设计方案，由于双方在合同中对阶段性的设计方案的著作权归属没有进行约定，根据法律规定，本案原告同方公司对涉案设计方案享有著作权。

2. 被告的使用行为是否构成侵权

被告认为其使用涉案设计方案是获得了石柱建委及裕兴公司的授权，在取得石柱建委交付的涉案图纸后，根据工程建设实际情况进行复制、修改，并以自己名义署名签章出具图纸，属于履行设计单位职责的行为，不构成侵权。本院认为，涉案设计方案的著作权属于原告，根据原告与石柱建委合同约定，石柱建委享有涉案项目设计成果的所有权，而本案尚未完成设计成果即施工图的设计，故石柱建委对涉案设计方案的使用没有合同和法律依据，因此本案被告也没有权利使用原告享有著作权的涉案设计方案。被告接受裕兴公司的委托进行涉案项目的施工图设计，应当按照双方的约定履行其设计职责，但被告出具的设计方案与原告的设计方案除施工图中电气设计说明部分有一定差异外，其余部分均一致。被告的此种行为属于剽窃行为，构成对原告著作权的侵犯。

3. 被告应当承担的法律责任

根据《著作权法》第10条、第47条的规定，著作权包括署名权等人身权利和复制权、发行权等财产权利；有侵犯著作权行为的，应当根据情况，承担停止侵害、消除影响、赔礼道歉、赔偿损失等民事责任。关于原告要求被告立即停止使用涉案设计方案，并销毁所有侵权物品的诉讼请求，被告将原告享有著作权的涉案设计方案稍作修改后署上自己的名称并在公共资源交易网站上进行刊登的行为构成著作权侵权，原告有权要求被告立即停止侵权。因原告没有举示证据证明被告处存有侵权物品，故法院对原告要求销毁侵权物品的诉讼请求不予支持。综上，法院对原告要求被告立即停止使用原告享有著作权的涉案设计方案的诉讼请求予以支持。

关于赔偿的具体数额，根据《著作权法》第49条的规定，侵犯著作权或者与著作权有关的权利的，侵权人应当按照权利人的实际损失给予赔偿；实际损失难以计算的，可以按照侵权人的违法所得给予赔偿。赔偿数额还应当包括权利人为制止侵权行为所支付的合理开支。权利人的实际损失或者侵权人的违法所得不能确定的，由人民法院根据侵权行为的情节，判决给予 50 万元以下的赔偿。最高人民法院《关于审理著作权民事纠纷案件适用法律若干问题的解释》第 25 条第 2 款规定，人民法院在确定赔偿数额时，应当考虑作品类型、合理使用费、侵权行为性质、后果等情节综合确定。本案中，由于原告的实际损失和被告的获利情况均不能确定，法院综合考虑作品类型、被告侵权行为的性质、后果以及原告为制止侵权行为所支付的合理开支等因素，酌情确定被告赔偿原告经济损失及合理费用 43.7 万元。关于原告要求被告在《重庆日报》、中国照明网及在被告设计院官方网站刊登致歉声明的诉讼请求，因原告没有举示证据证明被告的行为造成其社会评价或商誉受损等后果，故该项诉讼请求缺乏事实及法律依据，法院不予支持。

第九章

著作权的集体管理

第一节 概　　述

一、著作权集体管理

随着复制和传播技术的发展，作品的种类和使用作品的方式、途径越来越多，范围越来越广泛，著作权人对作品的控制力以及相应的自我维权能力越来越有限。为了规范著作权集体管理活动，便于著作权人和与著作权有关的权利人行使权利和使用者使用作品，根据《著作权法》制定了《著作权集体管理条例》，对著作权集体管理组织与著作权人之间的权利义务进行具体规范，著作权集体管理组织的资产使用和财务管理受国务院著作权管理部门和民政部门的监督。

根据《著作权集体管理条例》第 2 条的规定，著作权集体管理，是指著作权集体管理组织经权利人授权，集中行使权利人的有关权利并以自己的名义进行的与使用者订立著作权或者与著作权有关的权利许可使用合同（以下简称许可使用合同）、向使用者收取使用费、向权利人转付使用费、进行涉及著作权或者与著作权有关的权利的诉讼、仲裁等。著作权人授权有关组织，代为集中管理著作权、邻接权的制度。具体指通过代表著作权人的集体组织授权使用者使用并收取报酬分发给著作权人的活动。

二、著作权集体管理组织

著作权集体管理组织，是指为权利人的利益依法设立，根据权利人授权、对权利人的著作权或者与著作权有关的权利进行集体管理的社会团体。从事集体管理的只能是特定的组织，个人不得进行著作权集体管理。著作权集体管理组织会员大会为著作权集体管理组织的权力机构。著作权集体管理组织的存在，是为了保障著作权人的权利可以得到高效集中的管理保护，是否授权给集体管理组织管理，基于著作权人的自愿。

著作权集体管理组织是非营利性组织，其主要职能是：

（1）接受作者或其他著作权人的委托，管理其作品的使用；

（2）与作品使用者就其作品的使用进行谈判签约；

（3）了解作品使用情况，收集作品使用报酬并定期向著作权人分配；

（4）联系沟通并建立国际的著作权集体管理网络；

（5）经委托代理著作权人提起诉讼或参加仲裁：可以自己的名义主张权利。

三、著作权集体管理组织成立的条件

《著作权集体管理条例》第 7 条规定了著作权集体管理组织成立的条件，也是在面临著作权侵权诉讼时，法院审查原告是否具有著作权集体管理组织的资格，是否可以行使著作权的实质要件：

（1）发起设立著作权集体管理组织的权利人不少于 50 人；

（2）不与已经依法登记的著作权集体管理组织的业务范围交叉、重合；

（3）能在全国范围代表相关权利人的利益；

（4）有著作权集体管理组织的章程草案、使用费收取标准草案和向权利人转付使用费的办法草案。

因著作权集体管理的授权合同约定各异，以及法院认定的差异等问题，实践中认定著作权集体管理组织是否具有原告资格最关键的是审查管理业务范围问题。[①]

第二节 集体管理的权利及实践

一、集体管理的权利

（一）会员的权利

著作权人与著作权集体管理组织订立著作权集体管理合同并按照章程规定履行相应手续后，即成为该著作权集体管理组织的会员。

---

① 陈小珍：类著作集体管理的诉权，载中国法学网，访问地址：http://www.iolaw.org.cn/showNews.aspx? id = 60952，访问时间 2019 年 12 月 2 日。

会员主要有以下权利。

（1）将著作权人个体难以实现的权利，交给集体管理组织行使。

（2）该权利由著作权人通过合同授予集体管理组织。

需要注意的是，著作权集体管理组织许可他人使用其管理的作品、录音录像制品等，应当与使用者以书面形式订立许可使用合同。著作权集体管理组织不得与使用者订立专有许可使用合同。

（二）非会员的权利

为使集体管理能够有效运作，代表非会员发放作品使用许可非常必要，这应符合以下条件：（1）有法律上的明文依据；（2）管理活动受到有效监督；（3）能够有效地将作品使用费用分发到权利人手中；（4）不违背权利人意愿；（5）保证权利人在一定条件下得拒绝受领使用费，否认集体管理组织的授权。

二、主要的著作权集体管理组织

中国音乐著作权协会于 1992 年 12 月 17 日成立，由中国音乐家协会和国家版权局共同发起的，在国家民政部登记的社团法人，是非营利民间组织，专门维护作曲者、作词者和其他音乐著作权人的合法权益。另外，中国文字著作权协会、中国音像集体管理协会、中国摄影著作权协会、中国电影著作权协会、中国知网等，都已成为著作权的集体管理组织。

在国际合作方面，我国于 1994 年 5 月加入国际作者、作曲者协会联合会（CICAC）等，已经与 32 个国家和地区的协会签订了合作协议，我国目前也正在推行"一带一路"版权保护的国际合作。

《最高人民法院关于审理著作权民事纠纷案件适用法律若干问题的解释》（法释〔2002〕31 号）第 6 条规定。依法成立的著作权集体管理组织，根据著作权人的书面授权，以自己的名义提起诉讼，人民法院应当受理。

[**案例分析**] 2003 年 11 月 1 日，中国音乐著作权协会以商场背景音乐侵犯著作权为由，把北京长安商场告上了法庭，要求长安商场支付 20 万元音乐使用费。这是《著作权法》颁布以来，第一起因为背景音乐侵权而走上法庭的官司。2004 年 2 月 4 日，北京市第一中级人民法院开庭审理中国音乐著作权协会诉长安商场背景音乐收费纠纷案，这是我国首例背景音乐收费纠纷案。后此案在法院的调解下双方和解。该案审理确认，音乐著作权协会是接受著作权人委托的著作权集体管理组织；播放背景音乐未经著作权人的同意且未付费构成对著作权人的机械表演权的侵害？一般认为，机械表演权行使的限制：一是合理使用，二是法定许可。

第三编

专　利　法

第一章

专利法概述

【内容提要】

本章讲述专利制度的起源与发展，我国专利制度发展历史及三次专利法修改的背景、意义和内容。本章重点内容是专利与专利权的基本概念及特征、专利制度自身特点及功效、我国专利法沿革及 3 次修订的主要内容。通过本章学习，要求大家从宏观上把握专利制度的特点，了解专利制度的历史，熟悉我国 3 次专利法修订的内容，并据此理解我国专利法律制度的发展趋势及立法现状。

第一节　专利制度的起源与发展

一、专利制度的起源

"专利"顾名思义独专其利，字面含义理解为某人对特定的物品、财产或其他权益享有独占的权利。专利作为一项制度最早起源于英国，1236 年英王亨利三世曾颁发给波尔多的一市民制作各种色布 15 年的特权；1331 年，英王爱德华三世授予佛兰德斯人约翰·肯普的织布及染布的独占权利；1367 年，特许两名钟表工匠营业。因此，专利制度自始即针对特定的技术赋予某人以专有权利。技术的发展与人类进步息息相关，人类历史上成为划时代标志的东西都和技术发明有关，旧石器时代、新石器时代、青铜器时代、铁器时代、蒸汽机时代、电子时代、互联网时代的划分，都以某种技术创新为标准。为了保护技术创新者的创造性，赋予技术的创造者在一定条件、期限内对其完成创新的技术以垄断、独占的权利，是专利权制度的出发点和核心价值所在。基于专利权获得的方式及保护程度不同，专利制度的起源大体可分为三个阶段。

（一）萌芽阶段

1236 年英王亨利三世授予波尔市一位市民制作色布的专门技术以 15 年垄断权，授权的方式是颁发诏书，当时被称为公开证书（Letters Patent），其上有蜡印并附有丝带，但并不封口，无需启封机即可阅读证书内容，目的就是让人们都知道证书的内容①。这种钦赐特权制度便是专利制度的萌芽，但与现在依法获得专利权保护的专利法律制度具有本质的区别。

（二）专利法典诞生

世界上最早建立专利制度的是威尼斯共和国。1474 年 3 月 19 日威尼斯共和国制定了第一部专利法，使专利权取得由钦赐特权制度变为制度化，对当时的技术发展具有非常重要的推动作用。该部专利法授予发明人对其技术发明拥有 10 年的垄断权，但与现代专利法还有很大的区别，是把工匠们发明的技术作为技术秘密保护，不具有公开性，因此国际上公认它只是专利制度的雏形。

（三）现代专利制度正式产生

1624 年英国议会颁布了《垄断法》②，为新产品的第一个发明人授予专利证书，提供不超过 14 年的独占保护。垄断法终止了王权在创造专利上的特权，该部法律被认为是世界上第一部具有现代意义的专利法。继英国之后，其他资本主义国家都陆续颁布了专利法，如美国于 1790 年、法国于 1791 年、德国于 1877 年、日本于 1885 年颁布了专利法；从 1873 年到 1987 年，建立专利制度的国家从 22 个增加到 120 个，是专利制度蓬勃发展的时期。

二、专利制度的发展

（一）专利制度的历史

专利制度从萌芽到被各国接受仅经历了 400 年的时间。在 19 世纪一度出现倒退，一些国家议会数次否决了专利法议案。到 19 世纪末 20 世纪初进入新的发展阶段，专利保护进入国际合作的新阶段，产生了不少的国际组织。具有里程碑式重要意义的《保护工业产权巴黎公约》，自 1873 年开始建立专利国际保护的标准工作，历经多年的博弈和妥协于 1883 年签署公约。《保护工业产权巴黎公约》（Paris Convention for the Protection of Industrial Property，以下简称《巴黎公约》），于 1883 年 3 月 20 日在巴黎签订，1884 年 7 月 7 日生效。《巴黎公约》的调整对象即保护范围是工业产权。包括发明专利权、实用新型、工业品

---

① 刘春田主编：《知识产权法》，中国人民大学出版社 2014 年版，第 140～142 页。
② 吴汉东主编：《知识产权法》，法律出版社 2004 年版，第 117～119 页。

外观设计、商标权、服务标记、厂商名称、产地标记或原产地名称以及制止不正当竞争等。巴黎公约的基本目的是保证一成员国的工业产权在所有其他成员国都得到保护，该公约与《伯尔尼公约》一起构成了全世界范围内保护经济"硬实力"和文化"软实力"的两个基本国际公约。到 2013 年 7 月止，有 175个成员方；我国于 1985 年 3 月 19 日正式成为巴黎公约成员方。[1]

（二）现代专利制度的发展趋势

1. 专利制度的国际化

在互联网时代技术已经实现了深度商品化和广泛的国际交流，各个国家和地区的专利法都在本国范围内有效，可由于国际技术交流和保护的要求，各国要在基本一致的专利保护制度前提下才能满足专利技术跨国保护的实现，因此专利法律制度国际化是大势所趋。

2. 科学化

专利制度的核心是授予某人对特定技术的独占、垄断权利，因此如何确定该特定技术符合专利法保护的条件，要有非常科学的标准和体系，从专利的授权到保护都要充分体现科学化，表现为专利的审查程序规则的科学化、技术性规范标准化、建立国际专利分类表等方面。

3. 保护力度加强

世界各国对专利保护的力度都在不断加强，包括保护范围越来越广、独占实施权的内容增多、对强制许可的条件更加严格等，我国专利法经过三次修改，已经建立起完善的专利权保护制度。

第二节　中国专利制度

我国专利制度的发展始于清朝末年，改革开放之后，我国专利制度发展迅速，取得了令世界刮目相看的进展。

一、初创时期

1898 年，光绪皇帝颁布了《振兴工艺给奖章程》，这是我国专利制度的萌芽阶段。真正的专利制度建立是辛亥革命后的 1912 年，工商部颁布了《奖励工艺品暂行章程》；1944 年国民党政府颁布了《专利法》。中华人民共和国成立后，1950

---

[1]　吴汉东等：《知识产权基本问题研究》，中国人民大学出版社 2005 年版，第 357～365 页。

年中央人民政府颁布了《保障发明权与专利权暂行条例》，该暂行条例中发明权与专利权并存；到了 1963 年，取消了专利制度，实行单一的发明证书制度。

二、专利法律制度的发展

计划经济时期民事主体对有形物的私人财产权都很少，对于技术发明赋予民事主体独占权利更无可能，中华人民共和国的专利制度起步较晚，伴随市场经济的发展和国际交流的需求，1978 年国家才开始着手探讨我国建立专利制度的必要性。1980 年国务院批准成立中国专利局，开始专利法的起草工作，曾经引起了专利制度"姓资""姓社"的大讨论，其间几经波折、一度停滞，直至1982 年重新启动专利法立法程序，1983 年专利法草案经国务院常务会议通过，9 月提请全国人民代表大会审议。历经多年、先后 24 稿的中国专利法于 1984年 3 月 12 日在第六届全国人民代表大会常务委员会第四次会议上获得通过。

《中华人民共和国专利法》于 1984 年 3 月 20 日公布并于 1985 年 4 月 1 日正式实施，是我国专利法律制度和世界专利制度的一件大事。1984 年在世界知识产权组织的一个有关发明创造历史的展览会上，曾把我国颁布的《专利法》与 1474 年世界上最早制定的威尼斯专利法放在一起展出，表明了我国的专利事业受到了世界舆论的一致好评。

我国专利申请量逐年增长，成为世界上为数不多的专利大国之一，图 3 - 1可以显示最近几年专利申请数量增长速度。

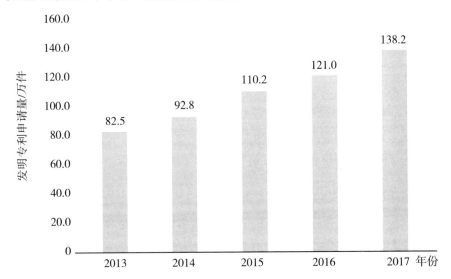

图 3 - 1　2013—2017 年我国发明专利申请量增长情况

资料来源：前瞻产业研究院整理。

随着国际化程度加深，我国向欧洲专利局（EPO）申请专利的数量也不断增加，2018 年中国向 EPO 申请专利数量排在美国、德国、日本和法国之后为第 5 位，不仅在通信方面，在计算机和电力机械方面专利申请数量也有所突破。①说明我国企业创新能力不断提高，知识产权保护意识也不断加强。

三、专利法的修订

通过学习专利法三次修订的内容，可以让同学们很清晰地看到我国专利法律制度的发展趋势和方向，同时专利法三次修改的内容很多也是专利制度的重点。

（一）《专利法》第一次修订

1992 年 9 月 4 日，《专利法》颁布实施 8 年后，国内专利申请、实施方面积累了一定经验，有一些修改的要求，专利法修改更重要的动力来自以美国为代表的发达国家通过贸易谈判给中国政府施加的压力，在此背景下我国对《专利法》进行了第一次修订，主要有以下内容。

（1）拓展了专利法保护范围。将饮料、食品、调味品和药品、用化学方法获得的物质纳入专利法保护的范围。（2）专利权的效力加强。方法专利的保护延伸到产品；增加专利进口权等。（3）专利保护期延长。发明专利保护期从 15 年到 20 年，实用新型和外观设计保护期延长到 10 年。（4）引入本国优先权制度。解决了原来专利法律制度中存在的超国民待遇问题。（5）严格了强制许可条件。对专利权人许可权的保护进一步强化。

（二）《专利法》第二次修订

2000 年为了适应我国经济体制改革和技术保护的需求，同时为了满足我国加入世贸组织在法律法规方面的要求，我国再次对专利法进行了修订，这次修订的主要内容如下。

1. 进一步加强了专利权的效力

对于发明和实用新型专利权，在原来规定制造、使用、销售和进口权的基础上，本次修订增加了许诺销售权，对专利权人的保护更加周全。

2. 将专利审查完全置于司法监督之下

本次修订之前的专利法只规定发明专利的申请、无效等异议最终由法院进行司法审查，有关实用新型和外观设计专利的申请及无效，专利复审委员会的

---

① 廖祥坤："EPO《2018 年度报告》概要与启示"，载《中国发明与专利》2019 年第 8 期，第 41 ~ 42 页。

决定具有终局效力。本次修订后所有类型的专利权的取得和维持都要置于司法监督之下，从程序上保障申请人及异议人的权利充分实现。

3. 增加了诉前诉讼保全制度

与一般民事诉讼立案后才可以进行诉讼保全不同，专利权人可以对"即发侵权"向法院申请禁令和财产保全措施，因为知识产权侵权证据极易灭失、侵权行为一旦发生对权利人损失巨大，这项措施对专利权人的保护非常重要。

4. 取消了全民所有制单位对专利权"持有"的规定

这项修订是典型的基于经济体制改革引发的，之前的专利法规定全民所有制单位对专利权是"持有"而非"所有"，这种模糊的权属规定不利于提高全民所有制单位利用专利保护发明创造的积极性，也不利于已经获得专利权的技术，通过许可、转让等多种方式加以利用。随着经济体制改革的深化，国有企业产权明晰了所有权与经营权分离，明确了法人财产独立性，取消此项规定对于改善全民所有制单位专利保护状况具有重要意义。

5. 对职务发明的界定更为合理

由于专利技术的完成很难个人独立完成，专利职务发明具有非常重要的地位，对于职务发明的界定要衡平单位与发明人的利益。本次修订引入合同优先原则，并明确对职务发明人应当给予奖励和报酬，使得职务发明制度更为完善。

6. 规定了制止"非法"产品的合理使用——"善意"侵权

本次修订之前专利法规定善意销售侵权产品不构成侵权，因为善意与否是一种主观状态，权利人很难主张，侵权产品的销售者很容易利用此项规定规避法律责任。本次专利法修改后，侵权产品销售者能够证明不知情且有合法来源的，不承担赔偿责任，但停止侵权等法律责任不能免除。

7. 增加了侵权赔偿数额计算的规定

本次专利法修订明确了专利权侵权赔偿数额计算的方式，即权利人因侵权行为带来的损失、侵权人因侵权行为获得的利益、基于侵权行为的时间方式影响等由裁判法官在人民币 50 万元以下酌定三种方式。

8. 明确了地方专利管理部门的职责、权限及与司法救济的关系

此项规定努力做到兼顾效率和公平，规定了管理专利部门的地位，省、自治区、直辖市依法设立管理专利的部门，有调处有关专利纠纷的权力，可以责令侵权人立即停止侵权，行政机关制止侵权比司法机关高效及时。同时为了兼顾侵权人救济方式，规定当事人不服的，可以自收到处理通知之日起 15 日内依照《中华人民共和国行政诉讼法》向人民法院起诉；专利管理部门仅仅可以就侵犯专利权赔偿数额进行调解而无权作出行政决定。

9. 建立检索报告制度

我国专利法保护的对象包括发明、实用新型和外观设计，对于发明专利的取得采取实质审查，对于实用新型和外观设计专利权的取得采取形式审查制度，其结果导致有些人滥用专利权保护制度，以欠缺专利新颖性和创造性的实用新型专利权提起侵权诉讼。为了避免此种情形发生，本次专利法修改后增加了实用新型专利权提起侵权诉讼之前，人民法院或者管理专利工作的部门可以要求专利权人出具由国务院专利行政部门作出的检索报告，以保证该实用新型授权有效性。

总之经过本次修订，我国专利法律制度已经完全达到世界贸易组织 TRIPS 协议的要求，在立法上达到国际通行的专利法保护水平。

（三）《专利法》第三次修订的内容

如果《专利法》前两次修订动因主要是来自国际交流的要求的话，那么我国《专利法》第三次修订完全是基于国内知识产权保护的要求，2008 年 12 月 27 日，全国人大常委会通过《关于修改〈中华人民共和国专利法〉的决定》，此次修订主要有以下几个方面的变化。

1. 专利法的立法宗旨强调创新

专利法的立法宗旨中增加了"提高自主创新能力""建设创新型国家"的内容，本次修改进一步加强对专利权的保护，激励自主创新，提高我国自主创新能力，建设创新型国家的目标。同时，本条还强调了保护专利权人的合法权益，突出专利法作为私法的性质。

2. 增加遗传资源方面的规定

我国是个遗传资源大国，对遗传资源的保护具有重大意义。修订后的《专利法》第 5 条规定，对违反法律、行政法规的规定获得或者利用遗传资源，并依赖该遗传资源完成的发明创造，不授予专利权。

3. 关于专利的客体、归属和管理

第一，明确了各种专利的概念。原专利法对发明、实用新型和外观设计的概念在《实施细则》中加以规定。应用《实施细则》较烦琐，这次修改在《专利法》中明确了概念。第二，增加规定同一项发明创造只能授予一个专利权，但也有例外，即同一申请人同日对同样的发明创造既申请实用新型专利权又申请发明专利权，先获得的实用新型专利权尚未终止，且申请人声明放弃该实用新型专利权的，可以授予发明专利权。第三，对共有专利权人之间的权利、义务作了具体规定。第四，增加了外观设计权人的许诺销售权。

4. 专利授权标准方面的改革

专利授权条件由原来的混合新颖性标准提高为"绝对新颖性标准"。原专利法对不同类型的现有技术和现有设计规定了不同的地域范围，然而，随着科技进步，尤其是网络技术的发展，出版物与非出版物公开之间的界限越来越模糊。

5. 完善外观设计制度

首先，提高外观设计授予专利实质性条件。强调了授予专利权外观设计与现有技术或现有技术特征的组合相比，应当具有明显的区别。其次，允许对关联外观设计合案申诉，专利法允许对关于其外观设计方案提出外观设计专利申请，以充分保护外观设计申请人的正当利益。最后，建立外观设计检索评价报告制度，以防止外观设计专利权人或利益关系人因行使权利不当而损害公众利益。

6. 专利权的保护措施更加明确

完善专利的行政执法，本法修改体现在以下三个方面：（1）增加对故意侵权的行政处罚，将假冒专利行为与冒充专利行为合并为假冒专利行为，且规定了相同的处罚力度。（2）增加行政执行所必需调查取证手段及相关当事人的协助义务。（3）完善赔偿数额的计算方式：明确赔偿数额确定的顺序；增加了法定赔偿数额；增加专利权人制止侵权的合理开支。

7. 完善专利实施的强制许可

（1）将合理条件的强制许可改为未实施、未充分实施的强制许可；（2）与反垄断法相衔接；（3）明确公共健康危机属于可以允许的强制许可情形，允许根据强制许可制造专利药品的可出口，以帮助出现公共健康危机的国家；第四，增加规定对半导体技术强制许可公共利益目的的限制。

8. 对平行进口作出明确规定

本次修改后《专利法》第69条明确规定平行进口属于不视为侵权的行为，允许平行进口。

9. 取消了涉外专利代理的限制

本次《专利法》修订后，任何依法成立的专利代理机构均可办理涉外专利案件，使得专利代理机构可以公平竞争。

第二章

专利权的主体

【内容提要】

本章讲述专利权主体的概念、各种情况下专利权主体的判断原则。本章重点内容是发明人的概念和特征、职务发明创造的界定及专利权属、委托发明的专利权属。通过本章学习要求大家了解专利权取得的两种方式、专利权授权的两种原则；理解专利权主体相关概念发明人、专利申请人、专利权人及相互关系，理解先发明制与先申请制的优劣比较；掌握专利权归属的一般原则和委托发明、职务发明等特殊情况下专利权的归属。

专利权是财产权，民事主体可以通过依法受让专利申请权和专利权而成为专利权的主体，这个专利申请权或专利权转让行为是合同行为，主要受合同法调整，不在本章讨论之列。本章仅仅讨论专利权的原始取得，即专利申请人向国家专利管理部门提出授权申请，经主管当局审查是否符合专利授权条件后决定是否授予专利权；一旦主管当局授权则专利申请人成为专利权人。

知识产权法定性体现在知识产权保护的各个环节，在权利主体上具体表现为某个发明创造如果能够被授予专利权，法律明确规定由谁来享有专利权。我们前面讲述过特定的知识产品的存在与某个主体有关，就会将该知识产品的知识产权赋予该主体，因此一般情况下完成发明创造的发明人就是专利申请人，特殊情况下发明人之外的自然人或者法人企业是专利申请人。确定合法的专利申请人就需要先确定谁是发明人，再明确什么情况下发明人就是申请权人、什么情况下申请人是发明人之外的自然人或者法人。因此，与专利权有关主体有发明人、申请人和专利权人，我们需要掌握具备什么条件就是专利法上的发明人，哪些情况下发明人之外的人具有专利申请人的资格。为了让大家直观理解此问题，我们一起看一下北京市思达尔化工新技术公司等诉张某某专利申请权纠纷的案件中涉及专利申请主体的争议。

[案例分析] 本案原告是北京市思达尔化工新技术公司（以下简称"思达尔公司"）和河南延津县津安工贸事业公司（以下简称"津安公司"），被告是自然人张某某。1991 年 9 月，张某某从北京大学调入思达尔公司，在 1991 年至 1994 年，张某某在思达尔公司任总工程师，负责精细化工开发，主要进行叶面肥的制作方法研制。1994 年 6 月思达尔公司委托津安公司进行该肥料的大田实验，而后津安公司与农户签订了协议书，约定由津安公司负责高效棉花增果灵实验，并对农作物喷施该农药后的生长情况做了观察记录。1994 年 11 月 14 日张某某申请了名称为"一种液体植物叶面肥料及制备方法"的发明专利，俗称高效棉铃宝，发明人张某某、毛某某、葛某某，其中毛某某是津安公司职工、葛某某是张某某的妻子，张某某称他们帮助过进行水解毛发的工作。张某某把在河南延津县的大田实验情况作为实施例写入了专利申请文件。原告思达尔公司诉称：张某某从 1991 年调入我公司后，担任总工程师负责产品开发，"一种液体植物叶面肥料及制备方法"专利应当是其职务发明创造，我公司愿意与津安公司共享该专利申请权；原告津安公司称：我公司负责大田试验，共出资 10万余元，张某某也把在河南延津县的大田实验情况作为实施例写入了专利申请文件，请求与思达尔公司公司共享该专利申请权。

法院是否支持两原告的诉讼请求，需要查明谁是涉案专利技术的发明人，毛某某、葛某某从事了相关工作是否就是发明人；该技术的专利申请权是否属于发明人、是否为职务发明，如果是职务发明的话属于哪个单位的职务发明；该技术是否为共同发明、原告津安公司投入大量人力物力参与实验是否应该享有专利申请权；原告思达尔公司自愿与津安公司共享该专利申请权是否符合法律规定。这些都是与专利权主体密切相关的问题，我们逐一展开叙述。

第一节 专利权主体概述

一、发明人

发明是通过创造性劳动完成发明创造的过程，发明人是具体进行创造活动的人、发明人只能是自然人。即使按照《专利法》的规定，发明人不是专利申请权人和专利权人，发明人的署名权不因此而被剥夺，发明人有权在专利证上注明自己的名字。确定发明人具有重大法律意义，它是确定专利申请人和专利权人资格的基本依据，具备什么条件的人才具有发明人的资格，在完成发明创造过程中，负责组织工作的人、对物质条件的利用提供方便的人或者从事其他辅助工作的人也为完成发明创造作出了贡献是否算是发明人？上述案例中张某某称毛某某、葛某某帮助过进行水解毛发的工作，是否可以作为发明人？

发明人是对发明创造的实质性特点作出了创造性贡献的人，只有对发明创造付出了创造性脑力劳动的人才能被认为发明人，一般而言，专利申请权、专利权属于发明人。

发明人必须同时满足以下条件。

（1）必须是直接参加发明创造活动的人。对发明创造起领导作用，不直接参加发明创造活动的人，不能成为发明人。

（2）必须是对发明创造的实质性特点有创造性贡献的人。发明创造是一个复杂的过程，尤其是重大、有影响力的发明创造，离不开单位提供的物质技术条件和各方面的辅助保障，不论这些工作对于发明创造的完成有多么重要的影响，甚至可以导致某项发明创造的专利申请权不归属于发明人，但这些未对发明创造的实质性特点有创造性贡献的人不能作为发明人。上述案例中毛某某、葛某某即使帮助过进行水解毛发的工作，这种水解毛发属于公知技术、未对发明创造的实质性特点作出创造性贡献也不能作为发明人。

（3）发明人只能是自然人，不要求具有民事行为能力。这是知识产权主体一个非常重要的特点，因为发明创造是一种事实行为，不需要主体具有民事行为能力，也不能否认有很多不具有民事行为能力的小发明家的存在。

二、申请人

申请人指就一项发明创造向专利局申请专利的人，如果发明人是一种客观事实判断的话，申请人是一个法律判断。如前所述一般情况下完成发明创造的发明人就是专利申请人，特殊情况下发明人之外的自然人或者法人企业是专利申请人，我们重点讲述哪些情况下，专利申请人属于发明人之外的人。

（一）基于法律直接规定

法律规定委托发明的委托人可以在委托合同中明确约定其为专利申请权人，明确规定职务发明申请专利的权利均属于该单位。因此，对于哪些发明创造属于单位的认定就具有重要的意义，就像前述案例，发明人曾经先后在两个及两个以上不同的单位工作，如果属于职务发明的话属于哪个单位的职务发明也需要法律予以规定。

我国现行《专利法》第 6 条规定："执行本单位的任务或者主要是利用本单位的物质技术条件所完成的发明创造为职务发明创造。职务发明创造申请专利的权利属于该单位；申请被批准后，该单位为专利权人。

非职务发明创造，申请专利的权利属于发明人或者设计人；申请被批准后，该发明人或者设计人为专利权人。利用本单位的物质技术条件所完成的发明创造，单位与发明人或者设计人订有合同，对申请专利的权利和专利权的归属作出约定的，从其约定。"

1. 职务发明的认定

执行本单位的任务或者主要是利用本单位的物质技术条件所完成的发明创造为职务发明创造。从概念进行分析可知，职务发明分为两类：一是执行本单位的任务完成的发明创造，不管是否利用了本单位的物质技术条件都属于职务发明；二是主要利用本单位的物质技术条件所完成的发明创造，不管是否是执行本单位的任务或者基于发明人工作职责，都属于职务发明。

《专利法实施细则》对于"执行本单位的任务所完成的职务发明创造"和"本单位的物质技术条件"进行了解释，执行本单位的任务所完成的职务发明创造，是指：（1）在本职工作中作出的发明创造；（2）履行本单位交付的本职工作之外的任务所作出的发明创造；（3）退职、退休或者调动工作后 1 年内作出的，与其在原单位承担的本职工作或者原单位分配的任务有关的发明创造。《专利法》第 6 条所称本单位，包括临时工作单位；《专利法》第 6 条所称本单位的物质技术条件，是指本单位的资金、设备、零部件、原材料或者不对外公开的技术资料等。

北京市思达尔化工新技术公司等诉张某某专利申请权纠纷的一案中，张某某 1991 年至 1994 年在思达尔公司任总工程师，负责精细化工开发，主要进行叶面肥的制作方法研制；1994 年 11 月 14 日张某某申请了名称为"一种液体植物叶面肥料及制备方法"的发明专利。张某某在思达尔公司作为总工程师负责精细化工开发、进行叶面肥的制作方法研制完成的发明创造是在其本职工作中作出的发明创造，申请专利的时间在其调出思达尔公司 1 年内，因此应当属于张某某在思达尔公司的职务发明。

《专利法》第 8 条规定，两个以上单位或者个人合作完成的发明创造，一个单位或者个人接受其他单位或者个人委托所完成的发明创造，除另有协议的以外，申请专利的权利属于完成或者共同完成的单位或者个人；申请被批准后，申请的单位或者个人为专利权人。本案中津安公司是否属于合作完成该发明的单位，就要审查其为该技术方案有关的大田实验是否属于创造性劳动，虽然津安公司出资 10 万余元进行大田实验，是对技术方案提供实施例、与技术方案的完成无关，因此津安公司不是该技术方案的共同完成人。

2. 权利归属

职务发明创造申请专利的权利属于该单位；申请被批准后，该单位为专利权人。非职务发明创造，申请专利的权利属于发明人或者设计人；申请被批准后，该发明人或者设计人为专利权人。上述"一种液体植物叶面肥料及制备方法"的发明专利的申请权应该属于思达尔公司。

3. 尊重约定

对不符合法定的职务发明的条件"利用本单位的物质技术条件所完成的发明创造"的权利归属允许约定，如果单位与发明人或者设计人订有合同，对申请专利的权利和专利权的归属作出约定的，从其约定。

（二）基于合同

1. 专利申请权转让合同

专利权是一项财产权利、不具有人身专属性，发明人有权决定其发明创造是否申请专利以及由谁来申请专利，发明人之外的其他人（包括法人和自然人）可以通过专利申请权转让合同取得专利申请权。如果在专利申请之前发明人将专利申请权转让给他人，属于普通的民事权利转让行为，受合同法调整，依据合同的相对性，其效力及于转让合同的当事人。受让人需要注意的风险事项是如果有第三人独立完成了同样的发明创造且在先提出专利申请，受让人凭借专利申请权转让合同无法对抗第三人，因此在签订类似专利申请权转让合同时，最好对此事项作出约定。如果是在专利申请提出后的转让，受让人要注意程序上的要求，应当订立书面转让合同并将转让合同报专利行政机关登记、公告。

北京市思达尔化工新技术公司等诉张某某专利申请权纠纷的一案中，思达尔公司可以将其专利申请权转让给津安公司，两个公司并未签订专利申请权转让合同以及到专利行政机关登记、公告，因此该案法院判决：（1）"一种液体植物叶面肥料及制备方法"发明专利的专利申请权于本判决生效之日起归思达尔公司所有；（2）驳回津安公司请求与思达尔公司公司共享该专利申请权的诉讼请求。

2. 委托发明合同

专利申请权转让不管是发生在提出专利申请前还是申请后，都是在发明创造完成之后，发明人之外的其他人（包括法人和自然人）还可以通过委托发明合同成为专利申请权人。我国《专利法》对于委托发明的权利归属采合同优先兼侧重保护发明人的原则，即"先从约定，未约定或约定不明的归受托人"，这就要求委托人在签订委托发明合同的时候一定要对权利归属作出明确的约定，否则其权利无法受到有效保护；受托人完全可以不介意是否约定委托发明的权利归属，因为未约定权利归属的时候专利申请权属于发明人。

（三）基于法定事由——继承

专利权是一项财产权利，我国继承法明确规定专利权中的财产权利可成为继承的标的，相应而言专利申请权也可以通过继承取得。继承方式取得专利申请权与转让一样发生权利主体的变更，只是转让是一种双务、有偿、诺成的合同行为，继承是基于被继承人死亡为条件的事实行为，继承取得专利申请权同样存在提出专利申请前继承不能对抗第三人、在提出专利申请之后要到专利登记机关办理变更申请人的手续。

（四）专利申请人的判断逻辑

我们综合汇总一下专利申请人的判断逻辑，首先看该技术方案是否是自由发明，如果是发明人依靠自己的智力劳动独立完成的发明就属于自由发明，自由发明的专利申请权属于发明创造完成者；如果该技术方案是由两个及以上的人共同完成的发明创造，则共同完成发明创造的人为共同发明人。如果完成发明创造的人和单位有关系，先判断是否属于职务发明；如属于非职务发明，即是自由发明，属于发明人；如属于职务发明，再判断其身份属于哪个单位，该技术的专利申请权即属于该单位；如果属于单位职工完成的发明、但不符合职务发明的条件，可以按照专利申请权的约定确定权属。第三看该发明是否属于委托发明，委托发明专利申请权的归属，先从约定，没有约定或者约定不明确的归受托人（研发方）。最后，专利申请权可以转让，发明人之外的自然人或者法人可以基于专利权转让合同成为专利申请人。

三、专利权人

专利权人即享有专利权的人，指依法获得专利权，对于专利权所指向的发明创造享有独占和垄断地位的人。依据专利权获得方式不同，专利权人分为原始取得人和继受取得人，专利权的原始取得人指通过专利申请直接获得专利权的人，专利申请通过法定审查、审批程序被批准授权后，专利申请人就是专利权人。

同时专利权作为一项财产权利可以转让，因此专利权可以通过继承或转让的方式取得。

第二节　先发明人与先申请人

与著作权法"保护表达"不同，按照著作权法的规定，同样的或相似的思想不同作者独立完成创作的作品，各个作者各自对其作品享有著作权。专利法保护的是思想，即同样的发明创造，只有一项发明创造会被授予专利权，其他人即使独立完成发明创造也不能被重复授予专利权。那么专利权授予何人？是最先完成发明创造的人还是最先申请专利权的人，是专利立法的两种不同价值选择。

一、先发明制

（一）概念

先发明制也叫作先发明原则，按完成发明创造构思的时间来决定专利权授予何人，将专利权授予最先完成发明创造的人。

（二）优劣分析

先发明制的优点是符合实质的公平正义，谁最先完成发明创造谁有权获得专利权。但该原则有三个弊端无法克服：一是举证困难，想要证明自己是最先完成发明创造的人很难提供客观证据，此种原则下证明自己发明日的原始资料——研究开发日记最为重要；二是不利于技术早日公开，权利人只要能够证明自己是最先完成发明创造的人就可以排除他人的在先申请，因此不急于尽早申请专利、公开技术，这样会导致对同一技术有多项重复开发，也不利于技术的早日许可使用；三是取得专利权的人权利状态不稳定，某人获得了专利权、甚至已经通过专利许可或者转让合同对专利进行利用，他人有证据证明自己早于该人完成的发明创造导致专利权易主，容易因权利状态不稳定影响交易安全造成混乱。

以前美国专利法一直坚持先发明原则，直到2013年才摒弃了先发明原则。

二、先申请制

（一）概念

先申请制指两个以上的申请人分别就同样的发明创造申请专利的，专利权授予最先申请的人。

（二）优势

克服了上述先发明原则的三个弊端，可以很明确判断谁是最早的申请人、敦促发明人尽早提出专利申请、公开技术方案。我国自专利制度建立以来，一直采取先申请原则。

（三）判断标准

（1）以时刻为单位，如德国、法国等，判断专利申请人的先后顺序精确到时刻的制度，不会出现专利申请权人的冲突。但在具体实施时比较困难，我国专利申请文件允许邮寄，很难判断。

（2）以日为单位，多数国家，包括中国采取以最早的申请日来决定最先申请人。其缺点在于有可能会在同一天有两个或两个以上的人就同一发明创造提出专利申请，会产生专利申请的冲突。

（3）解决冲突办法。解决冲突的方法有抽签、强制共有和协商等方式。目前通行的做法是协商制，日本专利法规定相同发明于同一日提出专利申请，由专利权人协商确定申请人，协商不成或无法协商时，不予授权。我国专利法在这一问题上也采取协商原则，我国《专利法实施细则》第 13 条规定："依照专利法第 9 条的规定，两个以上的申请人在同一日分别就同样的发明创造申请专利的，应当在收到国务院专利行政部门的通知后自行协商确定申请人。"虽未明确规定协商不成不予授权，但在实践中也采用这种原则以促成申请人之间达成协议。

三、优先权原则——先申请原则例外

优先权原则是《巴黎公约》的基本原则之一，在优先权原则适用的情况下，排除了先申请原则的适用，因此属于先申请原则的例外。

（一）概念

申请人在任一《巴黎公约》成员方首次提出专利申请后的一定期限内，又在其他《巴黎公约》成员方就同一内容的发明创造提出专利申请的，可将其首次申请日作为其后续申请的申请日。这种将后续申请的申请日提前至首次申请日的权利便是优先权。

（二）优先权的效力

在优先权期内，发明创造不因任何将该发明创造公之于世的行为而丧失新颖性；排除他人就相同的发明创造提出专利申请，当有优先权存在时，专利权的授予并不完全按照发明创造在该国提出申请的实际申请日的先后顺序。

（三）条件

适用优先权要同时满足以下条件：（1）主体合格。要求优先权的主体必须是首次申请人或优先权的受让人。（2）首次专利申请必须是正式申请。（3）两次申请属于同一内容。（4）必须在《巴黎公约》成员国提出优先权请求。（5）必须在优先权期内提出优先权请求。

（四）我国法律规定

1. 国际优先权

申请人自发明或者实用新型在外国第一次提出专利申请之日起 12 个月内，

或者自外观设计在外国第一次提出专利申请之日起 6 个月内，又在中国就相同主题提出专利申请的，依照该外国同中国签订的协议或者共同参加的国际条约，或者依照相互承认优先权的原则，可以享有优先权。

2. 国内优先权

申请人自发明或者实用新型在中国第一次提出专利申请之日起 12 个月内，又向国务院专利行政部门就相同主题提出专利申请的，可以享有优先权。

3. 程序

申请人要求优先权的，应当在申请的时候提出书面声明，并且在 3 个月内提交第一次提出的专利申请文件的副本；未提出书面声明或者逾期未提交专利申请文件副本的，视为未要求优先权。

譬如甲于 2018 年 8 月 6 日向中国专利局就某一发明创造提出专利申请，乙于 2018 年 9 月 6 日就同一发明创造向专利局提出专利申请，按照先申请原则应将专利权授予甲；但乙于 2018 年 7 月 6 日在某一巴黎公约成员国首次提出专利申请，且在提出专利申请时提出书面声明要求优先权并提交了第一次提出专利申请文件的副本，那么乙在中国专利局的专利申请就享有优先权，该发明创造的专利权应该授予乙。

第三章

专利权的对象

【内容提要】

本章讲述我国专利法保护的对象发明、实用新型和外观设计。本章重点内容是对技术方案的界定，发明的概念、种类，实用新型与发明的区别与联系。通过本章学习要求大家了解各国专利法保护对象的不同，专利权客体范围变化的趋势；理解建立实用新型制度的必要性及现实意义；掌握发明、实用新型、外观设计的概念、特征，发明与实用新型的异同。

专利权的对象是指哪些知识产品可以被授予专利权、受到专利法的保护，在知识产权总论讲到，创造性的智力成果才能依法赋予特定的人知识产权，在知识产权法律制度中专利法保护的是创造性最强的智力成果。虽然有关国际公约已将人类在各个领域取得的发明创造成果列入专利保护的范围，基于各国国情不同和专利立法的独立性，各国专利法在充分考虑国际公约规定的情况下，可以对专利法保护的对象作出自己相应的规定，允许各国采用分别立法或统一立法的不同模式。有一些国家和地区采取统一立法模式，在专利立法中保护多种专利类型，美国专利立法的保护范围包括发明专利、植物专利和外观设计专利。我国《专利法》第 2 条规定："本法所称的发明创造是指发明、实用新型和外观设计。"因此我国采取统一立法模式，专利法保护发明、实用新型和外观设计 3 种类型的发明创造。

在德国、日本等多数发达国家，专利法保护的对象仅限于发明专利，在这种分别立法模式下专利与发明常常作为同义词。德国实用新型制度于 1891 年创立，其最初的目的是保护日常生活的小发明，现在德国实用新型保护客体除了方法以外，保护一切有形的产品。① 日本于 1905 年在参考德国实用新型专利制

---

① 李杨："德国实用新型制度的特点和优势"，载《法制博览》2018 年第 2 期，第 150 页。

度基础上，制定了《实用新法案》，1993 年前日本实用新型采实质审查制度，顺应技术变革加快及新产品换代速度加快的步伐，修改为登记制和实用新型评价书结合的实用新型审查制度。①

日本和欧盟采取外观设计单独立法模式。日本自 1888 年《日本意匠条例》以来，一直采用外观设计单独立法模式；1998 年欧盟通过了《欧洲议会与欧洲联盟理事会关于外观设计法律保护的指令》，英国和法国对外观设计采取专利和版权双重保护模式②。已经有学者建议我国外观设计需要单独立法保护，基于外观设计保护的对象、内容及方式与发明和实用新型专利权都有较大的区别，外观设计单独立法较为合理。

第一节　发　　明

一、发明的概念

发明是最重要的专利权保护对象，在专利法分别立法模式下，发明是专利权法保护的唯一对象。各国对发明进行定义时的方法并不相同，有的国家用列举的方法阐述发明的对象，有的是用定义的方法。前者比较典型的是美国专利立法所采用的，《美国专利法》第 101 条规定："发明为任何新颖而实用的制法、机器、制造品、物质的组合，或者对他们进行的任何新颖而实用的改进。"采用定义方法的有世界知识产权组织起草的《发展中国家发明专利示范》中称发明是发明人在实践中用以解决技术领域某一特定问题的一种方案。《日本专利法》规定："发明是指利用自然规律的具有高度创新性的技术构思。"德国学者科拉认为："发明是通过技术表现出来的人的精神创造，是征服自然、利用自然且产生一定效果者。"我国《专利法》第 2 条规定："发明，是指对产品、方法或者其改进所提出的新的技术方案。"

使用列举法解释的优点是便于人们直观理解什么是发明、哪些类型的发明创造受到专利法保护，缺点是容易挂一漏万、无法适应新的技术成果不断涌现的现实，因此使用定义法解释发明的含义比较多见。发明活动与人类的文明相伴而行，发明（Invention）概念在过去的两千年里其含义从多样化到不断收敛，

---

① 黄亚男："中日实用新型专利制度比较研究"，载《法制与社会》2018 年第 10 期，第 20 页。
② 张鹏："外观设计单独立法论"，载《知识产权》2018 年第 6 期，第 48～49 页。

固定于技术领域的创造。① 综合比较几种定义可以看出，发明是发明人的一种思想，是利用自然规律解决实践中各种问题的技术方案。在此要特别强调发明是一项有创造性的技术方案，技术方案的含义是指仅仅一种思想或者构思不能受到专利法的保护，同时又不要求发明创造技术方案已经被实施，在实行先申请制授予专利权的立法模式下，一项新的技术方案及早申请专利保护具有非常重要的意义，因此同学们要特别注意一项发明创造只要达到"可实施"的程度而不要求"已实施"就可以申请专利权保护。

我们简单归纳一下发明的特点。

（一）发明应当包含高度的创新

我国现行专利法规定，发明专利与现有技术相比，须具有突出的实质性特点和显著的进步，实用新型专利要求有实质性特点和进步。对两者比较可以看出，发明专利的创造性要求高于实用新型专利，发明应当包含高度的创新。

（二）发明必须是利用自然规律或自然现象

具体表现为不利用自然规律或自然现象的不能称为发明，违背自然规律的创造也不是发明，自然规律本身也不是发明、自然发现可以被授予发现权，获得署名权和科学奖励，但是不能被授予专利权进行保护。

（三）发明是一种具体的技术方案

这一点非常重要，具体指发明必须能够实施，达到一定效果并具有可重复性，但不需要将其转化为实实在在的实物，即不以其具体实现为要件，具体表现为对产品、方法或其改进所提出的新的技术方案。

二、发明的分类

按照不同的标准对发明进行分类，是为了更好地从不同角度理解发明的特征，我们重点讲述各种分类在实践应用发明的具体意义。

（1）按照发明完成状况分为已完成发明和未完成发明，未完成发明不能被授予专利权，发明完成的界定标准是发明创造符合可实施的技术方案的条件，无法被实施的未完成的发明创造不能被授予专利权，是各国专利立法的共同选择。

（2）按照完成发明的人数划分，分为独立发明和共同发明。这种分类的意义在于发明创造在专利申请、使用或处分时，独立发明和共同发明有所不同。仅由一名自然人或单位完成的独立发明，发明人可以自主决定专利申请、使用、转让等事项。两个以上的自然人或单位共同完成的共同发明，应当由全部共有

---

① 吴红："发明的含义及其流变"，载《科学技术哲学研究》2018 年第 35 卷第 5 期，第 81 页。

人共同决定专利申请、使用、转让等事项，就共同发明申请专利时，应当由全部共有人达成一致意见，有一方不同意申请专利，其他各方不得申请；其中一方声明放弃专利申请权的，其他共有方可以申请，在发明被授予专利权后，放弃申请一方可免费实施该专利；其中一方转让其应有份额时，其他共有方拥有同等条件下的优先购买权。

（3）按发明人的国籍不同，分为本国专利和外国专利，对于中国人和外国人依据我国专利法依法获得专利权保护的条件和程序有所不同。如前所述知识产权具有地域性，在一个国家申请的专利获得授权后，其效力及于该国地域，一项技术要在他国享有专利权必须依法在该国获得专利授权，各国专利法都对外国人在本国如何进行专利申请予以规定。我国是《巴黎公约》的成员国，我国专利法对外国人申请专利的保护是非常周全的，依照我国专利法及《巴黎公约》，外国人在我国有经常居所或营业所，与中国公民或法人享有专利法上同等的权利和义务；在中国没有经常居所或者营业所的外国人、外国企业或者外国其他组织在中国申请专利的，依照其所属国同中国签订的协议或者共同参加的国际条约，或者依照互惠原则，根据本法办理。同时我国专利法对第二类外国人申请专利作出了特别规定，在中国没有经常居所或者营业所的外国人、外国企业或者外国其他组织在中国申请专利和办理其他专利事务的，应当委托依法设立的专利代理机构办理。我国专利法对在国内完成的发明创造向外申请专利，也作出了一些限制性的规定，任何单位或者个人将在中国完成的发明或者实用新型向外国申请专利的，应当事先报经国务院专利行政部门进行保密审查。保密审查的程序、期限等按照国务院的规定执行。

（4）按发明权利归属不同，分为职务发明和非职务发明。非职务发明的专利申请权归属于发明人，职务发明的专利申请权归单位。

（5）按发明的应用领域不同，分为产品发明和方法发明，此种分类的意义在于产品发明和方法发明的权利效力范围不同。产品发明包括设施发明、材料发明、工具发明和新物质的发明，是我们日常最常见的发明创造，与我们的生活密不可分。方法发明是针对产品的制造或使用方法的发明，方法发明生产的产品可以是专利产品，也可以不是专利产品，单纯使用方法的发明又叫用途发明。在方法发明侵权举证责任上，专利法进行了举证责任倒置的规定，我国《专利法》第61条规定："专利侵权纠纷涉及新产品制造方法的发明专利的，制造同样产品的单位或者个人应当提供其产品制造方法不同于专利方法的证明。"

（6）按照发明之间的前后关联关系，分为基本发明和改良发明，此种分类的意义在于保证在后的发明能够依法实施，我国专利法为此规定了交叉强制许可制度，规定："一项取得专利权的发明或者实用新型比前已经取得专利权的发明或者实用新型具有显著经济意义的重大技术进步，其实施又有赖于前一发明或者实用新型的实施的，国务院专利行政部门根据后一专利权人的申请，可以给予实施前一发明或者实用新型的强制许可。在依照前款规定给予实施强制许可的情形下，国务院专利行政部门根据前一专利权人的申请，也可以给予实施后一发明或者实用新型的强制许可。"

第二节　实用新型

实用新型与发明相比其创造性要求较低、在世界各国受保护的范围较小，有的国家如法国、希腊、马来西亚等称为实用新型证书或实用证书，澳大利亚、荷兰及我国香港地区等称为小专利①。对于包括我国在内的发展中国家来说，创造性要求高的发明专利很难完成，实用新型制度的设立对于促进技术进步、改善人民生活具有重要的意义。

一、实用新型的概念

我国《专利法》第 2 条规定："实用新型是对产品的形状、构造或者形状和构造的结合所提出的适于实用的新的技术方案。"从该定义可以看出，只要对产品特定形状的新方案可实施而不要求已实施就可申请实用新型专利权保护。对于实用新型的保护范围呈现不断扩大的趋势，我国早期专利立法未规定实用新型的概念，1989 年 12 月 21 日中国专利局公布了第 27 号公告，曾规定了 8 种发明创造不能授予实用新型专利权，人为缩小了实用新型专利权保护的范围。现行《专利法》明确规定了实用新型的概念，不符合现行《专利法》的上述公告早已废止，只要符合法律规定条件的有关发明，都可以授予实用新型专利权进行保护。

实用新型与发明一样都属于技术方案，这是两者最大的相同之处，那是否能够获得发明专利的发明创造也可以被授予实用新型专利权？作为专利法保护的一种独立的对象，实用新型与发明存在哪些不同，一项技术方案权利人选择申请发明专利还是实用新型专利，这些问题在实践中都会遇到，下面我们重点讲述实用新型与发明的区别。

---

① 吴汉东等：《知识产权基本问题研究》，中国人民大学出版社 2005 年版，第 384 页。

二、实用新型与发明的区别

（一）保护范围不同

发明的保护范围比实用新型广，发明是对产品、方法或者其改进所提出的新的技术方案，包括产品发明和方法发明；实用新型保护的范围仅限于产品且并非所有的产品都可以申请实用新型，必须具有确定的形状、固定的三维构造的产品所作出的新设计，才可申请实用新型专利保护。

（二）创造性要求不同

根据我国现行专利法规定，实用新型创造性的要求较发明低，实用新型只需要有实质性特点和进步就可以，而发明要求具有突出的实质性特点和显著的进步。从这个角度来看，如果具有特定形状的产品新设计，只要符合发明专利的授权条件，就一定符合实用新型专利权的授权条件，权利人可以基于自己的实际情况、结合两种专利授权的程序及保护期限不同，选择申请发明专利还是实用新型专利。

（三）审查程序不同

发明专利授权需要经过实质审查、审查授权程序比实用新型复杂而漫长；而对实用新型专利授权是形式审查，比发明专利简单、快捷，只要通过初步审查符合授权条件的，便公告授权，大大缩短了实用新型从申请到授权的时间，获得专利授权也比较容易。当然为了衡平公共利益，任何人如果发现授权不当，可自授权之日起向专利复审委员会提起无效宣告程序；还规定侵犯实用新型专利权的案件，人民法院或管理专利工作的部门可以要求专利权人出具国务院专利行政管理部门对相关实用新型的检索报告。

（四）保护期限不同

实用新型在授权实质条件和审查程序上都有优点，其缺点是保护期较短，依据我国现行专利法，发明专利的保护期为自申请日起 20 年，而实用新型专利的保护期为自申请日起 10 年。

实践中，如果某一技术方案同时具备发明和实用新型的授权条件，权利人选择申请实用新型专利还是发明专利具有重要的现实意义。2008 年 12 月 27 日专利法修订之前，权利人无法兼顾两种专利保护对象的优点，权利人选择申请实用新型专利后，就相当于把该技术方案公开了，就不能再就该技术方案申请发明专利。张某某诉中国专利局复审委员会案中体现了这一原则，1989 年 7 月 12 日张某某向中国专利局提出了名为"半喂入稻麦联合收割机"实用新型专利申请（申请号为 89214088.7），该申请于 1990 年 6 月 27 日公开，公告号为 CN2058549U。1990 年 11 月 26 日张某某、赵某某等 5 人共同向中国专利局提出 "背负式半喂入联合收割机" 发明专利（申请号为 90110179.6）。两个申请都是 关于背负式半喂入联合收割机的构造，技术方案完全相同。专利局经实质审查 认为该申请不具有新颖性，于 1992 年 11 月 21 日作出驳回该申请的决定。张某 某不服，于 1993 年 1 月 12 日向中国专利局复审委员会提出复审请求。专利复 审委员会在 1985 年 8 月 11 日第 614 号复审决定书确认，其发明申请已被申请 日之前已经公开的具有相同内容的实用新型所公开而丧失新颖性，维持专利局 作出的驳回决定。专利复审委员会认定其发明不具有新颖性所依据的对比文件 是其专利申请人自己在先申请的实用新型专利。张某某向法院提起行政诉讼， 诉称根据《专利法》关于新颖性的规定，没有同样的发明或实用新型由他人向 专利局提出过申请，并记载在申请日以后公布的专利申请文件中，故其自己申 请的实用新型专利不能否定其发明专利的新颖性。要求撤销专利复审委员会的 第 614 号复审决定书，判令重新复审，赔偿损失。法院判决维持专利复审委员 会在 1985 年 8 月 11 日第 614 号复审决定书，理由是 CN2058549U 所载的技术内 容在本案所涉及的发明专利申请日以前，已经作为现有技术公之予众，且其载 明的技术方案与本案申请内容完全一致。

依据我国现行专利法之规定，如果某一技术方案同时具备发明和实用新型的 条件，权利人可选择申请专利权类型，但不能重复。我国现行《专利法》第 9 条 规定："同样的发明创造只能授予一项专利权。但是，同一申请人同日对同样的 发明创造既申请实用新型专利又申请发明专利，先获得的实用新型专利权尚未终 止，且申请人声明放弃该实用新型专利权的，可以授予发明专利权。"这样的规 定给了权利人一个非常好的机会，可以在同一日申请实用新型专利和发明专利授 权，在较短时间内先取得实用新型专利权，先取得自己的技术方案独占实施权， 取得市场竞争优势；在过一段时间（一般 3 年以上）发明专利经过实质审查获得 发明专利授权后，放弃实用新型专利权，可以自申请日起有 20 年的专利保护期 限，这样兼顾了实用新型专利授权程序的便捷和发明专利保护期较长的优点。

第三节　外观设计

一、外观设计的概念和特点

外观设计顾名思义指对工业产品进行的创新设计，是指对产品的形状、图案或者其结合以及色彩与形状、图案的结合所作出的富有美感并适于工业应用的新设计。至于什么是产品、产品设计与产品包装的设计如何区分，要看包装与产品的关系及作用而定。如果产品的包装事实上构成产品的组成部分，消费者或顾客购买商品所附带的必要包装，则该包装属于该产品的外观设计之一部分；如果产品包装和产品可以独立存在且有各自独立价值的时候，该包装本身就是一种产品，有可能构成新的外观设计。

外观设计专利权与发明和实用新型专利权有重要的区别，外观设计具有以下特点。

（一）外观设计以产品为依托

外观设计专利保护的目的是防止消费者混淆产品或服务的来源，因此外观设计离不开特定的产品，在认定外观设计专利侵权的时候要考虑产品是否相同或相似，发明和实用新型专利侵权原则上不考虑技术方案的应用领域。

（二）外观设计有美感无功能性

外观设计是以产品的形状、图案和色彩等为构成要素，多种方式结合，以视觉美感为目的，不以设计具有功能上实质性特点和进步为标准。

（三）必须适合于工业应用

即该外观设计能够通过工业生产实现商业价值，无法被大量复制的设计不能被授予外观设计专利权。

二、外观设计保护制度

从外观设计的定义我们就可以看出，外观设计与著作权法保护的客体"美术作品"有诸多相似之处，都是运用色彩、线条、形状、图案这些要素进行创作，所以有些国家将外观设计依据著作权法进行保护，有些国家和地区采取外观设计专门立法保护，如日本和欧盟[①]；英国的外观设计保护制度由版权法和外观设计法的发展演变而成，[②] 还有一些国家采用专利法保护外观设计，如中国、美国等。

我国专利法第三次修订之前，对于外观设计专利权的规定比较概括和粗略，我国现行商标法已经将立体商标和颜色组合商标纳入了法律保护范围，导致实践中出现很多外观设计专利权与在先的著作权和注册商标权利发生冲突。2008年12月27日，全国人大常委会通过《关于修改〈中华人民共和国专利法〉的

[①]　张鹏："外观设计单独立法论"，载《知识产权》2018年第6期，第48页。

[②]　胡充寒：《外观设计专利侵权判定理论与实务》，法律出版社2010年版，第7页。

决定》对外观设计专利保护制度作了诸多修改，首先，提高外观设计授予专利实质性条件，强调了授予专利权外观设计与现有技术或现有技术特征的组合相比，应当具有明显的区别①。其次，允许对关联外观设计合案申诉，专利法允许对关联外观设计方案提出外观设计专利申请，以充分保护外观设计申请人的正当利益②。最后，建立外观设计检索评价报告制度，以防止外观设计专利权人或利益关系人因行使权利不当而损害公众利益。

第四节　不授予专利权的发明创造

在各国的专利法中，一般会基于公共利益的考量，规定一些虽然具有创造性但不能被授予专利权的发明创造。由于各国国情不同，对于专利法不予保护对象的规定有所差异，都是知识产权制度衡平专有权和社会公共利益的需要。我们仅就我国现行专利法的规定予以叙述，我国现行专利法分两类对专利权保护的对象进行了限制。

一、违反法律、社会公德或妨害公共利益的发明创造

该项限制是出于维护社会公共利益的需要，各国专利法一般都有类似的规定，如果将违背法律的发明创造赋予专利权，那么专利权人实施该专利的行为必然违反法律规定、侵害他人的合法权益，譬如造假币的技术、吸毒的工具等，这些发明创造本身会有新的效果，也有商业价值，但不能被授予专利权。我国现行《专利法》第 5 条规定："对违反法律、社会公德或者妨害公共利益的发明创造，不授予专利权。"

我国现行专利法关注了遗传资源保护的特殊性，我国现行《专利法》第 5 条第 2 款规定："对违反法律、行政法规的规定获取或者利用遗传资源，并依赖该遗传资源完成的发明创造，不授予专利权。"这一规定对限制在我国已经出现的"生物海盗"行为有积极的意义和作用。

---

① 我国现行《专利法》第 23 条规定："授予专利权的外观设计，应当不属于现有设计；也没有任何单位或者个人就同样的外观设计在申请日以前向国务院专利行政部门提出过申请，并记载在申请日以后公告的专利文件中。授予专利权的外观设计与现有设计或者现有设计特征的组合相比，应当具有明显区别。授予专利权的外观设计不得与他人在申请日以前已经取得的合法权利相冲突。"

② 我国现行《专利法》第 31 条第 2 款规定："同一产品两项以上的相似外观设计，或者用于同一类别并且成套出售或者使用的产品的两项以上外观设计，可以作为一件申请提出。"

二、不适用专利法保护的智力成果

还有一些智力成果出于各种原因考虑，不能受到专利法保护，具体有以下六种情形。[1]

（1）科学发现。科学发现是发现的自然规律本身，不属于专利法意义上的发明创造，不适宜用专利法保护，不能被授予专利权，前面已经有所叙述。

（2）智力活动的规则和方法。智力活动的规则和方法是指人们进行思维、分析和判断的方法，譬如游戏规则、速算法、教育方法等，由于没有利用自然规律，也具有表达上的唯一性，因此不能被授予专利权进行保护。

（3）疾病的诊断和治疗方法。疾病的诊断和治疗方法与人们的生命健康息息相关，如果一个病人亟须治疗时，其疾病的诊断和治疗方法涉及某项专利权，医生还要先取得专利权人的同意才能使用，显然难以操作也容易引发法律与道德的冲突。值得注意的是，我国专利法仅限制疾病的诊断和治疗方法被授予专利权，对于为诊断和治疗疾病而发明的仪器设备是可以授予专利权的。

（4）动物和植物品种。动物和植物品种是自然生长的机体，是大自然本身繁衍生息具有的，不是人类的发明，不应授予专利权，我国专利法也将动物和植物品种排除在授予专利权的对象之外。同时我国现行专利法规定，对动物和植物品种的生产方法，可以依照本法规定授予专利权。

（5）用原子核变换方法获得的物质。该种物质不适合私人拥有，各个国家出于国防安全的考量，都规定用原子核变换方法获得的物质不能授予专利权，我国现行专利法也作出了限制性规定。

（6）标识性设计。对平面印刷品的图案、色彩或者二者的结合作出的主要起标识作用的设计。这是我国专利法第三次修订增加的限制性规定，主要目的是防止外观设计专利权和商标权发生权利冲突。

---

[1]　我国现行《专利法》第25条规定，对下列各项，不授予专利权：（一）科学发现；（二）智力活动的规则和方法；（三）疾病的诊断和治疗方法；（四）动物和植物品种；（五）用原子核变换方法获得的物质；（六）对平面印刷品的图案、色彩或者二者的结合作出的主要起标识作用的设计。对前款第（四）项所列产品的生产方法，可以依照本法规定授予专利权。

第四章

专利权的取得

【内容提要】

本章讲述专利权取得的实质条件和程序，与专利权取得密切相关的专利复审与无效程序。本章重点内容是新颖性、创造性和实用性的概念及认定标准，授予发明、实用新型、外观设计专利权的程序、无效的启动程序。通过本章学习，要求大家了解各国专利法专利权取得的不同原则，专利法立法不同的保护模式；理解我国专利权取得的原则；掌握专利的新颖性、创造性和实用性的概念，我国专利法规定授予发明、实用新型、外观设计专利权的条件和程序，无效程序在实务中的运用。

知识产权的取得有不同的原则和条件，不同国家的法律对知识产权取得的要求不同。同一国家立法对不同的知识产权取得的原则也不同，我国著作权法采自动保护原则，即作品创作完成之日起就产生著作权，不需要登记、不需要发表、也不需要在复制物上加注著作权标识；但世界上各个国家都对发明创造授予专利权给予限制，各国专利法都规定自己的专利审查制度，从世界范围看，专利审查制度可分为两大类，即不审查制和审查制，前者又可分为登记制和文献报告制，后者分为即时审查和早期迟延审查制。① 各国都基于自己的国情，在专利法中规定了授予专利的条件，包括授予专利权的实质条件和形式条件。实质条件规定发明创造本身应当满足哪些条件才能被授予专利权；形式条件指发明创造应经过什么样的申请、审查程序获得授权。我国专利法也规定了发明、实用新型和外观设计具备什么样的条件才能被授予专利权，同时规定了不同专利的申请、审批程序。

---

① 刘春田主编：《知识产权法》，中国人民大学出版社 2014 年版，第 194 页。

第一节 授予专利权的实质条件

授予专利权的实质条件俗称"专利性"，具体体现为实用性、新颖性和创造性，即人们通常所说专利权的"三性"。

一、实用性

（一）实用性的概念

一项发明创造有实用性，能够在生产领域进行制造或使用并且能够产生积极的效果，才有被授予专利权的价值和意义。在审查程序上实用性的审查相对比较简单，如果一项发明创造没有实用性，也就没有必要审查是否具有新颖性和创造性，因此在审查程序上首先审查实用性，然后再进行新颖性和创造性的审查。不具备实用性的发明创造就不用进一步接受新颖性和创造性的审查，在专利法上虽然对实用性的审查相对于新颖性和创造性比较宽松，但仍然是授予专利权的实质条件之一。

（二）实用性的判断标准

我国现行专利法对于发明、实用新型和外观设计 3 种专利在实用性审查上没有太大差异。对于发明或者实用新型，我国《专利法》第 22 条第 4 款规定："实用性，是指该发明或者实用新型能够制造或者使用，并且能够产生积极效果。"从这一规定可以看出，我国现行专利法不仅规定发明或实用新型能够在工业生产领域进行制造或者使用，还要求产生积极效果，而在某些国家如英国的专利法中，并未规定技术的社会效果。外观设计专利没有功能性要求，更多的是具有市场价值促进经济发展，我国现行专利法没有明确规定外观设计专利实用性的要求，只要该外观设计能够用于工业生产就符合实用性的要求。

因此按照我国现行专利法的规定，实用性的判断标准包括以下两点。

（1）发明创造应当能够制造或使用，具备可实施性，可以重复。这样就排除了仅仅是有理论性而无法在实践中应用的发明创造，也排除了抽象的方法、艺术创作等智力产品。

（2）发明创造必须能够带来积极效果。这是我国现行专利法对实用性的要求，强调发明创造应具备有益性，至少不能是变劣的发明，防止有人为了获得专利授权故意增加一些无益甚至变劣的特征。

二、新颖性

（一）新颖性的概念

一项新的发明创造才有可能被授予专利权保护，这是各国专利法的普遍规定，新颖性是授予专利权最基本的条件之一，不具备新颖性的发明创造是不能被授予专利权的。

至于新颖性的定义，多数国家的专利法一般借用"现有技术"的描述来诠释，一般来说，只要不是现有技术的发明创造就具有新颖性，而现有技术的判断标准是指某一技术在某一时间以前已经公开的所有技术和知识的总和。从专利法的角度看，"新"的反义词是"公开"，凡是已经公开了的技术就丧失了新颖性，因此判断一项技术是否具有新颖性就是判断该技术在某一特定时间之前是否已经公开。

（二）发明和实用新型的新颖性

1. 发明和实用新型新颖性的标准

我国专利法对发明和实用新型的新颖性标准是一样的，我国现行《专利法》第22条第2款规定："新颖性，是指该发明或者实用新型不属于现有技术；也没有任何单位或者个人就同样的发明或者实用新型在申请日以前向国务院专利行政部门提出过申请，并记载在申请日以后公布的专利申请文件或者公告的专利文件中。"该法条第5款规定："本法所称现有技术，是指申请日以前在国内外为公众所知的技术。"

综合起来可以看出，我国专利法规定了丧失新颖性的两类情形，一类是技术在申请日前被公开，另一类是有在先的"抵触申请"。在公开与否的判断标准上，有两个不同的标准，一是绝对新颖性标准，该技术在国内外任何地域公开过都视为丧失新颖性；二是相对新颖性标准，该技术在所在国内被公开才丧失新颖性。在2009年10月1日以前，我国专利法一直采取混合新颖性标准，对出版物公开采用绝对新颖性标准，对使用公开和其他方式公开采用相对新颖性标准。目前，世界上仍有不少国家采用这种混合新颖性标准，其中不乏发达国家，如美国、日本的专利法均是如此。[①] 我国专利法2008年修订将原来的混合新颖性标准改为绝对新颖性标准，因为在互联网技术高度发达的今天，许多技术信息通过互联网传播，技术公开的地域性已经难以确定，同时也为了充分体现国家对技术创新能力提高的激励，对发明和实用新型新颖性要求的标准有

---

① 刘春田主编：《知识产权法》，中国人民大学出版社2014年版，第173页。

所提高。

2. 公开的概念和方式

只要一项技术处于可为非特定人获取的状态，该技术已经公开，具体什么是公开涉及公开的方式、公开的时间和地域标准。对于地域标准前面已经叙述，我国现行专利法全部采用绝对新颖性标准，下面就公开的方式及时间标准进行叙述。

公开的方式包括以出版物方式公开、使用方式公开和其他方式公开。

其中出版物公开是最为普遍的一种方式，就载体形式而言包括印刷、打印或手抄的纸件，也包括其他有型载体，如磁带、磁盘、光盘等；就内容而言，包括专利文献、刊物、论文、手册、产品样本及广告等。这就要求在研发新产品之前先要充分检索出版物，特别是认真检索专利文献，如果一项技术已经被公开了，就不可能再获得专利授权；如果一项技术已经被申请专利了，就不能再投入研发力量，如果需要使用该技术可以申请专利许可。

以使用方式公开也会导致技术丧失新颖性，使用公开一般表现为产品用于公开销售、处于不特定多数人可以知悉的状况。并非所有载有新技术的产品公开都导致技术公开，只有机械类、可拆卸的产品公开会使得技术同时处于公开的状态。使用公开的标准有两个方面的意义，一是对于技术的发明人，如果该技术想申请专利权保护的话，在申请日之前不能公开销售或展览产品，以免该技术因此被公开而丧失新颖性；二是被控侵犯专利权的人，可以寻找该技术因使用导致其在申请日前公开的证据，以主张该专利权丧失新颖性而无效。

以其他方式公开指以出版物公开和使用公开以外的方式，包括口头方式、广播电台或电视台、电子网络等方式，使得技术方案被不特定的人知晓，这种公开一般针对简单明了的发明，也要达到发明创造的技术方案清楚、完整地被不特定多数人知悉的程度，实务中也主要表现被控侵犯专利权的人，设法寻找该技术因口头传播、公开演讲等方式导致技术在申请日前公开的证据，以主张该专利权丧失新颖性而无效。

3. 判断新颖性的时间标准

在新技术高速发展、信息传播方式不断更新的互联网时代，每时每刻都在发生新技术的变化，现有技术的范围也随之不断更新，以什么时间标准判断现有技术，世界各国立法大致有3种做法。

第一种做法以发明创造完成的时间判断技术是否具有新颖性，如果该发明创造在完成时不属于现有技术，就认为具有新颖性。前面叙述了该种做法的弊端，不利于技术的早日公开、发明创造完成的时间难以确定和举证、容易使权利处于不确定的状态，因此已经被绝大多数国家立法摒弃。

第二种做法是以专利申请时间作为判断新颖性的标准，《日本专利法》采用该做法，规定"专利申请前"实际上指申请的时间而不是申请日，要求优先权的是优先权日的申请时①。

第三种做法是以专利申请日作为判断新颖性的标准，申请专利的技术只要在申请日或优先权日之前不属于现有技术，该技术就没有丧失新颖性。目前比较多的国家采取第三种做法，实务中确定技术的新颖性以申请日为标准能够满足实践的需要。我国专利法在确定新颖性判断的时间标准时，采用的是"申请日"标准。我国现行《专利法》第22条第5款规定："本法所称现有技术，是指申请日以前在国内外为公众所知的技术。"

我国专利法还规定了丧失新颖性的第四种情形，即所谓的"抵触申请"。发明专利从申请到公开中间有一段时间，这样就会出现某些技术方案在申请日的时候并未被公开，但在其申请之前已经有相同的技术方案提起了专利申请，由于一项技术方案只能授予最先申请的人以专利权保护，因此在后的专利申请就不能获得专利授权。这就是《专利法》第22条规定具有新颖性后半句的要求，新颖性是指没有任何单位或者个人就同样的发明或者实用新型在申请日以前向国务院专利行政部门提出过申请，并记载在申请日以后公布的专利申请文件或者公告的专利文件中。

（三）外观设计的新颖性

外观设计新颖性要求和发明、实用新型有所不同，2008年专利法修订之前，对于外观设计专利授权的条件规定较为模糊，本次修订对外观设计授予专利权的标准予以明确规定，提高了外观设计专利申请的要求，能够更好地避免外观设计与著作权、商标权等的权利冲突。

我国《专利法》第23条规定："授予专利权的外观设计，应当不属于现有设计；也没有任何单位或者个人就同样的外观设计在申请日以前向国务院专利行政部门提出过申请，并记载在申请日以后公告的专利文件中。授予专利权的外观设计与现有设计或者现有设计特征的组合相比，应当具有明显区别。授予专利权的外观设计不得与他人在申请日以前已经取得的合法权利相冲突。本法所称现有设计，是指申请日以前在国内外为公众所知的设计。"

（四）丧失新颖性之例外

新颖性是专利权授权的实质条件之一，一些国家的专利立法采用优惠期制度保护发明人的利益，即规定一定情形下一定期限内的技术公开，不被认定为

---

① 吴汉东等：《知识产权基本问题研究》，中国人民大学出版社2005年版，第409页。

技术丧失了新颖性。我国专利法也有类似规定，规定某些特定情况下技术的公开，不会导致技术丧失新颖性。我国《专利法》第 24 条规定："申请专利的发明创造在申请日以前 6 个月内，有下列情形之一的，不丧失新颖性：（一）在中国政府主办或者承认的国际展览会上首次展出的；（二）在规定的学术会议或者技术会议上首次发表的；（三）他人未经申请人同意而泄露其内容的。"

请大家注意，该种优惠制度的效力十分有限，发明人的公开或第三人的非法公开符合法律规定条件时，对发明创造的新颖性不产生影响，但不能排除第三人的申请，即从公开之日到申请期间，如果第三人独立地完成了相同的发明创造并在发明人之前提出了专利申请，根据在先申请原则，发明人不能取得专利权。当然对于第三人而言，其提出专利申请的技术已经属于现有技术，丧失了新颖性也不具备获得专利授权的条件。

三、创造性

知识产权制度的出发点在于保护创新，在专利制度创立初期，一项发明创造只要具有新颖性就可授予专利权。在专利制度实施和发展的过程中，逐步发现审查一项发明创造是否符合专利授权条件时，仅仅是新颖和实用的东西还不够，如果新的技术与现有的技术相比只有细微的差异，或者只是在字面上有新颖性的东西，将这样的新技术授予专利权保护会诱发人的投机心理。某些人将现有技术的某些特征作一些形式上的变化，或者将不同技术的特征加以组合的方案就具有了新颖性，可以申请专利权，并以此权利与原发明人或其他社会公众进行市场竞争。知识产权制度要衡平各种社会主体的利益，因此在新颖性要求的基础上，审查技术的创造性，能够克服专利制度的这种弊端，被多数国家专利立法采纳。创造性的审查与创新能力、经济发展和社会成本相适应，应注重考虑发明的真正技术贡献是什么，是否实质性产生了技术进步，能否促进创新和经济发展[①]。

（一）创造性的概念

创造性也被称作"非显而易见性"、先进性、进步性等。是在新颖性基础上对于发明创造进一步限定，其核心在于强调实质性特点，即与现有技术相比有本质的区别特征。如果新颖性强调的是"从无到有"，创造性则强调"实质区别""难以发现"，如果该专利领域的普通技术人员，可以是依据现有技术很容易想到的改进，则这项新技术就不具有创造性。同新颖性相比，创造性的判

---

① 刘艳芳等："浅议日本专利创造性标准的变迁及对我国的启示"，载《中国发明与专利》2017 年第 7 期，第 122～123 页。

断有一定程度的随意性和难度，因此专利审查时最后审查创造性。

（二）创造性判断标准

专利法对发明、实用新型和外观设计创造性的要求均不同，发明的创造性要求最高，实用新型次之，外观设计最低。因为发明和实用新型新颖性要求是一致的，大家要特别关注一下发明和实用新型创造性要求的不同，在实践中可以判断哪些技术方案可以申请发明专利，哪些技术方案只能申请实用新型专利。

1. 发明和实用新型的创造性要求

我国《专利法》第 22 条第 3 款规定："创造性，是指与现有技术相比，该发明具有突出的实质性特点和显著的进步，该实用新型具有实质性特点和进步。"至于什么实质性特点就是"突出"的，哪些进步达到"显著"的要求，在实践中界定起来十分困难，需要具有该技术领域丰富的技术知识储备和判断经验。2000 年 11 月 8 日，由于美国礼来（LILY）公司等提起诉讼，英国高等法院就以缺乏创造性为由对辉瑞公司的万艾可用途专利作出无效判决，且在 2002 年 6 月 17 日英国上议院拒绝了辉瑞公司就万艾可欧洲专利（英国）的申诉请求，万艾可专利申请在英国彻底失败。①

对于实用新型创造性的要求就比较低，只要与现有技术相比有区别特征和进步即可，特征不突出、进步不显著也可以授权。因此我们前面讲过，按照现行专利法的规定，一项技术方案如果不能确定是否会获得发明专利授权，可以同时申请发明和实用新型专利权，先获得实用新型专利权取得 10 年期限的专利权保护，待发明专利获得授权后放弃实用新型专利权，就可以获得 20 年期限的专利权保护，发明专利权未获得批准也不影响实用新型专利权的行使。

2. 发明和实用新型创造性判断标准

（1）主体标准。指判断创造性的人的标准，应是发明创造所属领域的普通技术人员，理解和应用水平属于该技术领域的中等水平，既非该领域的顶级专家，也非普通消费者。在当今科技迅速发展的时代，所属领域普通技术人员的技术水平也参差不齐，客观上给创造性审查增加了新的困难，需要细化一下指标来增加创造性判断的客观性和统一性。

（2）通常认定具有创造性的情形。首先开拓型的发明创造一定具备创造性，开拓型的发明指该发明是与现有技术完全不同的技术方案，比如，四大发明、蒸汽机、电话、晶体管、手机等发明创造。其次发明创造的效果和目的具有不可预测性，譬如汽车由发动机、离合器、传动机构、车轮、底盘组成，每

---

① 马驰："辉瑞公司'万艾可'专利诉讼案研究"，上海交通大学 2017 年硕士学位论文。

一项都是现有技术，组合之后具有意想不到的效果，成了一种交通工具，这种发明也具有创造性。最后某项技术解决了某领域长期未解决的技术难题；克服了技术偏见（技术人员对某一问题普遍存在的成见）；取得意想不到的技术效果或商业上的成功，一般可以认定该技术具有创造性。

3. 外观设计创造性

外观设计不是技术方案、不具有功能性要求，无法要求其与现有技术相比具有实质性特点和进步。对外观设计与其说创造性要求，不如说独创性要求更确切一些，在2008年专利法修订以前，对于外观设计专利的创造性要求不明确，使得外观设计专利权的客体在表现要素和形态上与著作权的美术作品、立体商标等其他知识产权趋于混同。

在2008年专利法修改中，对外观设计专利权创造性的要求作出了明确的规定。我国现行专利法也采取了此种标准。我国现行《专利法》第23条第2款、第3款规定："授予专利权的外观设计与现有设计或者现有设计特征的组合相比，应当具有明显区别。授予专利权的外观设计不得与他人在申请日以前已经取得的合法权利相冲突。"从这个规定可以看出，专利法要求授予外观设计专利权，必须与现有设计或者现有设计特征的组合具有明显区别，已经是在新颖性要求的基础上，对外观设计专利授权提出了创造性的要求。同时还规定"不得与他人在申请日以前已经取得的合法权利相冲突"，这就要求设计者要独立设计出新颖独特的设计方案，不能抄袭别人已有的作品、商标的设计。

总而言之，对于什么实质性特点就是"突出"的、哪些进步达到"显著"的要求，技术方案是否具有实质性特点和进步，设计是否与现有设计有"明显区别"，这些审查和界定都是非常复杂和难以确定的，不同审查员的认定也难免有一些主观色彩，因此专利审查先审查实用性和新颖性，最后审查创造性。创造性的审查和认定具有一定的弹性，对于发明人和其他来说，创造性的标准有不同的意义，如果发明人想就某些技术申请专利权保护、特别是想获得发明专利授权的话，一定要充分诠释自己的技术与现有技术相比的突出特点和显著进步在哪里；从另外一个角度上说，被控侵犯专利权的人，不管是否能找到该技术缺乏新颖性的证据，都可以缺乏创造性为由主张专利权无效，至少可以在程序上实现对自己权利的全面救济。

第二节　专利申请、审批制度

专利权的产生与著作权不同，专利权不是自然而然生产的，一项发明创造即使符合专利的"三性",发明人也不当然对这项发明创造享有专利权。各国法律不仅规定发明创造获得专利权的实质条件,还都规定了专利申请、审批程序,发明人只有依照法定的申请、审批程序,才有可能获得专利权;同时专利人受到保护的具体范围,也完全取决于授权专利的权利要求书,因此发明人要重视专利申请、审批制度及专利申请文件的撰写,这样才能有效地保护自己的合法权益。

一、专利申请的原则

专利申请要遵循一定的原则,各国专利法都对此作出了规定,我们重点介绍书面原则、单一性原则、先申请原则和优先权原则。这些原则在专利申请过程都有体现。

(一) 书面原则

专利的申请、审查、授权过程是非常复杂的,涉及申请专利技术所在领域的技术知识,也涉及专利法律知识;既涉及申请人的利益也涉及社会公众利益,专利申请未获得授权时申请人要通过复审、诉讼等程序救济,专利获得授权后其他人可以提起无效宣告程序。书面文件便于阅读、保存、事后查询,专利申请过程每一个步骤都非常重要,如果没有书面的材料记载整个过程的具体情况,非常容易发生纠纷,因此世界各国专利法都规定,申请专利的各种文件都必须以书面的形式。

专利申请书面原则不仅仅要求申请人以书面方式提出申请,是比一般书面要求更严格的要式行为,要求申请人必须使用专利局规定的格式文书、按照要求签名或盖章。包括专利申请文件、答复专利审查员的补正意见、专利复审、专利无效、专利实施许可与转让等各种文件都必须严格遵循专利局指定的格式要求,甚至放弃专利权的声明也必须采用书面的形式。这些文件格式国家知识产权局网站上均可以下载使用。

随着信息技术的发展,一些发达国家开始尝试建立专利审查的无纸化系统,专利申请可以通过电子数据的方式通过网络交付。不管怎样,在保证专利申请过程的所有资料备存、可查询且不容易发生争议的前提下,才能利用现代科技手段,简化和方便专利申请过程,电子数据的使用还需要能够提供得到法律认可的相应电子文档证据,需要辅以完善电子签名等技术的支持。

我国专利法对书面原则作出了具体的规定,要求专利申请、审批、存续甚至消灭整个过程都要求采用书面形式。我国《专利法》第26条规定:"申请发明或者实用新型专利的,应当提交请求书、说明书及其摘要和权利要求书等文件。请求书应当写明发明或者实用新型的名称，发明人的姓名，申请人姓名或者名称、地址，以及其他事项。说明书应当对发明或者实用新型作出清楚、完整的说明，以所属技术领域的技术人员能够实现为准；必要的时候，应当有附图。摘要应当简要说明发明或者实用新型的技术要点。"第 27 条规定："申请外观设计专利的，应当提交请求书、该外观设计的图片或者照片以及对该外观设计的简要说明等文件。申请人提交的有关图片或者照片应当清楚地显示要求专利保护的产品的外观设计。"《专利法实施细则》第 2 条规定："专利法和本细则规定的各种手续，应当以书面形式或者国务院专利行政部门规定的其他形式办理。"

（二）单一性原则及例外

单一性原则又称为"一申请一发明"原则，广义的单一性原则还包括同样发明只能被授予一项专利权，本章所属单一性原则是指一项专利申请应限于一项发明或实用新型，不能将两项或两项以上的发明创造并入一项专利申请中。单一性原则也是专利申请的基本原则之一，其目的是便于对专利申请进行分类、检索和审查审批，也便于社会公众查询自己想要领域的专利技术。根据 WIPO 网站报告截图，2016 年我国申请并公开专利总量是 1 255 324 件，2017 年申请并公开的专利总量为 1 161 366 件，2018 年我国发明专利申请量为 154.2 万件①，如此数量庞大的专利申请案，涉及的专业领域众多，如果不能对专利申请进行专业化的分类，很难快速、准确地将不同的专利申请案分配给熟悉该技术领域的专利审查员审查。另外，专利单项按类授权，方便公众可以按照技术分类查阅专利文献，找到自己需要的技术。否则，如果允许将两项无关联关系、甚至属于不同领域的技术合并申请专利，则不利于专利审查也不利于公众检索。

对于某些特殊情况，两项或多项发明创造合并申请，不会给专利申请审查及公众查阅带来麻烦，甚至会带来一些便利，多数国家专利法都允许在这些特殊情况下，发明人可以并案申请。

我国专利法也规定了专利申请的单一性原则及例外情形，我国《专利法》第 31 条规定："一件发明或者实用新型专利申请应当限于一项发明或者实用新型。属于一个总的发明构思的两项以上的发明或者实用新型，可以作为一件申请提出。一件外观设计专利申请应当限于一项外观设计。同一产品两项以上的相似外观设计，或者用于同一类别并且成套出售或者使用的产品的两项以上外观设计，可以作为一件申请提出。"

---

① ［行业探讨］2018 年中国专利排行榜，由 SOOIP 大数据于 2018 - 11 - 2910：00 编辑，发布于思博网。

根据上述法律规定，两项或两项以上发明创造可以合并提出专利申请的情形如下。

（1）属于一个总的发明构思的发明或实用新型，实践中主要包括两项及两项以上的发明创造应用于相同或近似的领域，且欲解决的问题是同一方向的；或者保护相互关联或并列的权利要求；或者发明创造的内容是某产品及其制造方法，这些情况下发明和实用新型可以并案申请。

（2）成套外观设计并案申请专利权，我国专利法规定同一产品两项以上的相似外观设计，或者用于同一类别并且成套出售或者使用的产品的两项以上外观设计，可以作为一件申请提出。大家注意法律规定并案申请的情形只能按照法律的规定，除此之外不同产品两项以上的外观设计需要分开申请，同一类别但是不成套使用或销售的外观设计也只能分开申请。

专利申请的先申请原则和优先权原则在专利权主体章节已经叙述，在此不再赘述。

二、专利申请前应考虑的问题

专利权是重要的知识产权，专利权保护的排他性最强，在法定的专利权保护期限内，专利权人可以独占发明创造的实施权，专利权保护的优越性可见一斑。发明人在申请专利权之前有些问题要考虑清楚，在此一一梳理以便大家在实务中应用。

（一）是否选择申请专利权

虽然专利权保护有其优势，但在一项发明创造完成后是否选择申请专利权保护，却是发明人要斟酌的首要问题。首先，提起专利申请是否能够通过专利局审查、审批获得专利权具有不确定性，尤其是申请发明专利权的情况下发明创造要经过实质审查获得授权的难度增加。其次，专利申请、审批程序比较复杂和漫长，要投入一定的人力和物力，现代科技发展迅速，技术更新周期越来越短，有可能一项专利申请尚未获得授权就已经失去了价值。最后，专利权的保护期限届满后，技术就进入公有领域，任何人都可以自由使用，而如果技术作为商业秘密进行保护的，是没有期限限制的，而且即使专利申请未获得批准授权，该项发明创造技术也已经被公开，不可能再通过技术秘密进行保护。

是否选择申请专利保护，就需要对专利申请进行可行性判断和市场价值判断。通过文献检索对发明创造的新颖性、创造性和实用性进行充分评价，对专利申请是否能够获得专利授权进行全面的评价。通过对该技术领域的技术发展状况进行全面考虑，确认该技术是否有申请专利保护的市场价值。

（二）申请方式选择

如果经过综合评判决定申请专利保护，就需要选择申请方式，是申请发明专利还是实用新型专利，前面已经详细讲述过发明专利和实用新型专利保护的不同，可以根据技术的创造性水平及商业需要决定申请方式。按照现行专利法的规定还可以同时申请发明和实用新型专利权，先获得实用新型专利权取得10年期限的专利权保护，待发明专利获得授权后放弃实用新型专利权。

（三）新颖性丧失之预防

如果一项发明创造在申请日以前在国内外为不特定的多数人所知晓，这项技术就丧失了新颖性而不能被授予专利权，因此如果一项发明创造决定申请专利权保护，就必须防止其丧失新颖性，包括但不限于在申请日之前不要发表与该技术有关的学术论文、不要将使用该技术的产品参加展览会、不能进行公开销售、与产品制造相关的主体如模具生产企业签订保密协议等措施。

三、专利申请文件

（一）发明和实用新型的申请文件

1. 发明专利请求书

（1）发明名称。准确、简洁地确定该发明的实质性特点，用通用、专业的技术术语反映主导的类别领域，发明名称一般以15字左右为宜，要在名称中说明所属技术领域及发明的种类（产品、方法），让专利审查员容易看明白技术的主要特征和技术领域。

（2）发明人。发明人只能是自然人的真实姓名；专利申请可以书面请求不公布发明人，但之后不得再要求公布。

（3）申请人。申请人是依法享有专利申请权的自然人或者法人，需要填写自然人的真实名称或法人单位的正式全称。

（4）地址。要清楚准确写明联系地址，在专利申请过程中专利局将依据申请人填写的地址邮寄资料，涉及专利申请的答辩与补正等通知，如果地址填写不当不能及时接收专利局的材料，造成的不利后果由申请人自行负担。

（5）其他。专利代理机构；申请文件清单；附加文件清单；申请费缴纳情况。

2. 权利要求书

专利申请的权利要求书是具体说明申请人就申请发明专利请求专利法保护的范围，也是界定是否侵犯专利权的根据，直接具有法律效力，因此权利要求书的撰写措辞十分谨慎，权利要求书要兼顾权利保护范围和取得专利授权之条件，确定技术方案的特征。一项技术方案内涵越丰富，外延就越狭窄，特征越多保护范围越狭窄；从扩大保护范围的角度看，要减少权利要求书中的技术特征，但技术方案的特征少可能会导致发明创造缺乏新颖性和创造性，而无法通过专利局的授权审查。

权利要求书分为独立权利要求和从属权利要求。独立权利要求由前序部分和特征部分构成，应重视前序部分的撰写，譬如专利申请人发明了一种新型的水杯，在写权利要求书时前序部分写：（1）一种装水的容器，其特征在于……（2）一种盛放液体的容器，其特征在于……很明显后面的权利要求书保护的范围要大于前者，因为前序部分的现有技术的必要技术特征和新技术发明的区别技术特征加起来构成技术保护范围。

一份申请的权利要求中应当至少有一项独立权利要求。独立权利要求的范围最宽，应尽量减少权利要求书中所写的特征；后面接着写若干项从属权利要求，特征逐渐增加、保护范围逐渐递减。一旦前一项权利要求被否定，可由紧随其后的从属权利要求替补，则该从属权利要求变为独立权利要求。权利要求书写若干项从属权利要求的目的，是在其他人启动专利无效宣告程序时，只要还有一项从属专利要求具有专利的"三性"，专利权人的专利就只能被部分无效。实用新型的权利要求书可以包括附图，其他与发明专利申请相同。

3. 说明书

说明书是具体阐述发明创造内容的书面文件，权利要求书以说明书为依据，专利技术的公开性就是通过说明书实现的。说明书还有一个作用，如果出现权利要求书中某一特征字面意义有两种或两种以上解释的时候，可以用说明书中的内容进一步确定该特征的含义。

说明书包括以下内容。

（1）技术领域。要尽可能写清楚发明创造直接所属的具体领域，切忌空泛、笼统。

（2）技术背景。具体指该发明创造有关的现有技术，为了阐明发明创造与现有技术相比具有的创造性和新颖性。

（3）发明内容。具体写发明创造技术方案解决了哪些问题、有什么创新特征，这是说明书最重要的部分，要求清楚、完整地诠释技术方案的内容，达到该领域普通技术人员通过阅读说明书就可以理解发明创造的内容的程度。总之，通过说明书的诠释，发明创造的实用性、新颖性和创造性都应该得到体现。

（4）附图说明。需要的话说明书可以有附图，不需要的话可以不带附图，如果有附图需要对附图做简单说明。

（二）外观设计申请文件

（1）专利请求书。请求书的内容与发明和实用新型相同，所不同的是外观设计必须与特定的产品相结合，因此应专门注明该外观设计所使用的产品和所属类别。

（2）图片或照片。外观设计是一种富有美感而不要求功能性的造型，因此图片或照片能够直观和全面地反映外观设计的特点。

（三）申请阶段注意事项

除了严格按照专利局的要求提供上述文件，要清楚记好专利申请日和申请号，专利申请阶段要注意及时提交其他需要的文件，譬如优先权证明、代理人委托书、实质审查请求书等；我国专利申请中规定了在某些情况下可以减缓申请费，也需要提交申请费的交纳与减缓的证据材料及请求书。

四、专利审查程序

（一）发明专利审查程序

各国的发明专利都实行审查制度，但每个国家的审查制度并不完全相同，美国采用即时审查制度，规定专利局对专利申请审查后如果符合法律规定的条件即发给相应的专利证书；[①] 日本与中国均采用"请求实质审查制"，即申请专利——级公开—请求实质审查—授权—登记；[②] 德国专利和商标局在申请提出满 18 个月后，不管是否请求审查，都将专利内容公开；该发明得到暂时保护。英国采取一种特殊的制度即假申请制度，申请人于专利申请时仅提交暂时说明书，对发明重点进行说明即可，在 12 个月期限内补充完整的说明书；如果经过一段时间发明人认为无申请专利的必要，可听凭期间经过无需任何行为，到期未提交补充完整的说明书视为该专利被放弃。[③]

我国的发明专利审查审批制度采取的早期公开、迟延审查的制度。我国《专利法》第 34 条规定："国务院专利行政部门收到发明专利申请后，经初步审查认为符合本法要求的，自申请日起满 18 个月，即行公布。国务院专利行政部门可以根据申请人的请求早日公布其申请。"从这条规定看出，我国专利法规定发明专利的审查程序包括受理、初审、18 个月后公开（对保密专利申请不进行公开）、申请日起 3 年内的任何时间提出实质审查请求，不提起被视为撤

---

① 刘春田主编：《知识产权法》，中国人民大学出版社 2014 年版，第 194 页。
② 林小雯："中日专利法律制度初步比较"，载《法学研究》2018 年 4 月，第 99 页。
③ 吴汉东等：《知识产权基本问题研究》，中国人民大学出版社 2005 年版，第 434～436 页。

回。申请人可以请求提前实质审查，必须向专利局提出提前实质审查申请和提前公开的申请，并交纳提前实质审查的费用。

公开专利申请会产生相应的法律后果：（1）使该技术方案成为现有技术。专利申请一旦公开，相应的技术方案就处于不特定多数人知悉的状态，即使申请人不能通过专利审查获得授权，也不能再以技术秘密的方式予以保护，当然其他人也不可能再以该技术申请专利权保护，这项技术就进入公有领域。（2）申请人取得临时保护权。申请人在专利申请公开后，可以要求实施其发明的单位和个人支付一定的费用。我国《专利法》第 13 条规定："发明专利申请公布后，申请人可以要求实施其发明的单位或者个人支付适当的费用。"

（二）实用新型和外观设计的审查程序

实用新型和外观设计的审查程序相比发明专利简单、便捷，包括受理、初审和公告授权，对实用新型和外观设计专利权授权不进行实质审查。

由于我国专利法规定对实用新型和外观设计采取形式审查授权，导致许多不具备专利的新颖性和创造性的技术方案和外观设计被授予专利权，有人可能滥用知识产权制度取得市场竞争优势地位，我国专利法立法已经关注了这个问题，通过授权后的监督程序和侵权诉讼中的检索报告制度加以限制，请大家系统掌握专利确权体系，合法维护自己的权益。

（三）审批程序注意问题

1. 补正与陈述意见

在专利审查过程中，专利局审查员会通知申请人就不符合要求的申请案进行补正，这种补正机会可能不止一次，但至少会有一次，就是俗称的"一通"，如果经补正后仍然不满足授权条件的申请案将被驳回，因此要特别重视专利审查员给予的补正与陈述意见的机会，从以下几个方面进行补正与陈述。

（1）遵守答复时间。包括法定期限和指定期限都要严格遵守，绝对不能超过答复时间要求。（2）注意答复格式。按照审查员要求答复的疑问分类逐条答复，不能自行合并任何问题的答复。（3）注意答复内容。不得超出原说明书或权利要求书记载的范围。

2. 申请文件的主动修改

实用新型和外观设计申请只允许在申请日起 3 个月内提出主动修改；发明专利只允许在提出实质审查请求时和答复"一通"时提出主动修改，其他时间提出文件修改视为未提出。

第三节　专利复审与无效程序

一、专利复审与无效程序概述

专利局下设专利复审委员会，处理复审及无效宣告案件，专利的复审和无效针对专利申请经过审查之后是否授权而定，专利局对专利申请的审查有两种结果：驳回专利申请和授予专利权。专利审查是一项复杂的工作，对创造性的判断也有一定的主观性，"使用公开"导致技术丧失新颖性，审查员一般无从知悉，无论专利局审查员如何认真，审查工作都不能保证万无一失。专利授权与否对申请人和社会公众都具有重要的意义，因此为了充分保障申请人和公众的权利，在程序上规定了专利的复审和无效宣告程序。

如果专利申请未获得授权，则专利申请人对专利局决定不服的，在接到驳回通知 3 个月内请求复审；如果专利申请通过审查获得授权，则任何人对已经公告的专利都可以提起无效宣告程序。

我国专利法规定实用新型和外观设计专利权是形式审查，实践中存在有些人将缺乏新颖性和创造性的技术方案或设计，通过专利局审查获得了实用新型或外观设计专利权的情形。这样会导致专利权人滥用专利制度获得不当的市场竞争优势，因此在专利侵权诉讼中，被控侵权的人可以通过主张专利无效的方式来维护自己的合法权益。同时个别发明专利也有可能缺乏新颖性或创造性而授权不当，在专利侵权诉讼中被控侵权一方也可以提起专利无效宣告程序。

专利复审程序由专利申请人提起，专利申请人对专利局决定不服的，在接到驳回通知 3 个月内向专利复审委员会提起复审请求，复审委员会将针对复审理由进行审查，并将审查结论通知申请人。如果复审委员会维持了专利局的结论，专利申请人对专利复审委员会的决定仍然不服的，可在收到通知之日起 3 个月内以专利复审委员会为被告，向北京市第一中级人民法院提起行政诉讼；如果复审委员会支持了申请人的复审请求予以公告授权，则任何人都可以提起无效宣告程序。相对而言无效程序的启动及后果较为复杂，在实务中运用较多，因此予以叙述。

二、专利无效程序

（一）无效程序的启动

（1）时间。无效程序的启动始于公告授权之日，无终期，即使已经过了专利法定的保护期限，仍然可以提起无效宣告程序，因为有可能涉及专利许可或转让合同未履行完毕、侵权诉讼仍未审结等情形，专利无效宣告程序仍然有存在的意义和启动的必要。

（2）主体。任何人均可以提起无效宣告程序，当然实践中提起无效宣告的人一般是有竞争关系的人、在专利侵权诉讼中被控侵权的人。

（3）程序。向专利复审委员会提交无效宣告请求书一式两份，包括事实、理由及证据，同时缴纳相应的费用。

（二）无效宣告的理由

（1）发明创造之主题不适格。违反我国《专利法》第 5 条之规定，发明创造属于违反法律和社会公德、获取或利用遗传资源取得的发明创造。

（2）不具有专利性。针对专利申请所涉及的发明创造具体情形，以缺乏实用性、新颖性和创造性为由提起发明和实用新型专利无效宣告；以外观设计与现有设计相同或近似、与他人在先权利冲突为由提起外观设计专利无效宣告。

（3）申请文件不符合公开性要求。专利文件对技术方案要进行充分的公开，如果申请文件不符合公开性的要求，该领域普通技术人员无法通过阅读专利文献知悉该技术的内容，也可以此事由请求宣告无效。

（4）申请的修改或分案的申请超出了原说明书的范围。违反我国《专利法》第 33 条之规定，对发明和实用新型专利申请文件的修改超出原说明书和权利要求书记载的范围，对外观设计专利申请文件的修改超出原图片或者照片表示的范围。

（5）在后专利权。违反先申请和唯一性原则，同样的发明创造只能授予最先申请的人一项专利权。

（6）违反禁止性条件。违反我国《专利法》第 25 条规定，将某一种不能被授予专利权的发明创造申请了专利，可依法请求宣告专利无效。

（三）无效宣告的后果

提起无效宣告程序后，经专利复审委员会审查会有 3 种结果：宣告无效；维持专利权有效；宣告专利权部分无效。

依照我国《专利法》的规定，专利复审委员会裁决不具有终局效力，对专利复审委员会宣告专利权无效或者维持专利权的决定不服的，可以自收到通知之日起 3 个月内向人民法院起诉。人民法院应当通知无效宣告请求程序的对方当事人作为第三人参加诉讼。

　　如果在规定期限内无人就专利复审委员会的无效决定提起行政诉讼或者人民法院行政诉讼维持专利复审委员会的无效决定，则宣告无效的专利权视为自始不存在。该无效宣告具有对世效力及追溯效力，任何人都可自由使用该专利技术，已经签订的实施许可合同自然终止。规定了溯及力例外的情形，无效宣告对于专利宣告无效前人民法院已经作出并已执行的专利侵权的判决、裁定，管理专利部门已经作出并已执行的专利侵权的决定，以及已经履行的专利实施和专利转让合同不具有追溯力，但是专利权人恶意造成损失的，应当予以赔偿。

第五章

专利权的内容

【内容提要】

本章讲述什么是专利权的内容、专利权人独占实施权的概念和权能，专利权的许可和转让应该注意的风险。本章重点内容是专利权的内容与效力、专利权的独占实施权、专利许可证合同的具体内容。通过本章学习要求大家掌握专利权的概念和内容；专利许可证贸易的概念和特征；专利许可证贸易合同的主要条款；理解专利许可证的禁用条款的概念及意义。

专利权人获得专利权后，法律赋予专利权人依法具有哪些使用专利权的方式，是专利权的内容要回答的问题，也是专利权制度的核心。从这个角度说专利权的内容也可以称为专利的利用，自行实施专利、许可他人实施专利、转让专利权、以专利权作为无形资产出资设立公司等都是专利权人利用专利的合法方式。专利权人对专利有哪些独占的实施权、专利权许可和转让需要注意哪些事项，在实践中都具有非常重要的意义。当然专利权人这些权利的行使，都是在法律规定的保护期限内。

第一节 专利权内容概述

一、专利权内容的概念

专利权的内容是专利权人基于其发明创造申请经审查批准后，在规定的期限内依法享有的对专利技术独占或专有权，以及由其衍生出来的处分权。专利权只是一种具有财产权属性的独占、处分权。

我们在知识产权总论部分讲述过，知识产权客体分为创造性智力成果和标识性智力成果。知识产权客体的创造性要求越高,法律赋予知识产权专有权人权利的排他性就越强。专利权保护的客体是典型的创造性智力成果,其创造性的要求比著作权保护客体要求更高,著作权保护的作品创造性要求是"独创性",即同样的思想各自独立的表达均产生受著作权保护的作品,而如前所述专利法保护的客体要求具有新颖性、创造性和实用性,因此发明创造的发明人或外观设计的设计人在完成发明创造后,依照我国专利法规定的程序向国家知识产权局提出申请并获得授权后,专利权人对发明创造就依法享有法律赋予的各项权利。

二、专利权人的权利

专利权人的权利可以从两方面表述,即包括积极和消极两个方面,积极的权利指专利权人可以拥有哪些依法使用其发明创造的权利,消极方面指专利权人对其发明创造可以排除他人使用的权利。我们首先厘清专利权人对其发明创造的积极权利,如果其他人未经许可侵犯了专利权人的积极权利,则专利权人可依法排除他人的使用。

专利权的积极权利最核心的表现为专利权人对发明创造的独占实施权,独占实施权的具体内容是专利权人对智力成果拥有独占垄断权利的方式。各国专利法中,有关专利权人的权利内容大同小异,一般都规定专利权人的制造权、使用权、销售权、进口权等权利,在个别权项上有一定差异。[1]

专利权人可以自己行使专利技术的独占实施权,也可以许可他人行使专利技术的独占实施;同时因为专利权属于财产权,专利权人还可以将专利权转让给他人实现其财产价值;专利的许可和转让统称为专利权人处分的权利,大家很多是工程技术领域的人才,或者作为技术成果的专利权人,或者作为企业管理人员受让他人的专利技术,在今后的工作中都会经常遇到专利权的许可和转让,该类合同具有特殊性,合同履行过程周期长、技术指标合格与否的标准及确认复杂、风险较大,需要通过合同条款平衡双方的风险,在后面的内容中会重点叙述。我国《专利法》第17条第2款还规定了在专利产品或包装上注明专利标记的权利,被称为专利标记权。

专利权的消极权利指专利权人有权禁止他人未经许可实施其专利技术的权利,如果出现此种情形,专利权人有权依法保护自己的合法权益,该部分内容在专利权保护中再详细叙述,以下分段阐述专利权人权利的各项内容。

---

[1] 吴汉东等:《知识产权基本问题研究》,中国人民大学出版社2005年版,第449页。

第二节 专利权人的独占实施权

一、独占实施权概念

指专利权人对其专利产品或专利方法依法享有的进行制造、使用、许诺销售、销售、进口的专有权利。具体地说，除非法律另有规定，任何单位或者个人未经专利权人许可，都不得实施其专利，即不得为生产经营目的制造、使用、许诺销售、销售、进口其专利产品，或者使用其专利方法以及使用、许诺销售、销售、进口依照该专利方法直接获得的产品。

独占实施权是专利权人依法享有的最基本的权利，强调一下，发明和实用新型的独占实施权是一致的，但与外观设计的独占实施权不一样。

二、独占实施权的权能

（一）发明和实用新型专利权的独占实施权

对于专利产品，独占实施权包括独占制造、使用、许诺销售、销售、进口权；对于方法专利，依照专利方法直接获得的产品，其本身可能是专利产品，有可能不是专利产品，因此方法发明的独占实施权包括：（1）对该专利方法独占使用权；（2）对依照该专利方法直接获得的产品的独占使用、许诺销售、销售、进口权。因为被控侵犯方法发明的情况下，权利人无法举证证明侵权人使用了与其相同或相似的方法，民事诉讼的"谁主张，谁举证"原则，对于方法专利权人不公平，专利法规定专利侵权纠纷涉及新产品制造方法的发明专利的，制造同样产品的单位或者个人应当提供其产品制造方法不同于专利方法的证明，即所谓的举证责任倒置。

1. 制造权

制造权是专利权人基础权利，只有他人未经许可制造出专利产品，才会发生使用、销售、进口等侵权行为。制造是生产具有专利权必要技术特征的产品，不管数量多少、不管是否与专利权人生产的产品属于相同或相似产品、不管制造出的产品是否与专利权人生产的产品混淆，都属于制造。制造权是指专利权人自己可以制造专利产品、可以许可他人制造专利产品、禁止任何人未经许可制造专利产品。

"制造"这一看起来非常明确的概念，在现实生活中也存在有争议的情况，最为典型的就是对产品的修理和改造，某一产品出现故障，经过维修后可以正常使用；某一产品有些技术特征需要改善，通过更换部分元件提高了性能，这种修复和改造行为是否属于制造了新的产品，在实务中会发生争议。认定的标准主要考虑维修或改造过程中更换元件的比例、是否符合市场通行的做法，如果更换元件的比例超过一半很有可能会被认定为制造，当然更换元件超过一半还要看这些更换的元件在产品中的作用等，在现实认定中会有一定的争议。

2. 使用权

专利法上的使用包括对专利产品的使用和对在专利方法的使用。使用权是指专利权人可以自己使用专利产品或专利方法直接生产的产品，其他人未经许可以生产经营目的使用专利产品就侵犯了专利权人的使用权。

未经许可制造包含专利技术特征的产品并使用，侵犯了专利权人的制造权和使用权，购买了侵权专利产品用于生产经营也属于侵犯专利权的行为，譬如A公司未经专利权人许可生产了一种设备，B公司购买后用于生产，A公司侵犯了专利人的制造权和使用权，B公司也构成侵犯使用权。并非所有未经专利权人直接许可的使用都构成侵权，如果专利权人生产的或者专利权人授权生产的专利产品，他人购买后即使为生产经营目的的使用，也不构成侵权，这在知识产权中被称为"权利用尽"或"权利穷竭"。对于普通消费者购买了发明和实用新型侵权产品后在日常生活中使用，是否构成侵权有不同的观点，有一种观点认为这种普通消费者购买后在日常生活中使用的行为不构成侵权①；笔者认为专利法并无明确排除此类行为不视为侵权，同时从专利权保护的角度出发，认定此种购买使用行为构成侵权能够加大侵权制造者的销售难度和风险，因此应当认定为侵权，只是参照举重若轻的原则类比"善意销售"行为法律后果之规定，如果消费者能够证明自己是善意的不需要承担赔偿责任。

对专利方法和用途发明的使用在认定上有所不同，是指就相同的方法实现与专利方法相同的目的和效果的使用，同样的使用有可能会产生不同的目的和效果，譬如某种化学物质发现有治疗某种疾病的用途且申请获得专利权，将该种物质用于治疗疾病就构成侵权、将该种化学物质用于工业生产就不构成侵权。

3. 销售权

销售行为是将物的所有权通过买卖交易转移的过程，销售权是指专利权人可以自己销售专利产品，也可以许可他人销售专利产品，有权禁止任何人未经许可销售专利产品。当然如前所述专利权的"权利用尽"原则所致，任何人销售专利权生产或专利权人授权生产的专利产品，无需再取得专利权人的许可。

---

① 王兵主编：《知识产权基础教程》，清华大学出版社 2009 年版，第 124 页。

在专利权保护的过程中，销售居于重要的地位，对于专利侵权产品销售环节的控制非常重要。一是销售侵权行为比较容易发现和取证，侵权产品生产过程一般都比较隐匿，侵权人灭失证据非常迅速，专利权人很难发现并取得制造专利产品侵权行为的证据，而销售行为是公开的、面对不特定多数人的交易行为，专利权人比较容易完成证据收集及保全，当然基于证据客观性和合法性的要求，这类证据一般通过公证的方法完成。二是通过制止销售侵权行为，可以发现销售者背后的制造者。我国现行专利法规定，善意销售专利侵权产品者不承担赔偿损失的法律责任，敦促销售者举证证明自己销售的侵权产品是基于合理的渠道以合理价格取得，就提供了产品制造者侵权的证据，进一步维护专利人的合法权利。

4. 许诺销售权

许诺销售是明确表示将要销售专利产品，并未实际形成专利产品的销售。许诺销售权是专利权人自己或者授权他人以做广告或在商店货架或者展销会陈列等方式作出销售商品的意思表示的权利，有权禁止任何人未经许可作出许诺销售专利产品的意思表示。该项权利是 2000 年《专利法》第二次修改新增加的一项权利，许诺销售行为有可能打破专利权人的市场整体策略，同时在许诺销售阶段就予以禁止，可以避免后续销售侵权行为的发生、减少专利权人的损害发生可能性。

5. 进口权

基于知识产权的地域性，专利权人可以在不同国家分别申请专利权。进口是指将他国生产的专利产品，从专利权效力范围之外的他国输入中国境内的行为。进口权是指在专利的有效期限内，未经专利权人许可，任何单位或者个人不得为生产经营目的进口专利产品的权利。

利用进口权，专利权人可以将与其专利产品相同的产品挡在国门之外，因此海关在知识产权保护中具有重要意义，它可以扣押跨越边境的专利侵权产品。为了获得知识产权的海关保护，专利权人必须向海关总署提交书面申请，详细列明专利权及专利产品信息，包括专利权人的姓名（名称）、国籍、住所等；专利权的号码、内容及有效期限；与专利权有关的货物名称及其产地等。

值得注意的是，我国专利法对于平行进口的法律规定。在国际贸易发展过程中，社会各界对平行进口的认识存在加大分歧。① 平行进口是指同一专利权人分别在不同的法域对同一项技术方案拥有专利权，在没有与专利权人有协议

---

① 姚宏宇、潘嘉杰、姚宏伟、周浩然："国际贸易中的平行进口问题探析"，载《现代商贸工业》2017 第 28 卷，第 33~34 页。

的情况下，将专利权人或其许可的人生产制造的合法产品进口到另一法域的行为。不同国家对于平行进口的态度不同，大部分国家未就平行进口明确表态，我国 2008 年《专利法》明确规定平行进口为合法，在下一章专利权限制中会详细介绍。

（二）外观设计专利权的独占实施权

专利法规定的外观设计专利权的独占实施权范围比发明和实用新型小，通过 2008 年《专利法》修改，已经将差距逐步缩小，2008 年我国《专利法》修改，在外观设计专利权权能中增加了许诺销售权，该法第 11 条第 2 款规定："外观设计专利权被授予后，任何单位或者个人未经专利权人许可，都不得实施其专利，即不得为生产经营目的制造、许诺销售、销售、进口其外观设计专利产品。"

与发明和实用新型专利权相比，外观设计专利权中缺少了"使用权"，即未经许可使用外观设计专利产品的行为不构成专利侵权。实务中有争议的一点是，购买未经专利权人许可的外观设计专利产品，作为其生产产品的包装使用又投入市场的行为是否构成侵权。笔者曾经处理过一起外观设计专利侵权纠纷的案件，专利权人的外观设计专利权产品是一种玻璃瓶子，专利权人生产销售水果罐头食品；被控侵权人也是生产水果罐头的企业，购买了他人未经许可生产销售的侵权玻璃瓶子，生产罐头食品进行销售，该行为是否构成侵权的关键，就在于被控侵权人是否属于对外观设计专利权侵权产品的使用。一种观点认为属于"使用"行为不构成侵权，另一种观点认为不属于单纯的"使用"行为，因为被控侵权人又将产品投入市场，是一种再销售行为因而构成侵权。笔者倾向于前者，只要被控侵权人能够举证证明自己是合法购买产品后的使用，则不构成侵权，因为侵权产品是罐头瓶子而不是罐头，专利权人可以向真正的侵权产品制造和销售者主张权利。

第三节　专利权人的转让权和许可权

如前所述，专利权人可以自己制造、使用、许诺销售、销售、进口专利产品，可以禁止任何人未经许可自己制造、使用、许诺销售、销售、进口包含专利技术必要特征的产品。专利权人当然可以通过许可专利技术实施或者转让专利权的方式，让自己的专利权得以实现。专利权转让或许可都必须通过书面合同进行，规范专利权人和其他人的权利义务关系，我们围绕专利法的有关规定，结合专利权转让和许可合同的特点，对专利权转让和许可合同进行学习。

一、专利申转让合同

（一）专利权转让合同的概念

专利权转让是专利权人将自己享有的有效专利权转让给他人，他人支付对价获得专利权。因为专利权是财产权，因此专利权转让后原来的专利权人就失去了对该专利技术的垄断独占权利，受让人成为专利权人、享有专利实施权及相应的处分权利。

请读者朋友们注意，我国现行专利法不仅规定专利权可以转让，还规定专利申请权也可以转让，发明人可以将其发明创造申请专利的权利通过合同转让给他人，受让专利申请权人向国家知识产权局提出申请并获得授权后，就成为相应技术方案的专利权人。

（二）专利权转让合同的特征

1. 专利权转让发生权利主体的变更

这是与专利权许可合同最根本的区别。因为专利权转让是权利内容的整体转移，相比专利权许可来说权利义务相对明确和简单。从另外一方面讲，专利权的转让要求整体转让，不得将其中一项或几项权利分开转让，这也是与专利权许可合同不同的地方。

2. 专利权转让受到限制

我国专利法规定中国单位或者个人向外国人转让专利申请权或专利权，必须经国务院有关主管部门批准。

3. 专利权转让是要式合同

专利权转让合同应当按照规定采用书面形式，否则专利权转让行为不发生法律效力。我国法律不仅规定转让专利申请权或者专利权的，当事人应当订立书面合同，还规定须向国务院专利行政部门登记，由国务院专利行政部门予以公告。专利申请权或者专利权的转让自登记之日起生效。这样规定的目的是因为专利权在授权过程中有公告程序，在权利主体发生变更时也要履行同样的程序，使得专利权转让合同的效力得以对抗第三人。

（三）专利权转让合同的主要条款

专利权转让合同的主要条款有：专利技术的名称、内容；专利申请日、申请号、专利号；专利权的有效期限；专利实施许可的情况；有关技术情报资料的清单及交付；技术培训的条款；转让费用及支付方式；违约责任及其承担；

争议解决条款等。技术培训条款是此类合同与其他合同明显区别的内容，由于实践中专利权许可合同更常见，因此相应内容在许可合同部分展开叙述。

二、专利实施许可合同

（一）专利实施许可合同概念

专利实施许可合同是指专利权人或者其授权的人作为许可方，许可另一方即被许可方在约定的范围内实施专利技术所订立的合同。专利实施许可是专利权人实施其发明创造的有效途径，在实践中应用非常多见，专利实施许可合同履行周期长、履行过程中合同义务履行是否符合约定容易发生歧义，风险较大，被许可方不仅要支付许可费，还要为实施专利技术投入大量资金建立厂房、购买设备、招募培训人员，承担技术实施转化过程的风险，因此要通过专利实施许可合同条款平衡双方的权利义务。

（二）专利实施许可合同特征

1. 主体

专利实施许可合同的许可方只能是专利权人，不能是先用权人或强制许可的被许可人；专利权人为两个或两个以上的，许可方必须是全部权利人。我国专利法明确规定被许可人无权允许合同规定以外的任何单位或者个人实施该专利，如果双方签订的专利实施许可合同中明确约定，被许可方有可分授的许可权，则被许可方可依照合同约定向合同中约定的单位或个人给予实施许可。

2. 对象

专利实施许可合同的标的是有效专利的实施权，在签订合同前要核实专利是否在有效保护期限内，专利权人是否按期缴纳专利权维持费用，是否有专利权放弃的情形等，同时在合同中约定被许可实施的专利权无效后的法律后果。

3. 性质

专利实施许可合同中被许可方获得的只是对约定专利的实施权，凡是没有明确约定许可实施的权利，被许可人都无权实施。被许可方切记要在许可合同中明确具体约定，被许可实施的权能、是制造还是销售、使用、进口等，被许可的是独占实施权还是排他实施权，或者是普通实施权，被许可的实施权是否可分授，被许可权的地域和期限等。一般来说，当事人对专利实施许可方式没有约定或约定不明确的，认定为不可分授的普通实施许可。

4. 风险

专利许可合同履行期限长，不能即时结清，还有受到客体限制带来的风险，与前述专利权转让合同一样，被许可方要配套投入大量资金和人员，因此风险更大。

5. 形式

专利实施许可合同也是要式合同，法律规定专利权实施许可合同要采用书面方式，且许可方应将合同副本交国务院专利行政部门备案。

（三）专利许可合同的主要条款

1. 发明创造的有关事项

在合同中列明发明创造的名称、专利申请日、申请号、专利号以及专利有效期。

2. 对专利的实施方式

对于被许可方所获得的实施权，当事人双方必须在合同中作出明确约定。被许可方不得擅自行使合同没有明确约定的权利，因此一定要在合同中明确约定被许可实施的具体权能。

3. 许可权利的性质

许可权是独占、独家还是普通的，应在合同中明确约定，是否可分授（须在合同中明确约定）。

4. 许可的有效期限和地域范围

双方可自主约定合同的有效期限，但不要超过专利权的有效期限，否则超过部分无效；双方还要在合同中明确约定被许可方实施的地域范围。

5. 许可使用费的标准和支付办法

许可费的支付要平衡许可方和被许可方的权利义务和风险，以下各种支付方式中被许可方的风险不同，可根据实际情况尽量让许可方参与到专利技术实施过程中，分担风险。

（1）最低年使用费。被许可方每年、半年，或一季度支付最低额的使用费，这种情况下不管专利实施效果如何，被许可方都要按照合同约定向许可方支付费用，被许可方风险较大，但一般费用较低。

（2）最高额使用费。被许可方按某一标准向许可方支付的使用费达到一个最高额为止。此种方式较为常见，签订合同的关键要注意支付标准明确且可量化，避免在合同履行中发生是否达成合同约定付款条件的争议。后面给大家介绍的一个许可实施合同案例中，对于是否达到合同约定的标准双方就发生了争议。

（3）按件付费。双方约定按照实施专利制造产品数量支付许可方，这种情况下被许可方的风险已经比较低了，至少能够保证专利技术实施过程完成。

（4）净收入标准。双方约定以被许可方净收入的固定比例向许可方支付费用，此种付款方式被许可方风险最低，不仅生产出产品且形成销售后再支付款项，当然许可方风险越大可能收入的许可费就越高。

（5）入门费加提成。以上四种付款方式被许可方风险递减，同时许可方风险递增，为了平衡双方风险，专利实施许可合同可约定入门费加提成的方式。

6. 改进技术的归属和交换条款

双方可以在合同中约定改进技术的归属和交换条款，若合同未约定，则"谁改进，谁拥有"。

7. 技术指导和技术服务条款

技术指导和技术服务条款是专利许可合同中的一个重要条款，一般以合同附件的形式，明确培训的内容、方法、应达到的水平，要尽可能详尽地约定技术培训的要求，由谁进行培训、去哪里培训、培训哪些人员、培训次数、培训达到什么标准等。因为许可方在技术上居于优势地位，有效的技术指导和技术服务，很大程度影响专利技术实施许可是否能达到预期效果。

8. 担保和保证条款

担保和保证条款也是专利许可合同中的一个重要条款，其作用是让专利权人对专利技术进行权利担保和技术保证，防止第三人主张技术专利的权属产生纠纷，同时对技术不能达到预期效果的法律责任有一个界定。

9. 违约责任

可以在合同中约定违约责任形式，也可以约定救济途径和手段（仲裁、调处、诉讼）等，对合同履行过程发生纠纷后的解决有重要的意义。

（四）专利许可合同的禁用条款

专利实施许可合同是平等主体之间的民事行为，但一般许可方具有一定的优势地位，因此为了平衡双方的权利义务，法律规定了一些禁用条款，在签订专利许可合同过程中，被许可方可以加以利用。

1. 搭售条款

指专利权人要求被许可方接受与专利产品或专利方法无关的附带条件，包括购买不需要的技术、原材料、设备或产品，接受不必要的技术服务等。我国《反不正当竞争法》第12条规定："经营者销售商品，不得违背购买者意愿搭售商品或者附加其他不合理条件。"

2. 固定价格条款

是指专利权人对被许可方就其销售其专利产品的价格加以固定。这也是属于限制被许可方权利及损害市场竞争公平秩序的情形，也予以禁止。

3. 对技术改进的限制条款

是指限制被许可方对于专利技术进一步研究开发的条款。技术研发阶段、中试阶段和转入批量生产有很大区别，在技术转化过程中，被许可方会根据技术实施过程进行技术改进，不能在许可合同中予以限制。

4. 片面回授条款

是指要求被许可方对专利技术完成的改进技术方案必须转让或回授给专利权人，而不得向第三方转让。这个条款对于被许可方也不利，但可以约定双方改进技术共享。

5. 禁止被许可方在合同期满后继续使用该专利技术

在专利合同期限届满后，如无特殊理由，专利权人应当与被许可方续订合同，至少让被许可方能够在合理长的期限内继续实施。

第四节 专利权的放弃权和标记权

与前述权利相比，专利权的放弃权和标记权比较简单，实务中与此等权利有关的纠纷也比较少，广义来说专利权的放弃权是专利权人行使处分权的方式之一，下面进行简单的叙述。

一、放弃权

专利权的放弃权，指在专利权保护期限届满前，专利权人可以自动放弃对专利技术享有的专利权。专利权属于民事权利中的财产权利，权利是可以放弃的。

我国《专利法》第44条规定："有下列情形之一的，专利权在期限届满前终止：（一）没有按照规定缴纳年费的；（二）专利权人以书面声明放弃其专利权的。专利权在期限届满前终止的，由国务院专利行政部门登记和公告。"

可见专利权的放弃有两种方式，一是专利权人未能按期缴纳年费；二是专利权人书面声明放弃。在前面讲述专利权转让和许可时，提醒大家注意转让和许可的应该是有效的专利权，所以要注意是否存在专利权人放弃专利权的情形。

同时专利权的放弃有一定的限制，不能影响他人权利的行使，如果专利权人与他人签订了专利实施许可合同，尤其是独占或独家许可合同，放弃专利权必须事先经被许可人同意，还要赔偿被许可人的损失，否则，不得随意放弃。

二、标记权

专利权的标记权指专利权人有权在其专利产品或者该产品的包装上标明专利标记和专利号，有权禁止他人在其产品或者包装上标示其专利号。我国《专

利法》第 17 条第 2 款规定："专利权人有权在其专利产品或者该产品的包装上
标明专利标识。"

有些国家专利法规定，专利权人必须在产品或包装上作专利标记，否则便
可能丧失赔偿请求权。按照我国法律规定，标记权是专利权人的一项权利而不
是义务，因此专利权人即使不在其产品的包装上标明专利标记和专利号，也不
影响针对专利权侵权行为请求损害赔偿的权利，如果标记既是权利又是义务，
专利权人不在产品或包装上作专利标记，便可能丧失赔偿请求权。

标记权的行使主要有两个目的，一是明示该产品为专利产品，一旦仿冒就
会涉嫌专利权侵权，警示他人仿冒的法律责任；二是告诉消费者该产品为专利
产品，利用部分消费者潜意识认为专利产品比非专利产品先进的认知，促进产
品销售。随着专利法常识的普及，警示作用会更加明显，可以防止"善意"侵
权的发生，因此规定"标记"既是权利又是义务具有一定的合理性。

第六章

专利权的限制

【内容提要】

本章讲述专利权限制的各种情形及适用条件。本章重点内容是专利权保护期限、不视为侵权的行为种类、先用权与无效宣告的关系、专利侵权诉讼中的抗辩事由。通过本章学习，要求大家了解专利权限制的立法目的及历史；理解专利权限制与专利权保护的关系，专利权限制在实务中的应用；掌握专利限制的概念，专利权限制的具体情形，专利侵权纠纷抗辩事由。

知识产权制度要考虑专利权人和社会公众的权利平衡，各国专利法在保护发明创造人独占权利的同时，都要兼顾社会公共利益，对专利权的限制作出明确规定。专利权人的权利概括起来有两个：许可权和报酬请求权，即未经专利权人许可他人不得使用其专利技术、专利权人有权在许可使用专利技术的时候要求他人支付相应的报酬。对专利权人的限制也就是限制上述两类权利，如果这两类权利全部都限制了，专利权人对专利技术就没有独占权利了，具体体现为专利权的保护期限届满进入公有领域，任何人都可以使用该技术；另外就是法律规定某些使用专利技术的行为，不需要经过专利权人许可或向其支付报酬，这些行为依法属于不视为侵权的行为。如果只限制专利权的许可权，不限制专利权人的报酬请求权，既不妨碍专利权人财产权益的实现，又利于专利技术的推广使用，利于民众，就是法律规定的强制许可和指定许可制度。

第一节　专利权的保护期限

知识产权法律制度要兼顾专有权人和社会公共利益的平衡，专利权制度的核心是法律赋予特定权利人在一定期限内对其发明创造有独占的权利，如果这种独占和垄断没有期限的话，则会严重影响社会公众的生活，阻碍技术进步和经济发展，各国专利法都规定了专利权的保护期限。超过了专利权保护的期限，这项技术就进入了公有领域，任何人都可以使用这项技术。不同国家立法对专利权的保护期限不同，同一国家立法对发明、实用新型和外观设计保护期限也不同。

我国专利法对发明、实用新型和外观设计专利权规定了不同的保护期限。因为发明专利权是实质审查，对技术方案的创造性要求高，发明创造者付出的创造性劳动高、投入的资金也高，尤其是药品专利，要经过复杂的病理性、安全性、临床试验，研发成本非常高昂，需要较长的保护期限。

一、发明专利权的保护期限

确定专利权的保护期限要兼顾专利权人和社会公众的权利，一项发明创造发明人付出的智力劳动越多、技术的创造性越强、与现有技术相比进步越明显，专利权人的独占期限应该越长。

专利权的保护期限涉及保护期的年限及起止日期，关于发明专利权的保护年限，各国专利法规定不仅相同，但大多数国家都对发明专利权规定了较长的保护期限，通常保护期限为 15 年至 20 年。关于专利权保护期的起止日期，各国专利法及国际公约的规定也不一致，有从申请日起计算的，如法国、日本、美国等国家；有从授权日起计算的，如澳大利亚、印度、墨西哥等；德国是自申请次日起计算。[1] 美国和加拿大发明专利保护期自授权之日起 17 年，英国、德国和法国发明专利保护期为自申请之日起 20 年，日本发明专利保护期自申请公告之日起 15 年，但不得超过自申请日起 20 年。[2]

我国《专利法》第 42 条规定，发明专利权的期限为 20 年，自申请日起计算。大家要特别注意，专利权保护期限是自申请日起而非授权公告之日起计算，自申请日起满 20 年，专利技术就进入公有领域，不再受到专利法的保护。可见我国对发明专利保护期限，已经完全达到国际通行的较高水平。

二、实用新型和外观设计专利权的保护期限

由于实用新型和外观设计专利权的技术比发明要简单，获得授权的程序也是简单、便捷的形式审查，经济价值和技术进步程度都比发明要低，各国专利法对于实用新型和外观设计专利权都规定了较短的保护期限，有的国家立法对

---

[1] 吴汉东等：《知识产权基本问题研究》，中国人民大学出版社 2005 年版，第 446 页。

[2] 刘春田主编：《知识产权法》，中国人民大学出版社 2014 年版，第 205 页。

于实用新型和外观设计的保护期限还有所不同。

我国 1984 年专利法曾经对实用新型和外观设计给予不同期限的保护，1993 年以前申请的这两类专利都已经进入公有领域，现行专利法规定的实用新型和外观设计专利权的保护期均为自专利申请之日起 10 年。

三、专利权的终止

专利权保护期限届满当然导致专利权终止，除了专利权保护期限届满之外，还有可能因为专利权人的行为导致专利权终止。我国《专利法》第 44 条规定："有下列情形之一的，专利权在期限届满前终止：（一）没有按照规定缴纳年费的；（二）专利权人以书面声明放弃其专利权的。"

从这条规定看出，专利权提前终止有两种情形，一是专利权未按照规定缴纳专利年费的行为，缴纳年费是专利权人的义务，如果专利权人没有按照规定缴纳年费会导致专利权在期限届满前终止；在实践中一方面专利权人要按照规定及时缴纳年费以保证专利权的有效性，另一方面在专利侵权诉讼中被控侵权的人要审查专利权人缴纳年费的情况。二是专利权人书面放弃，各国专利法均允许专利权人通过书面声明的方式放弃专利权，但如果该专利技术已经许可他人使用，则专利权人不得随意放弃；另外依照我国现行专利法，发明人可以就同一技术方案在同一申请日申请发明和实用新型专利权，先获得的实用新型专利权尚未终止，且申请人声明放弃该实用新型专利权的，可以授予发明专利权，这种放弃必须采用书面的方式，且经过国务院专利行政部门登记和公告。

第二节　不视为侵权的行为

专利保护期届满之后专利技术就进入公有领域，这是专利保护的时间限制，在专利保护有效期限内，专利法也规定了对专利权人的一些限制。广义的权利限制包括专利的时间限制和实施中的限制，狭义的专利权限制仅指实施中的限制，对专利有效期限内实施中的专利限制的情形有以下几种。

一、首次销售

（一）概念

首次销售指专利权人自己制造或许可他人制造的产品上市经过首次销售后，专利权人对这些特定产品不再享有任何意义上的支配权。首次销售也称为权利穷竭、权利用尽（first sale doctrine），旨在平衡专利权人与其他经营者、消费者的合法利益。法国知识产权法典规定了权利穷竭制度，美国、英国、日本等国家在司法实践中也承认这一规则。[①]

首次销售后专利权人的权利在出售产品时已经得以实现，也就是所谓的权利用尽或穷竭，因此专利权人不能再对专利产品享有任何意义上的支配权。权利穷竭的理论为大陆法系国家所接受，在英美法系学者们更多将其解释为专利人在出售其专利产品时已经默示他人就该产品进行使用和销售的行为。无论采取何种理论，各国专利法都对首次销售予以明确规定，因为如果没有此项规定，专利人生产的产品也就无法进行市场销售。

（二）限 制

1. 方式限制

仅限于使用、销售、许诺销售专利产品，一般情况下，首次销售用尽的权利不包括制造和进口，主要针对使用和销售行为。

2. 有地域性

对平行进口是否构成专利侵权有争议，各国法律规定不同。所谓平行进口是指在一个国家专利权人或经专利权人授权许可的人生产并销售的专利产品，被转出口到另外一个国家，当进口国对该专利产品享有专利权的人和出口国专利权人为同一人时，在该国使用、销售、进口专利产品的行为是否侵犯专利权。在全球经济贸易高度发达的今天，这种情形非常多见，譬如我们现在在商场很容易买到越南生产的知名品牌运动鞋。

（三）我国专利法之规定

在 2008 年专利法修订之前，我国专利法也没有明确规定平行进口合法，我国 2008 年《专利法》第 69 条规定，"专利产品或者依照专利方法直接获得的产品，由专利权人或者经其许可的单位、个人售出后，使用、许诺销售、销售、进口该产品的"不视为侵犯专利权。本次专利法修订后，我国专利法直接规定进口权在首次销售后用尽，也就明确规定平行进口行为不构成侵权。这样的规定无疑有利于贸易往来，也能够让消费者买到更便宜的产品，消除不同区域由于劳动力成本差异等引发的区域价格差异。

---

① ［日］纹谷畅男编：《专利法 50 讲》，魏启学译，法律出版社 1984 年版，第 176 页。

二、在先使用

（一）概念

在先使用又被称为先用权，指在专利申请日前已经开始制造与专利产品相同的产品或者使用与专利技术相同的技术，或者已经作好制造、使用准备的，依法可以在原有范围内继续制造、使用该项技术。实施者的这项权利被称为在先使用权或先行实施权。

目前很多国家和地区的专利法律制度中都规定了先用权制度，包括日本、法国、英国和我国台湾地区"专利法"，对于该制度的合理性，法国学者解释为占有发明就是获得一项权利，这种垄断权利只有自申请日生效，不能反对该发明先前的占有者。①

（二）条件和限制

1. 以申请日而非以公开日为界

上述制造、使用行为或为制造使用行为所做的准备工作必须是在该专利的申请日之前已经进行，并且应当一直延续到申请日后。

2. 使用范围

在先使用权人只有在原有范围内继续制造、使用该项技术；超出原有范围制造、使用即构成侵权。

3. 主体限制

仅限于在先使用权人自己使用，不构成侵权。不得转让或者许可他人使用，转让或许可他人使用都不适用在先使用权的限制。

（三）与无效宣告的关系

在先使用可以抗辩专利权的侵权诉讼请求，但仍受到诸多限制。如果实施者能够证明在申请日前技术已经公开，则专利权人的专利技术在申请日前已经丧失了新颖性，可依此向国家知识产权局提起无效宣告请求。

同时提请大家注意，不能既主张先用权抗辩又主张专利权无效，因为主张先用权抗辩的前提是认可专利权有效。在专利权有效的情况下，只有专利权人和先用权人可以依法使用专利技术，如果专利权被宣告无效，则任何人都可以使用专利技术，对于专利权人和先用权人的影响也需要考量。

---

① 王维藩等编译：《法国发明专利法》，中国对外翻译出版公司 1986 年版，第 110 页。

三、临时过境

（一）概念

我国《专利法》规定当交通工具临时通过一国领域时，为交通工具自身需要而在其设备或装置中使用有关专利技术的，不视为侵犯专利权。该限制仅限于交通工具自身使用，运输工具上装载的货物不适用临时过境权。

（二）条件

1. 适用对象

临事过境是临时进入中国领陆、领水、领空的外国运输工具，包括船舶、航空器和运输车辆等。

2. 适用范围

是该临时进入的外国运输工具为自身需要在其装置和设备中使用有关专利的行为，其运输的货物等不适用临事过境限制。

3. 适用前提

临事过境权利限制适用于该外国运输工具所属的国家或地区与中国签订有协议或共同参加了有关国际条约，或者实施互惠原则。

四、专为科学研究和实验使用

我国《专利法》规定专为科学研究和实验而使用有关专利的，不构成侵犯专利权。

判断是否可以适用"科学研究与实验例外"，应当看其适用该专利技术行为的目的，而与实施该行为的单位性质无关。所谓"科学研究和实验"，是指专门针对专利技术本身的科学研究和实验，该科学研究和实验的目的是了解作为被研究对象的专利本身的技术特征和技术效果，以对该技术作进一步改进。

此项行为不会对专利权人权利的实现造成影响，还可以达成对专利技术的进一步改进，因此规定为不侵犯专利权的行为。

五、为行政审批而实施

该种不视为侵权的行为是 2008 年《专利法》修改新增加的情形，我国现行专利法规定，为提供行政审批所需要的信息，制造、使用、进口专利药品或者专利医疗器械的，以及专门为其制造、进口专利药品或者专利医疗器械的。

能否使用安全和先进的药品和医疗器械，与广大民众的生命健康息息相关，药品和医疗器械必须得到行政部门许可后才能进行生产销售，行政部门对产品的许可要经过严格的病理、毒理及临床试验才能完成。这一过程往往需要多年的时间，若是产品涉及专利技术，按照常规需要等到专利保护期限届满后才可以进行，就导致药品和医疗器械的保护期限事实上延长了。基于这种原因，包括美国在内的有关国家将行政审批而实施的行为规定为不侵权行为[1]，我国2008 年专利法修改将此种情形规定为不视为侵权的行为。

六、善意使用或销售

我国专利法规定，为生产经营目的使用、许诺销售或者销售不知道是未经专利权人许可而制造并售出的专利产品或者依照专利方法直接获得的产品，能证明其产品合法来源的，不承担赔偿责任。

知识产权法中的善意指主观上不知情和不应知情，首先善意使用或销售仍然构成侵权，只是不需要承担赔偿责任，停止侵权等法律责任仍需要承担；如果专利权人主张侵权后仍然继续使用或销售则构成侵权并需要承担相应的赔偿责任。其次该种善意不包括制造和进口行为，生产和进口企业在制造和进口前有义务了解产品是否为专利产品。最后，善意使用和销售者要举证证明自己的"善意"，要证明自己使用或销售的产品是基于合法来源、合法价格取得，否则不能免除承担赔偿责任。如果善意使用或销售者能够证明产品的来源，则专利权人可据此向侵权产品的制造者主张权利，也不影响专利权人权利的实现。

第三节　强制许可和指定许可

前述专利权保护期届满和不视为侵权的情形，他人可以不经许可、也不需要向专利权人支付报酬。在本节叙述对专利权人的许可权予以限制，不影响专利权人报酬请求权的情形，即专利权的强制许可和指定许可。

一、强制许可

（一）概念

强制许可也称非自愿许可，是法律规定的对专利权人独占实施权的限制之一，是国家主管机关根据具体情况，不经过专利权人许可，授权符合法定条件

---

[1]　刘春田主编：《知识产权法》，中国人民大学出版社 2014 年版，第 207 页。

的申请人实施专利的法律制度。在专利权的国际保护中，强制许可制度也见于保护专利权的国际条约中，也是引起广泛关注的议题。

我们在知识产权总论中学习过，知识产权属于民事权利之一，属于私权利，因此对专利权人许可权的限制要谨慎、合理，随着几次专利法的修订，我国专利立法对于专利权强制许可的条件也越来越严格。同时在总论部分已经讲述过，知识产权具有公共权利的属性，与物权相比其权利的绝对性要弱，在特定情况下可以依法限制专利权人的许可权行使，限制的情形和条件、程序都要有明确的法律规定为依据。根据我国现行专利法的规定，专利权强制许可的类型可分为以下四类，每一类强制许可都有合理的出发点和基本条件，只有符合法律规定情形，国务院专利行政部门才可以给予实施发明或实用新型的强制许可。对于外观设计专利权，因其没有功能性要求，不涉及专利权强制许可。

（二）防止专利权滥用的强制许可

1. 概念

防止专利权滥用的强制许可是指具备实施条件的单位以合理的条件请求发明或者实用新型专利权人许可实施其专利，而未能在合理长的时间内获得这种许可时，国务院专利行政部门根据该单位的申请，可以给予实施该发明专利或者实用新型专利的强制许可。

国家授予特定主体专利权的主要目的是保护发明人创新成果实施后获得的利益，同时会产生相应的社会效益，推动科技进步和社会发展，让消费者使用更好的产品。如果专利权人基于自己的利益衡量，自己不实施也不允许他人以合理条件实施专利权，不仅不能实现上述目的，反而阻碍了科技进步、影响消费者生活品质的改善。因为已经授予专利权的发明创造，即使其他人通过独立研究完成技术方案，也不能实施技术方案生产相应的产品。这种情形属于专利权人滥用专利权的行为，国务院专利行政部门给予发明或实用新型的强制许可。

2. 防止专利权滥用的强制许可基本条件

此种强制许可必须同时满足以下条件。

（1）申请强制许可的人只能是单位。申请强制许可的必须是具备实施条件的单位，就排除了个人申请强制许可的情形，同时还要求申请强制许可的单位必须具备实施条件，包括实施专利技术的设备、人员、技术积累等方面。

（2）时间是在"自专利权被授权之日起满3年后"。专利权人实施专利技术需要一定的准备周期，因此基于专利权滥用申请强制许可，应在专利权被授权之日起满3年后提起。

（3）对象。申请强制许可的对象是发明或实用新型专利，不包括外观设计专利。

（4）申请人须向国务院行政部门提交其合理条件在合理长时间内未能与专利权人达成实施许可协议。

（5）缴纳申请费，向国家知识产权局提出专利强制许可申请并获得批准。

（三）为公共利益的强制许可

1. 概念

为公共利益的强制许可是指在国家出现紧急状态或者非常情况时，或者为了公共利益的目的，国务院专利行政部门可以给予实施发明专利或者实用新型专利的强制许可。

为公共利益的强制许可也是知识产权公共社会属性的体现，很多国家的专利法都规定了这类强制许可。但实践中对于何种情况下属于国家出现紧急状态或非常情况，认定标准不是很明确，国家出现紧急状况通常包括外敌入侵、内部动乱等危及国家安全的紧急状态，非常情况主要指严重自然灾害、严重流行性疾病等情况。

2. 基本条件

此种强制许可必须同时满足以下条件。

（1）国家出现了紧急状态或非常情况。公共利益的需求必须达到一定的程度，即在国家出现紧急状态或者非常情况时才可以实施该种强制许可。

（2）对象。被强制许可的对象是发明或实用新型专利，不包括外观设计专利权。

（3）目的。必须是为了公共利益的目的实施专利技术。

（4）缴纳申请费，向国家知识产权局提出专利强制许可申请并获得批准。

（四）为公共健康目的强制许可

1. 概念

为公共健康目的强制许可是指公共健康目的，对取得专利权的药品，国务院专利行政部门可以给予制造并将其出口到符合中华人民共和国参加的有关国际条约规定的国家或者地区的强制许可。

这种为公共健康目的强制许可是 2008 年专利法修订时加入的条款，是基于 2000 年后在世界贸易组织（WTO）多哈回合谈判中涉及公共健康与知识产权关系议题的谈判中，各方协商达成一致的协议内容。

2. 基本条件

此种强制许可必须同时满足以下条件。

（1）对象。被强制许可的对象是取得专利权的药品，这个范围比其他强制许可都要狭窄。

（2）目的。必须是为了公共健康实施专利技术。

（3）许可内容。给予制造并将其出口到符合中华人民共和国参加的有关国际条约规定的国家或者地区的强制许可。

（4）缴纳申请费，向国家知识产权局提出专利强制许可申请并获得批准。

（五）交叉强制许可

1. 概念

交叉强制许可指一项取得专利权的发明或者实用新型比先前已经取得专利权的发明或者实用新型具有显著经济意义的重大技术进步，其实施又有赖于前一发明或者实用新型的实施的，国务院专利行政部门根据后一专利权人的申请，可以给予实施前一发明或者实用新型的强制许可。在依照前款规定给予实施强制许可的情形下，国务院专利行政部门根据前一专利权人的申请，也可以给予实施后一发明或者实用新型的强制许可。

交叉强制许可是鼓励在现有技术上进一步发明创造的需要，一项被授予专利权的发明创造，仍需要继续改进和完善，这样才能不断出现创新成果。技术的发展都是循序渐进的，如果一项取得专利权的发明或者实用新型比先前已经取得专利权的发明或者实用新型具有显著经济意义的重大技术进步，但其实施又涵盖已经取得专利授权的技术，按照专利侵权认定的标准，在后的专利技术实施就构成对在先专利权的侵权。如果双方无法达成专利权许可协议，在后的专利权就无法实施，因此国务院专利行政部门根据后一专利权人的申请，可以给予实施前一发明或者实用新型的强制许可。

如果仅给予后一专利权人实施前一发明或者实用新型的强制许可，对在先的专利权人是不公平的，因此在依照前款规定给予实施强制许可的情形下，国务院专利行政部门根据前一专利权人的申请，也可以给予实施后一发明或者实用新型的强制许可。这样就构成了专利实施强制许可的交叉。

2. 基本条件

（1）前提。必须存在两个专利，在后专利的实施覆盖在先专利的技术特征。

（2）对象。在先专利和在后专利都是发明或实用新型。

（3）创新程度。在后专利相对于在先专利来说，是具有显著经济意义的重大技术进步，即在技术上有较突出的贡献并且能够产生巨大的经济意义。

（4）缴纳申请费，向国家知识产权局提出专利强制许可申请并获得批准。

（六）取得强制许可的程序

1. 提出申请

由想实施专利的申请人向国务院专利行政部门提出强制许可申请。

2. 通知专利权人

国务院专利行政部门将请求书副本送交专利权人，专利权人应在指定期限内陈述意见。

3. 登记和公告

国务院专利行政部门作出的给予实施强制许可的决定，应当及时通知专利权人，并予以登记和公告。

4. 权利性质及费用

强制许可的是不得让与的普通实施权。取得实施强制许可的单位或者个人不享有独占的实施权，并且无权允许他人实施。取得实施强制许可的单位或者个人应当付给专利权人合理的使用费，其数额由双方协商；双方不能达成协议的，由国务院专利行政部门裁决。

5. 司法救济措施

专利权人对国务院专利行政部门关于实施强制许可的决定不服的，专利权人和取得实施强制许可的单位或者个人对国务院专利行政部门关于实施强制许可的使用费的裁决不服的，可以自收到通知之日起 3 个月内向人民法院起诉。

二、指定许可

（一）概念

指定许可也叫国家计划许可、政府征用许可，指国有企业事业单位的发明专利，对国家利益或者公共利益具有重大意义的，国务院有关主管部门和省、自治区、直辖市人民政府报经国务院批准，可以决定在批准的范围内推广应用，允许指定的单位实施，由实施单位按照国家规定向专利权人支付使用费。中国集体所有制单位和个人的发明专利，对国家利益或者公共利益具有重大意义，需要推广应用的，参照前款规定办理。

（二）特点

1. 适用对象

指定许可的对象仅限于国有企业单位的重要发明专利，强调一下实用新型专利权不属于专利权指定许可的范围。对集体所有制单位和个人的发明专利，对国家利益或者公共利益具有重大意义，需要推广应用的，参照前款规定办理。

2. 组织实施机构

国务院有关主管部门和省级人民政府在报国务院批准之后，可以决定在批准的范围内推广应用，允许指定的单位实施，这一点与前面的强制许可由拟实施专利技术的申请人向国家知识产权局提出申请不同。

3. 权利性质

仅限于指定实施单位的普通许可。这一点与强制许可没有差别，实施单位取得的都是不可分授的普通实施许可权。

4. 被许可单位按规定支付费用

由实施单位按照国家规定向专利权人支付使用费，虽然是国务院有关主管部门和省级人民政府在报国务院批准之后直接指定实施单位，但仍然只限制专利权人的许可权，专利权人的报酬权不受影响。

第七章

专利权的保护

【内容提要】

本章讲述专利权保护的相关内容，专利权侵权行为的概念、类型及认定标准，专利权纠纷解决的方式，专利权侵权民事诉讼的特点。本章重点内容是如何判断发明或实用新型专利侵权、解决专利纠纷的途径选择及应对、专利侵权诉讼的特点及实务操作要点。通过本章学习，同学们要掌握专利侵权的概念；熟练掌握如何正确判断是否构成专利侵权，侵犯了哪项权能；掌握解决专利纠纷不同途径的特点及应对策略。

专利权保护与我们常见有形物财产权保护有明显不同，有形物的财产权包括对物的占有、使用、收益和处分权的保护，根据物本身的特点及被侵权方式可以确定物权保护的方式。物权请求权的内容包括返还原物请求权、排除妨害请求权、停止侵害和消除危险侵权及恢复原状请求权。[①] 譬如物被他人占有或使用则请求排除占有、返还原物，不能返还原物或者返还原物后仍有损失的，可以请求损害赔偿；物被他人处分则行使物权请求权中的返还请求权。即使没有法律的明确规定，人们也基本会采取相似的方法保护有形物权；同时各国法律对于有形物权的保护规定基本一致。

专利权的保护必须基于法律的明确规定，哪些行为构成侵权、侵犯什么权利都要依据法律的明确规定，对于专利权保护的内容和方式，各国法律有不同的规定。大家前面学习的专利权制度的所有内容，都是为了在实务中可以处理专利权侵权纠纷的案件，可以对是否构成专利权侵权作出基本的判断。专利权侵权认定具有复杂性和专业性，我们首先看一个实际发生的专利侵权案件的事实及裁判过程，从中发现专利权侵权案件需要厘清的几个问题。

---

① 王湘君："关于知识产权请求权内容构建的思考"，载《人大建设》2018 第 11 期，第 45 页。

[**案例分析**] 这个案件是烟台市某某门窗密封技术开发有限公司与王某专利侵权案，基本案情如下。

1997年3月6日，王某向国家专利局申请一种推拉式异型材门窗密封件实用新型专利，1998年3月12日，国家专利局授予了王某该项实用新型专利权（专利号ZL97206221.1）。王某还被授予了名称为"一种推拉式异型材门窗密封件"实用新型专利，专利号为L98250178.1.

被告山东省烟台市某某门窗密封技术开发有限公司在未得到王某授权的情况下，自行生产了包含有王某专利保护技术方案的密封件产品。王某作为原告依法将被告山东省烟台市某某门窗密封技术开发有限公司告上烟台市中级人民法院，要求被告立即停止专利侵权，赔礼道歉，赔偿经济损失。

在该案件一审审理过程中，发现烟台市某某门窗密封技术开发有限公司法定代表人唐某于1999年7月12日向国家知识产权局申请了高密封性铝塑钢门窗实用新型专利。国家知识产权局于2000年4月14日授予了唐某该项专利权（专利号ZL99221598.6）。同时唐某另案提出对ZL98250178.1专利权的权属纠纷，本案暂时中止审理，山东省高级人民法院判决ZL98250178.1号专利权归唐某所有。

因此被告以其生产的密封件产品是ZL98250178.1和ZL99221598.6号专利产品，而并未生产原告享有的ZL97206221.1号专利产品为由进行抗辩。

那么，被告的抗辩是否应该得到法院的支持？被告生产自己享有专利权的产品是否会构成侵权？

在案件审理过程中，通过将被控侵权产品的主要技术特征与王某专利权利要求书中记载的技术特征进行分析和比较，被控侵权产品的主要技术特征完全覆盖了王某的专利保护范围，在其技术特征上增加了一些新的特征。一审法院经审理认定被告生产的密封件产品落入原告享有的ZL97206221.1号专利权的保护范围，依法判定被告侵权成立。被告不服一审判决，上诉至山东省高级人民法院。二审人民法院经审理认定，被告以其被控侵权产品是按照自己的ZL98250178.1和ZL99221598.6号专利生产的为由抗辩不侵犯原告享有的ZL97206221.1号专利权的主张不成立。据此依法作出终审判决，驳回上诉人的上诉，维持原判。

本案要点在于专利诉讼当事人均拥有专利权如何处理以及专利侵权判定中如何运用"特征分析法"将权利要求保护范围与侵权产品之间一一对比进行分析判断。本案也警示大家牢记，在自己所生产产品拥有专利权的情况下，并不能保证不侵犯他人的专利权。尤其是实用新型专利，由于其未经专利性的实质审查，其权利的稳定性会受到质疑。为稳妥起见，应当在产品投产前全面检索相关领域的专利技术，进行分析比较，然后作出相应决策。那么到底如何认定是否构成专利权侵权，涉及专利侵权行为判断的概念、标准，是专利权保护的基础。

第一节　侵权行为的判断

专利权侵权行为认定的基本原则，是将被控侵权产品的主要技术特征与专利权利要求书中记载的技术特征进行分析和比较，只要被控侵权产品的主要技术特征完全覆盖了主张专利权的专利保护范围，就构成专利权侵权。侵权认定时不管被控侵权产品是否与专利权人生产的专利产品是否相同或相似，是否增加了其他特征，被控侵权人是否享有专利权等因素。因此对专利权权利范围的界定，是判断是否构成专利权侵权的基础。

一、权利范围的界定

（一）权利范围的概念

专利权利范围是指某一项特定的专利权所确认和覆盖的发明创造技术特征范围，是判断某一项技术方案的实施是否构成侵犯他人专利权的标准。

权利范围是专利申请案中权利要求书记载的保护范围，权利要求书作为一种文字表达是平面的，具体实务中被控侵权产品的技术特征是立体的，认定时对权利要求书中某一特征的界定，直接影响到专利侵权是否成立。对于权利范围界定有以下三种不同原则。

（二）权利范围界定的原则

1. 周边限定原则

周边限定原则是指严格按照权利要求书的字面含义来理解，任何扩大解释都不允许。这种原则的好处是标准明确，但对于专利权人不利，只要与权利要求书书面含义不同的特征就认定不构成侵权，会导致专利权人保护范围过窄。美国采用该立法原则。

2. 中心限定原则

中心限定原则是以权利要求书所表明的实质性内容为中心，全面考虑发明创造的目的、性质，从整体上给予保护。这种原则对于专利权人非常有利，只要与权利要求书记载的技术特征目的、性质相同就认定构成侵权，会导致专利权人保护范围过宽，使得其他人行为的合法性处于不确定的状态。德国曾经采取该立法原则，因该原则会让社会公众很难确定权利要求的具体范围，已经逐步被放弃。

3. 折中原则

一般情况下，保护范围界定以权利要求书为准，只在权利要求书表达不明确或有疑义时，说明书和附图可以解释权利要求书。具体来说，就是权利要求书记载的某一项特征，按照文字字面意思可以解释出两种或两种以上的含义，对侵权案件中涉及的某一技术特征，分别得出被控侵权产品的某一特征与权利要求书记载的特征相似或不相似，到底该如何确认权利要求书记载的特征，可以结合说明书和附图对发生歧义的技术特征进行解释。折中原则兼顾了专利权和社会公共利益，既不会让专利权的保护范围过于狭窄，也不至于让其他人动辄得咎。目前英国、法国、瑞典、日本、荷兰等国家的专利法都采取该立法原则。

（三）我国专利法的规定

由于折中原则较好地平衡了专利权人和社会公众的利益，我国专利法也采取了此种原则。我国现行《专利法》规定："发明或者实用新型专利权的保护范围以其权利要求的内容为准，说明书及附图可以用于解释权利要求。外观设计专利权的保护范围以表示在图片或者照片中的该外观设计专利产品为准。"

从法律规定看出，我国专利法采折中原则，折中解释应当处于上述两个极端解释原则的中间，可以把对专利权人的合理正当的保护与对公众的法律稳定性及其合理利益结合起来。

注意，不能把折中原则扩大使用和解释，确定专利权的保护范围仍然是坚持以权利要求的内容为准的原则，而不是以权利要求书的文字或措辞为准的原则。其技术内容应当通过参考和研究说明书及附图，在全面考虑发明或实用新型的技术领域、申请日前的公知技术、技术解决方案、作用和效果的基础上加以确定。仅记载在专利说明书及附图中，而未反映在专利权利要求书中的技术方案，不能纳入专利权保护范围；也就是说不能以说明书及附图为依据，确定专利权的保护范围。具体分为以下几种情形：

第一，如果一项技术方案在专利说明书中做了充分的公开，有具体的描述和体现，在其权利要求书中没有记载，则应认定该技术方案不在专利保护范围之内，不允许在解释专利权利要求时，将其纳入专利权保护范围。

第二，如果专利权利要求书中记载的技术内容与专利说明书中的描述或体现不尽相同，则专利权利要求书中的记载优先，不能以说明书及附图记载的内容修改专利权利要求书记载的内容。

第三，如果专利说明书及附图中公开的技术内容范围宽，而专利权利要求书中请求保护的范围窄，则原则上只能以权利要求中的技术内容确定专利权的保护范围。专利权利要求或说明书中出现明显笔误，应依实际情况予以正确解释。

总之，专利权保护范围界定以权利要求书记载的技术特征为准，大家要高度重视权利要求书撰写的严谨性，不能依赖于技术特征解释扩大专利权保护的范围。

二、专利侵权行为的分类

依据是否未经许可直接实施了侵犯专利权人的独占实施权和处分权的行为，专利侵权行为可以分为直接侵权行为和间接侵权行为。

间接侵权行为是指行为人实施的行为并不构成直接侵犯他人专利权，但却故意诱导、怂恿、教唆别人实施他人专利，发生直接的侵权行为，行为人在主观上有诱导或唆使别人侵犯他人专利权的故意，客观上为别人直接侵权行为的发生提供了必要的条件；如专门为生产某一专利产品生产必备部件或工具间接侵权行为要承担。对于一项产品专利而言，间接侵权是提供、出售或者进口用于制造该专利产品的原材料或者零部件；对一项方法专利而言，间接侵权是提供、出售或者进口用于该专利方法的材料、器件或者专用设备。间接侵权人在主观上应当有诱导、怂恿、教唆他人直接侵犯他人专利权的故意。行为人明知别人准备实施侵犯专利权的行为，仍为其提供侵权条件的，构成间接侵权。间接侵权一般应以直接侵权的发生为前提条件，没有直接侵权行为发生的情况下，不存在间接侵权。

直接侵权行为包括未经许可的实施行为，假冒他人专利的行为，侵犯专利权人转让权、许可权的行为。假冒他人专利的行为并不构成对专利技术方案特征的覆盖，甚至完全未使用专利保护范围的技术特征，而是在其生产的产品或包装上标识某一专利号，该专利号与专利权人的专利号重合，这种假冒行为的认定很简单，不需要比对技术特征，但其社会危害和侵权主观恶性很大，不仅要承担民事赔偿责任，严重的可构成犯罪承担刑事责任。侵犯专利权人转让权、许可权的行为，需要取得相对人的信任，因此此种侵权行为的侵权方大多与专利权人有某种关系，譬如被许可方、委托加工方等，这种侵权行为认定也不涉及技术特征比对，更多是举证义务的体现。因此我们本章重点学习未经许可的实施行为的认定原则、具体实务中要注意的事项。

三、未经许可的实施行为的判定

未经许可的实施行为，指未经专利权人许可，以法律规定的专利权人享有独占实施权的任何一种或多种方式实施专利技术，又不符合专利权限制情形的行为。未经许可的实施行为就属于直接的专利侵权行为，根据我国专利法的规定，发明和实用新型专利权侵权行为认定标准与外观设计专利权不同，我们首先讲述发明和实用新型专利权侵权行为认定的原则和标准，以下未明确的内容均针对发明和实用新型专利权，外观设计专利权侵权认定的问题最后再讲述。

（一）专利侵权行为认定一般原则

对于发明和实用新型专利权侵权行为的认定，要遵循以下一般原则。

（1）进行侵权判定，应当以专利权利要求中记载的技术方案的全部必要技术特征与被控侵权物（产品或方法）的全部技术特征逐一进行对应比较。

（2）进行侵权判定，一般不以专利产品与侵权物品直接进行侵权对比，专利产品可以用于帮助理解有关技术特征与技术方案。

（3）当原被告双方当事人均有专利权时，一般不能用双方专利产品或者双方专利的权利要求进行侵权对比。

（4）对产品发明或者实用新型进行专利侵权判定比较，一般不考虑侵权物与专利技术是否为相同应用领域。

在实务中，具体认定被控侵权物的技术特征，是否包含专利权利要求中记载的技术方案的全部特征，要逐一将被控侵权物上包含的特征与专利技术方案的特征一一比对，再按照下面叙述的原则来判断是否构成侵权。

（二）全面覆盖原则的适用

1. 概念

全面覆盖，是指被控侵权物（产品或方法）将专利权利要求中记载的技术方案的必要技术特征全部再现，被控侵权物（产品或方法）与专利独立权利要求中记载的全部必要技术特征一一对应并且相同。即如果被控侵权物（产品或方法）的技术特征包含了专利权利要求中记载的全部必要技术特征，则落入专利权的保护范围。

2. 具体情形

当专利独立权利要求中记载的必要技术特征采用的是上位概念特征，而被控侵权物（产品或方法）采用的是相应的下位概念特征时，则被控侵权物（产品或方法）落入专利权的保护范围。譬如某一特征是用"晶体管"，被控侵权物用的是"二极管"或"三极管"，后者就是前者的下位概念。

被控侵权物（产品或方法）在利用专利权利要求中的全部必要技术特征的基础上，又增加了新的技术特征，仍落入专利权的保护范围。此时，不考虑被控侵权物（产品或方法）的技术效果与专利技术是否相同。

被控侵权物（产品或方法）对在先专利技术而言是改进的技术方案，并且获得了专利权，则属于从属专利。未经在先专利权人许可，实施从属专利也覆盖了在先专利权的保护范围。如果无法取得在先专利权人许可，可以向国家专利行政管理部门提出强制许可申请。

这种符合全面覆盖原则的情况下，侵权行为的认定非常明确，不容易发生歧义。实践中，这种侵权并不多见，一般情况下被控侵权物上某一个或一个以上的特征与专利权利要求中记载的技术方案的必要技术特征有些差别，是否认定侵权成立，就要适用等同原则。

（三）等同原则的适用

1. 概念

在专利侵权判定中，当适用全面覆盖原则判定被控侵权物（产品或方法）不构成侵犯专利权的情况下，应当适用等同原则进行侵权判定。

等同原则是指被控侵权物（产品或方法）中有一个或者一个以上技术特征经与专利独立权利要求保护的技术特征相比，从字面上看不相同，但经过分析可以认定两者是相等同的技术特征。这种情况下，应当认定被控侵权物（产品或方法）落入了专利权的保护范围。

2. 具体情形

实务中，同时满足以下两个条件的技术特征，是专利权利要求中相应技术特征的等同物：

（1）被控侵权物中的技术特征与专利权利要求中的相应技术特征相比，以基本相同的手段，产生了基本相同的效果，实现基本相同的功能。

（2）对该专利所属领域普通技术人员来说，无需经过创造性劳动，仅通过阅读专利权利要求书和说明书，就能够联想到的技术特征。

对于故意省略专利权利要求中个别必要技术特征，使其技术方案在性能和效果上均不如专利技术方案优越的变劣技术方案，而且这一变劣技术方案明显是由于省略该必要技术特征造成的，应当适用等同原则，认定构成侵犯专利权。

3. 例外

在专利侵权判定中，下列情况不应适用等同原则认定被控侵权物（产品或方法）落入专利权保护范围：

（1）被控侵权技术方案属于申请日前的公知技术。

（2）被控侵权物中的技术特征，属于专利权人在专利申请、授权审查以及维持专利权效力过程中明确排除专利保护的技术内容。

4. 适用等同原则实例

为了让大家更直观理解和适用等同原则，我们一起来看一个等同原则适用的实例。

一项专利，其权利要求为，一种机器人的移动机构，其特征在于：具有六个沿圆周方向均匀分布的驱动臂，驱动臂内设置有电机，电机经齿轮传动接位于驱动臂端部的驱动轮。

被控物的结构具有六个沿圆周方向均匀分布的驱动臂，驱动臂内设置有电机，电机经链条传动接位于驱动臂端部的驱动轮。

比较一下被控侵权物与专利权利要求，可以很清楚地看出来，被控侵权物有一个特征"电机经链条传动接位于驱动臂端部的驱动轮"与权利要求中"电机经齿轮传动接位于驱动臂端部的驱动轮"，从字面看并不相同，但链条传动和齿轮传动，是两种基本相同的机械传动手段，对这个领域的普通技术人员来说，无需经过创造性劳动，仅通过阅读专利权利要求书和说明书，就能够联想到，因此应当认定侵权成立。

（四）禁止反悔原则的适用

1. 概念

禁止反悔原则是指在专利审批、撤销或无效程序中，专利权人为确定其专利具备新颖性和创造性，通过书面声明或者修改专利文件的方式，对专利权利要求的保护范围作了限制承诺或者部分地放弃了保护，并因此获得了专利权，而在专利侵权诉讼中，法院适用等同原则确定专利权的保护范围时，应当禁止专利权人将已被限制、排除或者已经放弃的内容重新纳入专利权保护范围。

2. 适用

当等同原则与禁止反悔原则在适用上发生冲突时，即原告主张适用等同原则判定被告侵犯其专利权，而被告主张适用禁止反悔原则判定自己不构成侵犯专利权的情况下，应当优先适用禁止反悔原则。

禁止反悔原则的适用应当以被告提出请求为前提，并由被告提供原告反悔的相应证据。

3. 实例分析

深圳创格公司等诉美国康柏电脑公司专利权纠纷案中涉及禁止反悔原则的适用。

[案例分析] 原告深圳创格科技实业有限公司（以下简称创格公司）、马某某诉被告美国康柏电脑公司（以下简称康柏公司）专利侵权纠纷一案，法院于1998 年 6 月 1 日受理后，康柏公司在答辩期内依法向国家知识产权局专利局专

利复审委员会（以下简称专利复审委）对原告专利权提出了无效宣告请求，法院于 1998 年 8 月 18 日裁定中上诉讼。2000 年 4 月 27 日专利复审委作出第 2133 号无效决定，维持该专利原权利要求继续有效，法院于 2000 年 6 月 1 日恢复审理，于 2000 年 10 月 24 日公开开庭审理了本案。

原告创格公司、马某某共同诉称，我们是 90204534 号实用新型专利权的共有人，该专利是在中国的合法有效专利。被告康柏公司制造的 ARMADA1550T 等型号的笔记本电脑，已落入上述实用新型专利的保护范围。康柏公司制造的上述型号笔记本电脑在中国大量销售，康柏公司北京办事处提供售后服务。康柏公司的行为已侵犯了我们的专利权，给我们造成了巨大的损失。截止到 1998 年 4 月 10 日，康柏公司从中直接获得 34 025 899.6 元。依据中国的法律，请求人民法院判令康柏公司停止侵权行为，赔偿我们的经济损失人民币 34 025 899.6 元，并承担诉讼费用。

被告康柏公司辩称，康柏公司生产制造的 ARMADA1550T 型笔记本电脑无论在字面上还是等同原则下都不构成对 90204534 号实用新型专利的侵权，请求人民法院驳回创格公司、马某某的诉讼请求。

法院查明了以下事实：马某某于 1990 年 4 月 12 日向中国专利局申请了"具有可替换电池及扩充卡座槽的电脑"实用新型专利，专利申请号为 90204534，该专利申请于 1991 年 4 月 24 日被授予实用新型专利权，专利权人为马某某。1997 年 7 月 22 日经中国专利局变更著录项目，原"专利权人马某某"变更为"专利权人马某某、共同专利权人深圳创格科技实业有限公司"。1995 年 90204534 号实用新型专利有效期满后，马某某曾办理过续展手续。

经授权的独立权利要求为"一种具有可替换电池及扩充卡座槽的电脑，包括一电脑主体，一组以上电池组及一组以上的扩充卡组，其特征在于电脑主体的后缘开设两座槽，其尺寸适应于电池组及扩充卡组，以供其容置；各该座槽内具有接点，其位置对应于电池组的接点，用以导通电路；另座槽内部固定一与主线相通的电路连接座，用于与扩充卡组延伸出的特定的线路的 PC 板的连接部相对接"。

1998 年 2 月 13 日创格公司在北京北大方正电子有限公司购买了一台型号为 ARMADA1550T 的康柏牌原装笔记本电脑，购买登记卡上盖有康柏公司北京办事处的印章。

被控侵权产品机身左侧具有一双重托架和一 PC 卡座槽，前者可用于安装软盘驱动器或另一个电池组，后者可用于安装大小与信用卡相似的 32 位或 16 位的 PC 卡选件；机身右侧有一电池架，用于安装可充电的电池组。在无效程序中，康柏公司举证并为专利复审委所确认的现有技术有：对比文件 1 为 1989

年公开的"*PC World*"杂志第 176 页，涉及一种 GRIDCASE1520 便携式计算机，它具有一个既可以插入电池组又可以插入扩充卡组的座槽和设置在计算机外壳上的一个外置的电池组，电池组不能在两个座槽中替换。

专利权人认为，由于本专利具有两个结构完全相同的座槽，并且电池组和扩充卡组的尺寸完全相同，故上述现有技术与权利要求 1 所述技术方案的区别在于现有技术中座槽之间是不可互换的，而专利技术方案中座槽是可互换的，而且正是这一区别特征使本专利具有自由替换、互为备用的优越效果，从而符合了中国《专利法》关于创造性的规定。专利复审委同意创格公司、马某某的上述意见，并据此判定权利要求 1 具有创造性，维持权利要求 1 有效。

本案中，被控侵权物有一个特征"电池组不能在两个座槽中替换"，与专利权利要求书中的特征"座槽是可互换的"，从字面看为不同的特征，确实也属于这个领域普通技术人员来说，无需经过创造性劳动，仅通过阅读专利权利要求书和说明书，就能够联想到的技术特征。一般情况下，专利权人主张两个特征构成等同特征应该得到支持，但本案中专利权人在无效程序中强调，专利技术方案中座槽是可互换的，而且正是这一区别特征使本专利具有自由替换、互为备用的优越效果。在专利侵权诉讼中，被控侵权人已经提出请求并提供专利权人在无效程序中对该特征限缩范围的相应证据，专利权人就不能再主张适用等同原则。

（五）多余指定原则的适用

1. 概念

多余指定原则是指在专利侵权判定中，在解释专利独立权利要求和确定专利权保护范围时，将记载在专利独立权利要求中的明显附加技术特征（即多余特征）略去，仅以专利独立权利要求中的必要技术特征来确定专利权保护范围，判定被控侵权物（产品或方法）是否覆盖专利权保护范围的原则。

2. 限制

对专利权保护范围的界定以权利要求书为准，是在专利权保护的基本原则，除非极为特殊的情形，不能突破，因此适用多余指定原则认定附加技术特征，应极为慎重，全面考虑以下因素。

（1）专利权利要求中略去该技术特征，该专利是否还具有新颖性、创造性，该技术特征是否属于区别专利技术方案与专利申请日前的已有技术方案所必需的，是否属于体现专利新颖性、创造性的技术特征。如果略去该技术特征，技术方案就不能满足被授予专利权的条件，当然不能适应多余指定原则。

（2）该技术特征是否属于实现专利发明目的、解决发明技术问题、获得发明技术效果所必需的，即专利独立权利要求所描述的技术方案略去该技术特征，该专利是否仍然能够实现或基本实现发明目的、达到发明效果。

（3）该技术特征不得存在专利权人反悔的情形。

3. 适用

法院不应当主动适用多余指定原则，而应以原告提出请求和相应证据为条件。同时对于创造性程度较低的实用新型专利，一般不适用多余指定原则确定专利保护范围，多余指定原则应极为慎用。

为了让同学们容易理解为什么特殊情况下，要采用多余指定原则，请大家看一下案例：

［案例分析］1995 年的周某频谱专利侵权案。原告专利的独立权利要求中有一项关于立体声放音系统的技术特征，被控侵权产品具备了原告权利要求里除了放音系统以外的所有其他特征。受理这个案件的法院认为，从该专利的发明目的来看，这项技术特征不具备完成专利发明目的所必不可少的功能和作用；缺少了这项特征，不影响频谱治疗仪的功能和作用，也不影响整个技术方案的完整性。最终法院认定，缺少了这一项非必要技术特征，被控产品仍然构成侵权。

我们思考一下，是否觉得该案件判决的结果符合专利法保护的目的和实质的公平正义，因为即使非专业领域的人员，也知道立体声放音系统与频谱仪治疗效果没有关系，不属于必要技术特征。

四、侵犯外观设计专利权的判定

由于外观设计专利权不具有功能性改善的要求，因此外观设计与产品密不可分，侵犯外观设计专利权的认定，有两种不同的立法选择：一是以被确定的外观设计本身来确定保护范围，这种原则下不考虑适用的产品是否相同或相似；二是以使用外观设计的产品确定保护范围，既不仅考虑被控侵权的外观设计与享有专利权的外观设计相同或相似，还要考虑是否应用于相同或相似产品上，造成混淆。

根据我国《专利法》第 11 条第 2 款规定，外观设计专利权被授予后，任何单位或者个人未经专利权人许可，都不得实施其专利，即不得为生产经营目的制造、许诺销售、销售、进口其外观设计专利产品。构成外观设计专利权侵权是以使用外观设计的产品确定保护范围，即在相同或相似的产品上，使用了相同或相似的外观设计就构成侵权。

（一）外观设计保护范围的确定

外观设计专利权的保护范围以表示在图片或者照片中的该专利产品的外观

设计为准。对外观设计的简要说明可以用于理解该外观设计的保护范围。

相同的外观设计用在相同产品上的侵权认定简单明了，在实务中这种情形也较为少见。一般侵权人都会对享有专利权的外观设计进行一些细微修改以规避侵权认定，外观设计专利权人在侵权诉讼中，应当提交其外观设计的"设计要点图"，说明其外观设计保护的独创部位及内容。专利权人在申请外观设计专利时已向中国专利局提交"设计要点图"的，专利档案可以作为认定外观设计要点的证据。

外观设计专利权请求保护色彩的，应当将请求保护的色彩作为限定该外观设计专利权保护范围的要素之一，即在侵权判定中，应当将其所包含的形状、图案、色彩及其组合与被控侵权产品的形状、图案、色彩及其组合进行逐一对比。

（二）外观设计的侵权判定

外观设计专利侵权判定中，应当首先审查被控侵权产品与专利产品是否属于同类产品，不属于同类产品的，不构成侵犯外观设计专利权。在怎样确定同类产品上，授权审查和侵权判断所采用的标准是完全不同的。

同类产品是外观设计专利侵权判定的前提，但不排除在特殊情况下，类似产品之间的外观设计亦可进行侵权判定。如果从商品分类的角度看，被控侵权产品与外观设计专利产品类别相近、形状相同、功能、用途也相同或者交叉，亦应认定为类似商品，也可以进行侵权判定比较，如毛巾和枕巾、年历卡片和贺年卡片、带钟表的收音机与带收音机的钟表。

进行外观设计专利侵权判定，即判断被控侵权产品与外观设计专利产品是否构成相同或者相近似，应当以普通消费者的审美观察能力为标准，不应当以该外观设计专利所属领域的专业技术人员的审美观察能力为标准。普通消费者作为一个特殊消费群体，是指该外观设计专利同类产品或者类似产品的购买群体或者使用群体。

是否构成相似外观设计的判断标准非常模糊，即使被控侵权产品具备外观设计专利产品的全部特征，增加其他区别特征后仍然会与外观设计不相似。美国外观设计专利侵权类似判定的标准主要有两个：新颖性检测法和一般消费者检测法，即在外观设计侵权判定被控侵权产品必须擅自模仿或抄袭外观设计中的新颖点；2008 年美国联邦巡回上诉法院在 Egyptian Goddess，Inc. v. Swisa. Inc. 案中重申了普通旁观者检测法，宣布"普通观察者"检测法为认定侵权的唯一方法。[1]

2017 年 3 月最高人民法院发布的第 85 号指导性案例，透出设计特征在我

---

① 张澄钰："外观设计专利侵权判定新标准探讨"，载《经济师》2018 年第 4 期，第 65 页。

国外观设计侵权认定的发展，认为如果被控侵权设计未包含授权外观设计区别于现有设计的全部特征，一般可以推定被控侵权设计与授权外观设计不近似。①所以对被控侵权产品与专利产品的外观设计进行对比，应当进行整体观察与综合判定，看两者是否具有相同的美感；比较的重点应当是专利权人独创的富于美感的主要设计部分（要部）与被控侵权产品的对应部分，看被告是否抄袭、模仿了原告的独创部分。进行外观设计专利侵权判定，不适用判定发明或者实用新型专利侵权中采用的等同原则。

第二节　专利纠纷的类型及解决途径

专利纠纷的类型有多种，在专利权授权、使用、转让及许可过程中，都可能发生纠纷，针对不同的纠纷，有不同的解决途径。大家对专利纠纷的类型及解决途径要有一个全面、概括的认识，一旦遇到纠纷，知道选择哪些救济方式维护自己的合法权益。

一、专利行政纠纷

专利行政纠纷指在专利授权、无效或强制许可程序中，一方当事人不服专利局或专利复审委员会的行政裁决而产生的纠纷。

（一）专利权授权程序中的行政纠纷

在专利授权过程中可能发生因不服驳回专利申请而产生的行政纠纷、因宣告专利权无效而产生的纠纷。在提出专利申请后，专利局对申请案会有两种审批结果：驳回或授权，驳回则申请人可能不服，授权则会引起其他利害关系人不服。

如果专利局驳回专利权申请，申请人可以在接到通知 3 个月之内向专利复审委员会提出复审申请；如果复审委员会维持专利局驳回专利申请的决定，申请人可以在接到通知 3 个月之内向北京市第一中级人民法院以专利复审委员会为被告提起行政诉讼。

（二）专利权无效程序中的行政纠纷

如果专利局审核后授予专利权，自国务院专利行政部门公告授予专利权之

---

① 胡云秋："试析我国外观设计专利侵权判定标准"，载《中国高新技术企业》2013 年第 2 期，第 159 页。

日起，任何单位或者个人认为该专利权的授予不符合本法有关规定的，可以请求专利复审委员会宣告该专利权无效。

复审委员会受理无效宣告的请求后，会有三种结果：专利权有效、部分有效、无效，对专利复审委员会宣告专利权无效或者维持专利权的决定不服的，可以自收到通知之日起 3 个月内向人民法院起诉。人民法院应当通知无效宣告请求程序的对方当事人作为第三人参加诉讼。

（三）强制许可程序中的行政纠纷

专利权人对国务院专利行政部门关于实施强制许可的决定不服的，专利权人和取得实施强制许可的单位或者个人对国务院专利行政部门关于实施强制许可的使用费的裁决不服的，可以自收到通知之日起 3 个月内向人民法院起诉。

二、专利权属纠纷

根据专利权主体一章学习的内容，大家应该可以判断专利权的归属，实践中某项专利技术是否应当认定为职务发明、合作开发技术的两方或多方谁应该享有技术方案的专利权、委托方和受托方谁享有技术方案的专利权都有可能发生纠纷。因此专利权属纠纷与专利申请权的纠纷密不可分，专利申请被批准前是专利申请权纠纷，被批准后是专利权属纠纷，在具体认定时依据的标准，都是专利权主体归属的有关法律规定。

专利权属纠纷的解决途径有两种，当事人可以请求专利管理部门处理，也可以直接向人民法院提起民事诉讼。

三、专利合同纠纷

专利合同包括专利转让合同、许可合同等，其核心是平等主体之间就某项专利技术使用或处分达成一致意思表示，预订双方权利义务的行为。在合同履行过程中因为各种原因，一方或双方不能按照合同约定履行义务，就会发生纠纷。

合同既然是协商一致的结果，其纠纷的解决最好也通过协商处理，这样既有效率、又节省成本。如果协商无法解决纠纷，当事人可以选择仲裁机构裁决，也可以选择向人民法院起诉。选择仲裁机构裁决必须有当事人的合意，即当事人必须达成仲裁协议，仲裁协议可以在合同中事先约定，也可以发生纠纷会再行约定。请大家注意，合法有效的仲裁约定排除法院的司法管辖；如果当事人没有约定仲裁管辖或者约定不明确，则解决纠纷就只能向人民法院起诉。

四、发明专利临时保护使用费纠纷

发明专利临时保护使用费是指发明专利申请公布后，专利权授予前实施发明创造的人应当向发明创造人支付费用。

我国《专利法》第 13 条规定："发明专利申请公布后，申请人可以要求实施其发明的单位或者个人支付适当的费用。"发明专利的申请人有权要求在发明专利申请公布后至专利权授予前使用该发明的单位或个人支付适当使用费，但如果使用单位或个人拒绝支付，该申请人就只有等到授予专利权之后才能向法院提起诉讼。

五、假冒和冒充专利纠纷

（一）行为类型

假冒他人专利，是指未经专利权人许可，擅自使用其专利标记的行为。包括：在其制造或者销售的产品、产品的包装上标注他人的专利号；在广告或者其他宣传材料中使用他人的专利号，使人将所涉及的技术误认为是他人的专利技术；在合同中使用他人的专利号，使人将合同涉及的技术误认为是他人的专利技术；伪造或者变造他人的专利证书、专利文件或者专利申请文件。

（二）构成要件

假冒他人专利行为应当同时具备以下条件。

1. 必须有假冒行为

即在未经专利权人许可的情况下，以某种方式表明其产品为他人获得法律保护的专利产品，或者以某种方式表明其技术为他人获得法律保护的专利技术，从而产生误导公众的结果。

2. 必须存在有效专利

被假冒的必须是他人已经取得的、实际存在的专利权。

3. 有假冒他人专利的故意

假冒他人专利行为所侵害的客体是专利权人的专利标记权，因此，不以是否实施了他人的专利技术为要件。即被控侵权物（产品或方法）不一定实施了他人的专利技术，假冒他人的产品可与专利产品不相同，其方法可与专利方法不相同。

（三）解决途径及法律责任

专利权人可以直接向人民法院提起诉讼，对假冒他人专利行为，人民法院除可以根据专利权人的请求令侵权行为人依法承担民事责任外，还可以依法对假冒他人专利行为人给予行政处罚。

六、专利侵权纠纷

专利侵权纠纷是指其他人实施了侵害专利权的行为，对专利权人造成损失，专利权人依法请求保护。

专利侵权纠纷是专利权保护的重要内容，专利侵权纠纷的解决途径有两种：行政程序和司法程序。行政程序是向行政管理部门请求处理，其优点是效率高、可以对侵权人采取行政措施，缺点是行政部门只能组织双方就赔偿数额协商，协商不成时不能决定赔偿数额。

被侵权人可以选择司法程序进行保护，专利侵权的司法保护既是专利权保护的重要内容，也是我们本章学习的重点内容，需要大家全面掌握，在第三节中系统、完整讲述专利侵权纠纷民事诉讼的知识。

第三节　专利侵权民事诉讼

在今后的工作中，大家很可能遇到处理专利侵权纠纷案件的情况，本节给大家详细介绍一下专利侵权民事诉讼的特点，让大家可以充分利用法律规定维护自己的合法权益；同时归纳一下专利侵权诉讼中被控侵权人（被告）的抗辩事由，从另外一个角度看，专利权人（原告）在专利侵权诉讼起诉前要考虑到对方的抗辩事由、准备诉讼证据时要预先进行有针对性的防范。

一、专利侵权民事诉讼的特点

（一）实用新型和外观设计检索报告前置

在"专利权的取得"一章我们已经学习过，我国专利法规定，对实用新型和外观设计专利权不进行实质审查，为了防止专利权人滥用知识产权，对于实用新型和外观设计专利权，在权利人提起专利侵权诉讼前，需要出具检索报告。

我国现行《专利法》第61条第2款规定："专利侵权纠纷涉及实用新型专利或者外观设计专利的，人民法院或者管理专利工作的部门可以要求专利权人或者利害关系人出具由国务院专利行政部门对相关实用新型或者外观设计进行检索、分析和评价后作出的专利权评价报告，作为审理、处理专利侵权纠纷的证据。"

（二）被控侵权人可以请求无效宣告

虽然检索报告制度弥补了实用新型和外观设计专利权形式审查授权的缺

陷，但国务院专利行政部门对相关实用新型或者外观设计进行检索中只能依据其检索到的文献进行分析和评价，专利审查员很难为一件专利搜遍全球已经公开的文献，对文献的检索可能存在漏检、同时对于创造性的评价存在一定的弹性。被控侵权人大多与专利权人处于相同或类似的行业，对相关行业的公知技术了解得更为全面。另外对于技术方案因使用导致公开的情形，专利审查员几乎无法知晓，因此在专利侵权诉讼中，被控侵权人可以请求对专利权无效宣告。

《专利法》和《专利法实施细则》并没有对专利侵权诉讼中提起无效宣告程序如何处理作出明确的规定。实务中法院主要依据《最高人民法院关于审理专利纠纷案件适用法律问题的若干规定》的规定，决定对提起无效宣告程序的专利侵权诉讼是否中止审理。是否中止审理程序既要考虑防止被控侵权人滥用无效宣告程序恶意拖延诉讼、及时有效维护专利权人的合法权益；又要兼顾社会公众利益和法律的稳定性，避免发生作出侵权认定及赔偿判决后，专利权被宣告无效的情形。因此根据不同专利权及提出无效宣告的时间，法院会根据具体情况作出是否中止审理的决定。

被控侵权人在答辩期内提出无效宣告请求，人民法院应当中止诉讼，有下列情形之一，可以不中止：（1）检索报告未发现丧失专利性的文献；（2）被告提供的证据足以证明为公知技术；（3）被告请求无效宣告的理由明显不足；（4）法院认为不应中止的。

对于侵犯稳定性高的专利权的案件不应该中止诉讼，人民法院受理的侵犯发明专利权纠纷案件或者经专利复审委员会审查维持专利权的侵犯实用新型、外观设计专利权纠纷案件，被告在答辩期间内请求宣告该项专利权无效的，人民法院可以不中止诉讼。

（三）地域管辖多元化

民事诉讼地域管辖以被告住所地为原则，专利侵权诉讼的地域管辖，除了被告住所地之外，权利人还可以向侵权行为地人民法院提起诉讼。侵权行为地包括：产品的制造、使用、许诺销售、销售、进口等行为的实施地；原告仅对产品制造者提起诉讼，制造地与销售地不一致的，制造地人民法院管辖；为共同被告的，都有管辖权；销售者是制造者的分支机构，销售地法院有管辖权。

（四）特殊的司法措施

一般民事诉讼案件，原告在起诉后才可以请求人民法院采取证据保全和财产保全措施，证据保全和财产保全对于诉讼结果至关重要，由于专利侵权的证据非常容易被损坏和灭失，证据保全是法院认定侵权成立与否的关键因素。同时对于侵权产品的保全，既是认定侵权成立的证据，又是认定侵权成立后计算损失的证据；对于侵权人其他财产的保全，对认定侵权成立后侵权人承担赔偿责任的执行具有重要意义。因此在专利侵权诉讼中，证据保全和财产保全具有非常重要的意义。

如果按照民事诉讼法的一般规定，立案后进行证据保全和财产保全，侵权人在得知被控侵权后，可能快速销毁侵权证据、转移侵权产品，对于权利人维护自己的合法权益极为不利，因此专利法规定专利权人或利害关系人，可以在起诉前向人民法院申请采取责令停止有关行为和财产保全的措施。我国《专利法》第67条规定："为了制止专利侵权行为，在证据可能灭失或者以后难以取得的情况下，专利权人或者利害关系人可以在起诉前向人民法院申请保全证据。人民法院采取保全措施，可以责令申请人提供担保；申请人不提供担保的，驳回申请。人民法院应当自接受申请之时起48小时内作出裁定；裁定采取保全措施的，应当立即执行。"

为了防止申请人滥用此项权利，该条后面规定，申请人自人民法院采取保全措施之日起15日内不起诉的，人民法院应当解除该措施。

（五）举证责任倒置

按照民事诉讼法的规定，民事诉讼举证责任分配的一般原则是"谁主张，谁举证"，在民事侵权纠纷中，权利人对侵权行为构成四要件：侵权行为、过错、因果关系和损失承担举证责任，否则要承担举证不能的不利后果。

在专利权侵权诉讼中，法律规定特定情况下，部分侵权构成要件的举证责任由侵权人承担，与前述民事诉讼一般举证责任分配相比，就是举证责任的倒置。专利权侵权诉讼举证责任倒置主要表现在以下两个方面。

1. 方法专利侵权中举证责任倒置

我国《专利法》第61条规定："专利侵权纠纷涉及新产品制造方法的发明专利的，制造同样产品的单位或者个人应当提供其产品制造方法不同于专利方法的证明。"对于方法发明，他人是否使用了与专利权人方法发明相同的技术，专利权人无法知晓和取证，如果按照民事诉讼举证责任分配的一般原则，专利权人无法举证证明侵权行为，因此法律规定制造同样产品的单位或者个人应当提供其产品制造方法不同于专利方法的证明。

2. "善意"侵权中举证责任倒置

按照我国现行专利法的规定，"善意"使用、销售或许诺销售专利侵权产品构成侵权，只是不承担赔偿责任。"善意"是一种主观状态，权利人难以用证据证明，因此法律规定在专利侵权诉讼中，不承担赔偿责任的举证责任在被告。我国《专利法》第 70 条规定："为生产经营目的使用、许诺销售或者销售不知道是未经专利权人许可而制造并售出的专利侵权产品，能证明该产品合法来源的，不承担赔偿责任。"

注意两点，一是司法实践中，侵权人要证明自己为"善意"，须证明自己从合法渠道以合理价格获得的专利侵权产品进行使用、销售和许诺销售，方构成"善意"、不承担赔偿责任；在这种情况下，专利权人可以向侵权产品提供者主张权利，不影响专利权人权利的实现。二是在专利权人向"善意"使用、销售者提出侵权主张后，"善意"使用、销售者要承担停止侵权的法律责任，如果再有使用、销售和许诺销售行为，则要承担相应的赔偿责任。

二、专利侵权诉讼中抗辩事由

在此系统归纳一下专利侵权诉讼中可能存在的抗辩事由，在具体专利侵权案件中，被控侵权人要根据专利权人的诉讼请求和提交的证据，选择可行的抗辩事由。

（一）滥用专利权抗辩

首先审查一下原告的专利权是否有效，如果存在以下情形，即可提出专利权滥用的抗辩。

（1）被告以原告的专利权已经超过保护期、已经被权利人放弃、已经被中国专利局撤销或者已经被专利复审委员会宣告无效进行抗辩的，应当提供相应的证据。

（2）被告以原告的专利权不符合专利性条件或者其他法律规定，应当被宣告无效的，其无效宣告请求应当向专利复审委员会提出，被告应在答辩期内向人民法院提交专利权无效宣告受理通知书。

（二）不侵权抗辩

如果经审查，原告的专利权有效，则通过技术特征比较，寻找不侵权的依据，如果存在下列情形之一的，不构成侵权。

（1）被控侵权物（产品或方法）缺少原告的发明或者实用新型专利权利要求中记载的某一项或多项必要技术特征，不构成侵犯专利权。

（2）被控侵权物（产品或方法）的技术特征与原告专利权利要求中对应必要技术特征相比，有一项或者一项以上的技术特征有了本质区别，不构成侵犯专利权。

（三）不视为侵权的抗辩

经审查原告的专利权有效，比较被控侵权产品涵盖了专利权技术方案的必要特征，只能根据我国《专利法》第 69 条之规定，主张不视为侵权的行为之抗辩。即前面讲述过的专利权用尽、先用权、临时过境、科学研究与实验性使用、行政审批使用等不视为侵权的情形。

（四）已有技术抗辩

已有技术抗辩指该专利技术应当是一项在专利申请日前已有的、单独的技术方案，或者该领域普通技术人员认为是已有技术的显而易见的简单组合成的技术方案。

已有技术抗辩仅适用于等同专利侵权，不适用于相同专利侵权的情况。当专利技术方案、被控侵权物（产品或方法）、被引证的已有技术方案 3 者明显相同时，被告不得依已有技术进行抗辩，而可以向专利复审委请求宣告该专利权无效。

（五）合同抗辩

合同抗辩是指专利侵权诉讼的被告，以其实施的技术是通过技术转让合同从第三人处合法取得的为理由进行侵权抗辩。此抗辩理由不属于对抗侵犯专利权的理由，只是承担侵权责任的抗辩理由。

专利侵权诉讼中的被告以合同抗辩的同时，要求追加合同的转让方为共同被告的，如果原告同意追加，则应当将合同的转让方追加为共同被告；如果原告坚持不同意追加，在合同的受让方承担侵权责任后，可以另行通过合同诉讼或仲裁解决合同纠纷。

（六）诉讼时效抗辩

我国现行《专利法》第 68 条规定："侵犯专利权的诉讼时效为两年，自专利权人或者利害关系人得知或者应当得知侵权行为之日起计算。发明专利申请公布后至专利权授予前使用该发明未支付适当使用费的，专利权人要求支付使用费的诉讼时效为 2 年，自专利权人得知或者应当得知他人使用其发明之日起计算，但是，专利权人于专利权授予之日前即已得知或者应当得知的，自专利权授予之日起计算。"

上述规定是在《民法总则》颁布实施之前，侵犯专利权的诉讼时效按照《民法通则》规定为 2 年，自专利权人或者利害关系人得知或者应当得知侵权行为之日起计算。被告可以提出专利权人行使诉权超过诉讼时效的抗辩，如被告基于连续并正在实施的专利侵权行为已超过诉讼时效进行抗辩的，法院可以根据原告的请求判令被控侵权人停止侵权，但侵权损害赔偿数额应当自原告向人民法院起诉之日起向前推算 2 年计算。于 2017 年 10 月 1 日起实施的《民法总则》第 188 条规定："向人民法院请求保护民事权利的诉讼时效期间为三年，法律另有规定的，依照其规定"，依此规定普通诉讼时效期间比民法通则规定增加了 1 年，反映了立法加强对权利人保护的宗旨，专利侵权诉讼时效也应该适用《民法总则》的规定。

第四编

商 标 法

第一章

商标法概述

【内容提要】

本章讲述商标制度的起源与发展，我国商标制度发展历史。本章重点内容是商标与商标法的基本概念，商标立法目的、表现形式、保护对象，我国商标法沿革及 3 次修订的主要内容。通过本章学习，要求大家从宏观上把握商标制度的特点，了解商标法律制度的历史，熟悉我国三次商标法修订的内容，并据此理解我国商标法律制度的发展趋势及立法现状。

第一节　商标法律制度概述

通过知识产权总论部分的学习，我们知道知识产权是人们对于自己的智力活动创造的成果和经营管理活动中的标记信誉依法享有的权利。前面两编讲述的著作权和专利权是创造性智力成果产生的知识产权，本编讲述的商标权是典型的标识性智力成果产生的知识产权。我们知道这类标记权的基础是来自标记背后承载的商誉，商誉是这些标识在长期使用过程凝结的，再优美的商标设计本身作为美术作品有其独立的价值，但这个设计所代表的商标的价值绝不是作品本身的价值。因此商标法律制度在保护对象、商标取得条件、权利内容及限制等方面，与著作权和专利权有较大的差别；同时商标中最容易受侵害的是有一定知名度和影响力的商标，因此商标法律制度中与前面两编不同的一部分内容是驰名商标的认定和保护。

一、商标的概念

商标就是商业标记，俗称"牌子"，表明商品或服务由谁提供。关于商标的概念有多种表达方式，不少国家商标法对其进行了定义，如《法国知识产权法典》将其定义为："制造、商业或服务商标是指用于区别自然人或法人的服务并可用书写描绘的标记。"《英国商标法》第 1 条规定："在本法中，商标一词指任何一种可通过绘刻方式展示出来的符号，该符号能够将一个企业的商品或服务与其他企业的商品或服务区别开来。"① 其他国家的商标法也都对商标有类似的定义，虽然存在一定差别，但实际上从不同角度反映了商标的功能和作用。大多数教科书认为，商标是商品的生产者或经营者用来标明自己、区别他人同类商品的标记。②

我们结合我国现行商标法的规定，将商标定义为由文字、图形、字母、数字、三维标志、颜色组合和声音构成的，能够将不同的生产经营者所提供的商品或服务区别开来的标记。

商标的含义主要有以下 3 个方面。

（1）商标是用于商品和服务上的标记。附置商标的方式有使用商标标签，将商标印在商品上，有的商品本身不能或不宜制作标记的，则将商标附置于其容器或包装上。

（2）商标是区别商品和服务来源的标记，而不是标明产品和服务本身任何特征的标识。

（3）商标是由文字、图形、字母、数字、三维标志、颜色组合和声音构成，具有显著特征的人为标记。商标的构成要素是由商标法规定的，我国商标构成要素经历了一个逐步变化的过程，第一部商标法规定商标构成要素仅为平面可视标识，2001 年《商标法》修改时商标构成要素增加了三维标志和颜色组合，2013 年《商标法》修改时增加了声音作为构成要素。

二、商标的作用

（一）标示来源的作用

商标固有的、基本的功能是将不同企业生产或经销的相同商品或类似商品区别开来，将相同类型服务不同的服务者区别开来。譬如我们去超市购买洗发水，货架上琳琅满目有很多洗发水，如果从商品本身去选择的话，应该看洗发水的成分、制造工艺、对不同发质的适应性，然后选择一个适合自己的洗发水；现在几乎所有消费者都不会这样选择，而是选择哪个"牌子"的洗发水。因为特定品牌的洗发水是由特定企业生产的，某个牌子的洗发水用得好，以后就会继续选择，通过"牌子"将某一洗发水的生产者与其他洗发水生产者区别开

---

① 吴汉东等：《知识产权基本问题研究》，中国人民大学出版社 2005 年版，第 502～503 页。
② 刘春田主编：《知识产权法》，中国人民大学出版社 2014 年版，第 232 页。

来。同样我们去各地旅游，需要找吃饭、住宿的地方，如果没有商标标识的话，我们需要一家一家去看，找到自己适合的服务提供者；现在完全不用这么麻烦，你可以选择熟悉"牌子"的餐馆用餐、酒店住宿，因为在其他地方曾经接受特定"牌子"服务提供者的服务，这个"牌子"服务提供者就与其他同类服务区别开来了。

（二）保证品质的作用

基于前述商标标示商品和服务提供者的作用，特定"牌子"商品或服务与提供者建立了确定的联系，如果消费者在某一次购买产品或接受服务过程中有不好的体验，就会将这种不好体验与产品或服务提供者挂钩，影响以后再选择特定"牌子"的商品或服务，因此商标间接有了保证商品或服务品质的作用。

（三）广告宣传作用

商标是用于商品和服务上具有显著特征的人为标记，具有彰显个性的作用，用于企业宣传时容易被消费者记住，所以商标有广告宣传作用。实践中很多企业会把商标与企业名称或商号关联，用于宣传推广，这样既增加了商标的知名度，也利于企业被消费者接受，增加产品和服务的销售。

第二节　商标与相邻标记的区别

商标是区别商品和服务来源的标记，是消费者选择特定商家提供的商品或服务的重要依据。消费者在选择商品和服务时，除了商标还会有其他商业标识影响其选择，我们将这些相邻标记与商标进行区别，以便大家掌握商标的内涵和外延。

一、商标与商品名称

商品名称是指用以区别其他商品，而用在本商品上的称谓。它分为通用名称和特有名称，通用名称是指对同一类商品的一般称呼，譬如牛奶、饼干、夹克衫、汽车、手机等；特有名称是标明产地、性能、特点的某一特定商品的名称，如泸州老窖、高钙牛奶、止咳糖浆等。

商标和商品名称都有区分标识的功能，商品名称是将此商品与其他商品区别开来，商标是将商品提供者与其他同类商品提供者区别开来，通常情况下二者不会混淆。根据《商标法》规定，商品的通用名称和特有名称不能作为商标使用，因为不具备区分特定商品提供者的作用而不具有显著性。特殊情况下，某一商品的特有名称经过某一经营者长期使用具有了第二含义，即该特有名称成为特定商品或服务提供者的标识，有了与该名称原本词义不同的另外含义，譬如"两面针"的"第一含义"是一种芸香科植物中草药，经过柳州两面针股份有限公司的长期使用，具有了"第二含义"即该公司生产商品的标识；此种情况下"两面针"就具有了区别商品来源的显著性，可以作为商标注册。

二、商标与商品装潢

商品装潢是用于包装商品或其他附属物的装饰设计，其目的是直观地刺激消费者的购买欲、提高商品品味和附加值，特别是消费者购买物品作为礼品使用时，商品装潢对商品销售具有重要意义。

首先是商标和商品装潢使用目的不同，前者是为了将商品和服务提供者与同类型企业区别开来，后者的目的和作用在于说明或美化商品刺激消费者的购买欲望。其次是二者法律保护不同，商标一经注册即受到商标法保护；商品装潢如果构成美术作品则受著作权法保护，知名商品包装装潢可以受反不正当竞争法保护，否则商品装潢不产生知识产权。如果有独创性的包装设计，为了取得知识产权保护，可以将其进行著作权登记，以免发生纠纷时无法主张权利。

三、商标与商号

商号也被称为企业名称或者字号，其实商号和企业名称略有区别，企业名称一般要标明所在地和公司性质（股份公司、有限公司等），其中属于该企业名称中独有的部分是商号。商号也是商业标识，具有识别商品提供企业的功能，与商标有比较密切的联系，但两者在识别对象、取得程序及法律保护方面都存在不同。

（1）识别的对象不同。商号指向企业本身，而商标指向企业提供的商品和服务，商标只有与特定的商品和服务联系在一起才有法律意义，而商号所识别的企业本身，是市场主体的"法人"，既可用于与企业的产品和服务相关联的场合，也可用于不涉及产品或服务的场合。①

（2）是否必须登记。不同商标可以不经注册，商号必须登记。我国商标法采自愿注册为原则，因此商标可以申请注册，也可以不申请注册、使用未注册商标。但商号均必须依法到工商行政管理机关登记。

---

① 吴汉东等：《知识产权基本问题研究》，中国人民大学出版社 2005 年版，第 507 页。

（3）法律效力不同。商标一经注册就会在全国范围受法律保护，商号仅在企业登记注册地域范围内受到保护。

四、商标与商务标语

商务标语是为了推销商品或者宣扬服务项目而使用的口号。与商标有密切的联系，但是商务标语不具有识别经营对象的功能，也无法像商标一样通过注册取得专用权。实践中有的企业注册了商务标语类型的商标，譬如长沙一家企业注册了"振升铝材构筑未来""振升门窗无限风光""振升　时代同行者　生活好伴侣"等商标，那么这些商标中含有的公共信息资源"构筑未来""无限风光""时代同行者""生活好伴侣"不能禁止他人使用。

第三节　商标法概述

一、商标法的概念

商标法调整因商标的注册、使用、管理和保护商标专用权而发生的各种社会关系的法律规范的总和。

商标是经营性商业标记，包括我国在内的大多数国家商标权因注册取得，商标注册过程直接体现商标注册申请人与商标行政管理机关之间的关系；同时因为商标被申请人注册后，其他民事主体在法律规定的情形不得使用与注册商标相同或近似的标识，商标注册也涉及申请人与其他民事主体之间因注册商标引发的商标异议、商标争议法律关系。因商标注册发生的社会关系，需要商标法予以调整和规范。

商标权是一种财产权利，商标使用包括商标权人自己依法使用自己的注册商标、禁止他人未经许可在相同或相似商品上使用相同或相似的商标，也包括商标权人通过商标许可或者转让方式允许他人使用注册商标，商标使用过程发生的社会关系，是商标法调整的另一重要内容。

商标是区分商品或服务来源的标识，这些商品或服务最终由消费者购买，因此商标管理不仅涉及商标权人及其商业竞争者，也与消费者利益密切相关，对于商标使用、商标标签印制等进行管理，也需要由商标法进行调整。

商标权人的权利需要依法保护，侵犯商标权的法律行为构成要件、法律责任、司法措施、保护方式、保护机关等都是商标法要调整的对象。

二、商标法的起源和发展

（一）商标制度的起源

将标记符号使用于商业的历史已相当悠久，但法律并未给予相关生产经营者以商标权利，早期商标保护多适用侵权法以至刑法，不具备工业产权特征。商标是市场经济的产物，在自给自足为目的的自然经济状态下，人们对于商品或服务的提供者都很熟悉，不需要商标来标识来源。只有当工业从农业分离出来，出现了直接交换为目的的商品生产，才会有真正意义的商标产生；① 商标制度建立是人类步入近代社会之后的事情②。

西方国家商标制度建立在工业革命之后，法国1803年《关于工厂、制造场和作坊的法律》将假冒商标按照私自伪造文件处理③。1804年的《法国民法典》第一次肯定商标应与其他财产权一样受到保护④。1809年法国制定了《备案商标保护法令》，这是世界上最早的保护商标的成文法，⑤ 法国于1857年制定的《关于以使用原则和不审查原则为内容的制度标记和商标的法律》是世界上第一部具有现代意义的商标法，开辟了将商标纳入工业产权的保护范围之先河。

各主要资本主义国家分别在19世纪后期颁布商标法，商标法已成为各国通行的工业产权制度，自19世纪下半叶以来，随着国际贸易的发展，商标法律保护开始向国际化发展。《保护工业产权巴黎公约》与《与贸易有关的知识产权协议》规定了缔约各方关于商标保护所共同遵循的原则。此外，国际上还先后缔结了《商标国际注册马德里协定》《尼斯协定》《维也纳协定》等，就商标法律事务建立了一系列规定与办法。

（二）商标法的发展

随着市场经济发展，特别是全球贸易一体化程度的加深，商标在市场推广中的作用越来越重要，商标的市场价值也更加凸显，出现了像可口可乐、苹果、西门子、华为等无法一一叙说的具有全球知名度的商标，自20世纪90年代以来商标制度发展迅速。

首先，商标国际保护水平提高且具有实效性，以前知识产权保护国际公约

---

① 刘春田主编：《知识产权法》，中国人民大学出版社2014年版，第214页。
② 吴汉东等：《知识产权基本问题研究》，中国人民大学出版社2005年版，第516页。
③ 张序九主编：《商标法教程》，法律出版社1997年版，第32页。
④ 郑成思主编：《知识产权法》，法律出版社1997年版，第168页。
⑤ 吴汉东等：《知识产权基本问题研究》，中国人民大学出版社2005年版，第516页。

大多依赖各成员国实施保护，世界贸易组织的建立不仅仅提高了商标保护的标准，更重要的是将商标保护与贸易联系在一起，使得商标权的国际保护得到更加有效的保障。世界贸易组织通过设立争端解决机制，保障各成员国履行各自的义务，确保商标保护的规则可以得到实施。

其次，各国商标保护法律制度不断完善，各国商标法之间的差异不断缩小，为商标国际保护打下了良好的基础。因为在全球经济一体化的时代，商品在不同国家进行销售已经成为常态，我们国家很多企业已经在很多国家投资建厂，建立统一的商标保护法律制度，从程序规则和实体规则高度趋同，才能实现对商标的国际保护。

商标法必须关注科学技术发展带来的新问题，随着互联网常态化，域名与商标的冲突、网络环境下商标权的保护实施，都是目前商标法要面对和关注的问题。

第四节　我国商标制度的产生及发展

一、我国商标制度的历史沿革

我国古代就有类似的标记，将一定标识用在商品包装上，有目的地使消费者认明商标来源，不仅有文字记载，而且有实物流传至今的，要推宋代山东刘家"功夫针"铺使用的"白兔"商标，该"白兔"标识与提供商品的"刘家铺子"（商号）是分别存在，是实实在在的商标了。

中华人民共和国成立前已经有关于商标保护的法律制度，1904 年，清政府颁布了我国历史上第一部商标法规《商标注册试办章程》；1923 年，北洋政府以上述章程为基础，公布了商标法及其实施细则；国民党政府于 1930 年和 1935 年、1938 年颁布了自己的商标法及其修改法。由于历史原因，这些商标保护的法律制度都未在全国范围内得到有效实施。

中华人民共和国成立以后，我国先后制定了三部商标法规，即 1950 年政务院颁布的《商标注册暂行条例》、1963 年国务院公布的《商标管理条例》、1982 年第五届全国人民代表大会常务委员会通过的《商标法》。《商标法》是中华人民共和国第一部知识产权的专门法律。

二、我国现行商标法的修改与完善

我们一起梳理一下现行《商标法》三次修改的主要内容，从中可以明显看出我国商标保护水平不断提高，保护手段不断完善。

（一）1993 年《商标法》第一次修改的主要内容

1993 年 2 月 22 日第七届全国人民代表大会常务委员会第 30 次会议通过了对《商标法》第一次修正，其主要内容如下：

（1）将商标的保护范围扩大到服务商标。第一部商标法只有产品商标，没有服务商标，商标法第一次修改，增加了服务商标，扩大了保护范围。

（2）禁止将地名作为商标使用。之前很多行政区划的地名被作为商标注册，譬如我们熟悉的"北京"牌电视机、"青岛"牌啤酒、"中华"牌牙膏等，但地名标志属于社会通用的名称，如果允许某一商品生产者、经营者取得对该地名的商标专用权，而禁止其他商品生产者、经营者使用的话，明显有失公平。此项规定说明我国商标法开始关注知识产权专用权与社会公共利益的平衡。

（3）扩大侵权行为界定范围，加大惩治侵权行为力度。商标法修改后重新界定了侵犯商标权行为的范围，在所列举的侵权行为中，增加一项即"销售明知是假冒注册商标的商品"；修改一项即"伪造、擅自制造他人注册商标标识或销售伪造、擅自制造他人注册商标标识的"；同时，对侵犯商标权的刑事责任作了相应规定。说明我国商标法对权利保护的力度不断加强。

（二）2001 年《商标法》第二次修改的主要内容

2001 年 10 月 27 日经第九届全国人大常委会第 24 次会议审议通过了对《商标法》的第二次修改，本次商标法修订有以下主要内容。

（1）进一步扩大商标的保护范围，将集体商标与证明商标也纳入了该法的保护范围。

（2）扩大权利主体的范围。将中国自然人纳入权利主体范围，本次商标法修订后，个体工商户均可以对自己的商品或服务申请注册商标，具有非常重要的现实意义。

（3）增加了对在先权利的保护。本次修正后的《商标法》规定："申请注册的商标不得与他人在先取得的合法权利相冲突；申请注册的商标不得损害他人现有的在先权利"，对于避免商标权与著作权、外观设计专利权的权利冲突有非常重要的意义。

（4）增加了对驰名商标的特殊保护。本次《商标法》修订后，加强了对驰名商标的保护力度，按驰名商标在中国注册与否分别予以特殊保护，明确规定禁止他人在相同或相似商品上使用与未注册驰名商标相同或相似的标识；同时对注册驰名商标的保护范围扩大到不相同、不相似的商品或服务，扩大到商号等领域。

（5）增加了对"优先权"的保护。第 25 条规定："商标注册申请人自其商标在外国第一次提出商标注册申请之日起 6 个月内，又在中国就相同商品以同一商标提出商标注册申请的，依照该外国同中国签订的协议或共同参加的国际条约，或按照相互承认优先权的原则，可以享有优先权"；"商标在中国政府主办的或者承认的国际展览会展出的商品上首次使用的，自该商品展出之日起 6 个月内，该商标的注册申请人可以享有优先权"。

（6）增加了禁止"恶意抢注"的规定。本次修正案第 31 条规定："不得以不正当手段抢先注册他人已经使用并有一定影响的商标。"使得商标法保护回归到本旨，即保护商标使用人建立起来的商业信誉，而禁止他人借商标制度不劳而获。

（7）增加了对商标评审委员会复审的裁定与决定不服的司法救济程序。对商标评审委员会的裁定与决定不服的，可自收到通知之日起 30 日内向人民法院起诉。

（8）进一步扩大了侵权行为的界定范围。第二次修正案在第一次修正案的基础上又重新界定了侵犯商标权行为的范围，在所列举的侵权行为中增加了"反向假冒"侵权行为，即"未经商标注册人同意，更换其注册商标并将该更换商标的商品又投入市场的行为"；同时，将"销售明知是假冒注册商标的商品"这一侵权行为修改为"销售侵犯注册商标专用权的商品"，取消了"明知"要件、加大了对这一侵权行为界定的范围。

（9）在打击侵权行为上，加强了对商标权人的保护。首先，第二次修正案规定了有利于商标权人的损害赔偿额的确定方式。其次，第二次修正案增加了第 57 条、第 58 条，这两条规定了商标权人或利害关系人在紧急情况下可以在起诉前向人民法院申请采取责令停止有关行为、财产保全和证据保全等措施，体现了对商标权人保护的加强。

《商标法》第二次修改后，我国商标法立法更加规范、对商标权保护力度和范围都达到"世界贸易组织"规则的要求。

（三）2013 年《商标法》第三次修改的主要内容

2013 年 8 月 30 日，在第十二届全国人民代表大会常务委员会第四次会议上表决通过对《商标法》的第三次修改，本次主要修改了以下商标法的内容。

（1）增加诚实信用原则条款。本次修改后《商标法》第 7 条规定："申请注册和使用商标，应当遵循诚实信用原则"，将"诚实信用"这一民法的基本原则引入商标法，对于规制现实中大量出现的商标抢注行为提供了兜底保障，对于处理商标争议及侵权案件都有积极的意义。

（2）明确规定禁止抢注因业务往来等关系明知他人已经在先使用的商标。本次修订后《商标法》第15条增加第2款，"就同一种商品或者类似商品申请注册的商标与他人在先使用的未注册商标相同或者近似，申请人与该他人具有前款规定以外的合同、业务往来关系或者其他关系而明知该他人商标存在，该他人提出异议的，不予注册"。在保护在先使用有一定影响未注册商标基础上，加大了对已使用但未注册商标的保护力度，明确禁止基于业务关系明知他人商标而恶意抢注的行为。

（3）引入惩罚性赔偿机制、加大侵权责任。本次商标法修改的一大亮点，是规定对恶意侵犯商标专用权、情节严重的，可以在权利人因侵权受到的损失、侵权人因侵权获得的利益或者注册商标使用许可费的1~3倍的范围内确定赔偿数额；同时，将法院可以酌情决定的法定赔偿额上限从50万元提高到300万元；加大了侵权责任，将对商标权利人维护合法权益、打击商标侵权行为起到积极作用。

（4）在举证责任分配上对权利人有所倾向。司法实践中，商标侵权案件的权利人很难举证证明损失的数额，权利人因侵权受到损失的证据往往缺乏客观性，侵权人因侵权行为所得的资料皆由侵权人掌控，权利人很难甚至无法取证，本次商标法规定在商标侵权诉讼中，人民法院为确定赔偿数额，在权利人已经尽力举证，而与侵权行为相关的账簿、资料主要由侵权人掌握的情况下，可以责令侵权人提供与侵权行为相关的账簿、资料，侵权人不提供或者提供虚假的账簿、资料的，人民法院可以参考权利人的主张和提供的证据判定侵权赔偿数额。此规定对于打击商标侵权行为，维护商标权人的合法权益，具有非常重要的现实意义。

（5）商标法定要素扩大到声音商标。修订后商标法规定了声音可作为商标申请注册，进一步扩大了商标构成的法定要素，广大消费者熟知的Windows开机声、QQ消息声等常见的声音标识将可以作为商标申请注册。

（6）采取措施规范商标代理组织的行为。增加了商标代理组织从事商标代理业务应当遵循诚实信用原则的内容，商标代理行业组织对违反行业自律规范的会员可实行惩戒并记入信用档案。该项规定将有助于商标代理组织行业的自我规范和良性发展。

（7）对提起商标异议主体和理由进行限定。本次修订针对不同事由对异议主体进行了不同规定，针对违反禁用和禁注条款的商标，继续保留了"任何人"可以提起异议的权利；对依据相对理由提出异议的主体，由原来的"任何人"改为"认为这一商标注册申请侵犯了其在先权利的在先权利人或者利害关系人"，这样可以避免有人恶意利用异议制度故意拖延他人商标注册。

（8）将原来规定的注册商标争议制度修改为注册商标无效制度，严格区分了注册商标的撤销与无效。由于商标本身不适格或注册手段不合法均规定为商标无效的情形；商标构成条件及注册程序没有问题，由于注册商标权人存在违法使用（包括不使用）情形，商标局可撤销其注册商标。这样从立法上逻辑更加清晰顺畅，条理清楚，便于学习和掌握。

（9）对驰名商标使用予以规制，增加禁止宣传和使用"驰名商标"的规定。商标法规定："生产、经营者不得将'驰名商标'字样用于商品、商品包装或者容器上，或者用于广告宣传、展览以及其他商业活动中。"还明确了违反此规定的法律责任，由地方工商行政管理部门责令改正，处 10 万元以下罚款，对于解决饱受诟病的驰名商标制度异化问题、让商标回归到应有的地位和作用，具有重要意义。

（10）商标侵权判定中引入"容易导致混淆"要件。商标本质的功能是区别商品和服务的来源，只要他人使用类似商标不会导致消费者混淆，就应当认定侵权不成立。在商标侵权行为认定中，对于在类似商品上使用与注册商标类似的商标使用行为是否构成侵权的判定，需要考虑是否满足"容易导致混淆"这一适用要件，这样兼顾了商标权人和社会公共利益的平衡。

从我国商标法 3 次修订的主要内容，我们可以看出我国商标法对于商标权保护范围和保护力度不断加强，保护手段更加具有针对性和可操作性，同时也关注了商标本质的功能，从立法上遏制有人利用商标法律制度不劳而获。

第二章

商标权的对象

【内容提要】

本章讲述商标权保护的对象，商标是标识性的智力成果，通过商标权的对象一章的学习，大家要全方位理解商标的概念、类型，标识具有"显著性"的含义，掌握什么样的标识可以被作为商标注册或使用，商标构成积极条件和商标构成消极条件有哪些。

我们首先来看一下最近受到广泛关注的案例，2019年10月16日，最高人民法院审结乔丹公司商标争议案，认为那个著名的篮球手剪影的商标，没有体现乔丹个人特征，不具有可识别性，不构成损害肖像权，从而判决该商标并未损害乔丹本人的肖像权。关于乔丹商标争议案最新进展的新闻再一次把人们的视线聚焦到著名的乔丹商标争议案件，说这个案件著名并不仅仅是那个著名的球星、也不仅仅指那个著名的篮球手剪影，而是乔丹商标争议案件历时八年多，多次引发广泛的关注。这个案件的核心内容之一，是什么样的标识可作为商标注册，什么样的标识作为商标注册容易引发商标争议。

我们一起简单回顾一下这个商标争议案件的始末。在叙述案件事实之前先来看一下与争议案件有关、大名鼎鼎的两个商标（见图4-1）。

图4-1　与案件有关的两个商标

乔丹体育股份有限公司（以下简称乔丹体育）是右侧商标的商标权人，前身是"福建省晋江陈埭溪边日用品二厂"，与著名球星乔丹没有任何关系。乔丹体育主要使用的"乔丹"商标在 2003 年前注册完成，乔丹体育拥有在中国境内注册的 127 项注册商标，包括含有"小乔丹""桥丹""杰弗里乔丹""马库斯乔丹"字样的商标。杰弗里乔丹、马库斯乔丹正是迈克尔·乔丹两个儿子 Jeffrey Jordan 和 Marcus Jordan 通常对应的中文译名。

2012 年起，耐克公司及乔丹本人就乔丹体育注册的"乔丹"及图形商标侵犯其姓名权和肖像权为由开始了轰轰烈烈的维权行动。2014 年 4 月 14 日，商标评审委员会作出商评字（2014）第 052419 号《关于第 3921394 号"乔丹专业篮球运动装备专为中国消费者量身定做及图"商标争议裁定书》（以下简称第 52419 号裁定），裁定争议商标予以维持。

Michael Jordan 以国家商标评审委员会为被告，乔丹体育公司为第三人，针对乔丹体育公司已注册的 80 个"乔丹"系列商标向北京市第一中级人民法院提起了 80 起行政诉讼，北京市第一中级人民法院受理了其中的 78 起，经过审理后判定，"乔丹"只是常见的美国人姓氏，乔丹体育公司注册、使用"乔丹"系列商标的行为不侵犯迈克尔·乔丹的姓名权或肖像权。

2015 年 7 月 27 日，北京市高级人民法院公布了二审判决书对于迈克尔·乔丹与中国乔丹体育商标争议案，迈克尔·乔丹要求撤销乔丹体育的争议商标的上诉理由依据不足，法院不予支持，乔丹体育的注册商标不会被撤销。驳回上诉，维持原判。并宣布本判决为终审判决。2016 年 12 月 8 日，最高人民法院判决乔丹公司对争议商标"乔丹"的注册损害迈克尔·乔丹在先姓名权，违反商标法，撤销一、二审判决，判令商标评审委员会重新裁定。法院同时认定拼音商标"QIAODAN"及"qiaodan"未损害乔丹姓名权。

被撤销的"乔丹"汉字商标属于中国乔丹公司新注册的防御性商标，分别注册在第 25 类、第 28 类和第 32 类商品上，即婴儿全套衣、婚纱、体育活动器械、啤酒等上，而不是"乔丹体育"乔丹品牌运动鞋、运动服装上的"乔丹商标"。因此才有针对"篮球手剪影的商标"的争议案件，2019 年 10 月 16 日，最高人民法院审结乔丹公司商标争议案，认为那个著名的篮球手剪影的商标，没有体现乔丹个人特征，不具有可识别性，不构成损害肖像权，从而判决该商标并未损害乔丹本人的肖像权。

自 2012 年起至 2019 年末结束的这场商标争议案件，其核心是乔丹体育注册的商标标识是否合法，什么样的标识才能依法被注册为商标，是商标权的对象需要回答的问题。商标权的对象需要从积极和消极两个方面进行界定，先明确哪些标识不能被作为商标注册或使用，再明确可以作为商标注册的标识应该具备什么条件。

第一节　商标构成的禁止条件

商标构成的禁止条件分为"不得使用"和"不得注册"两类，"不得使用"是比"不得注册"更严格的禁止，不仅不能作为商标注册，也不能作为未注册商标使用，一般这些标识都与社会公共利益有关；"不得注册"一般是因为标识缺乏显著性，但是可以作为商标使用，如果经过长期使用，使得该标识具有了标明商品或服务来源的显著性，就可以作为商标注册。

一、不得作为商标使用的标志

具备下列情形之一的标识，均不能作为商标使用，当然更不能作为商标注册。

（1）同中华人民共和国的国家名称、国旗、国徽、军旗、勋章相同或者近似，以及同中央国家机关所在地特定地点的名称或者标志性建筑物的名称图形相同的。

（2）同外国的国家名称、国旗、国徽、军旗相同或者近似的，但该国政府同意的除外。

（3）同政府间国际组织的名称、旗帜、徽记相同或近似的，但经该组织同意或者不易误导公众的除外。

（4）与表明实施控制、予以保证的官方标志、检验印记相同或近似的，但经授权的除外。

（5）同红十字、红新月的名称、标志相同或近似的。

（6）带有民族歧视性的。

（7）夸大宣传并带有欺骗性的。

（8）有害于社会主义道德风尚或有其他不良影响的。

（9）县级以上行政区划的地名或公众知晓的外国地名，但地名具有其他含义或作为集体商标、证明商标组成部分的除外，已经注册的使用地名的商标继续有效。

地名标志指标示自然形态或地理区域的符号，属于社会通用的名称。地名标志缺乏显著特征，可以说明商品产于何地，但是一般不能识别商品的生产或者经营，地名属于公有领域里的事实，同一地区的生产同种或类似商品的经营者往往有多个。如果允许某一商品生产者、经营者取得对该地名的商标专用权，而禁止其他商品生产者、经营者使用的话，明显有失公平。因此禁止使用县级以上行政区划名称或公众知晓的外国地名作商标。但是，县级以下地名或不为公众知晓的外国地名不在禁止之列。另外，地名另有其他含义的，也可以作为商标。即地名有表明地理来源以外的其他含义，如"长寿区"中的"长寿"，"黄山市"中的"黄山"，既是县级以上行政区划名称，又具有其他含义，可以作为商标使用并获得注册。

之前很多行政区划的地名被作为商标注册，譬如我们熟悉的"北京"牌电视机、"青岛"牌啤酒、"中华"牌牙膏，已经注册的地名商标继续有效。这是考虑到已注册的商标经长期使用已有了相当的知名度，成为企业的重要资产，随意剥夺会影响市场秩序的稳定，也不利于维护法律的稳定性。

二、不得作为商标注册的标志

下列标识因为缺乏显著性禁止作为商标申请注册，但可以使用；如果经过长期使用取得显著性，并便于识别的可以作为商标注册。具体情形如下：

（1）仅有本商品的通用名称、图形、型号的，这是商品本身的特征标识，不能用于区别商品的提供者，因此不能作为商标注册。

（2）仅仅直接表示商品的质量、主要原料、功能、用途、重量、数量及其他特点的。

（3）缺乏显著特征的。

（4）以三维标志申请注册商标的，仅由商品自身的性质产生的形状、为取得技术效果而需有的商品形状或者是商品具有实质性价值的形状，不予注册。

（5）商标中有商品的地理标志，而该商品并非来源于该标志所标示的地区，误导公众的，不予注册。

（6）与其他合法在先权利冲突，其他在先权利包括在先的著作权、地理标志权、商号权、外观设计专利权、姓名权、肖像权，上述乔丹商标争议案件中，就属于此类情形。是否撤销乔丹体育注册的商标，要看是否侵犯了球星乔丹的在先权利，即他主张的姓名权和肖像权。

[案例分析]　商标评审委员会商评字（2014）第052419号《关于第3921394号"乔丹专业篮球运动装备专为中国消费者量身定做及图"商标争议裁定书》裁定争议商标予以维持。该裁定的理由是：争议商标图形部分为运球人物剪影，动作形象较为普通，并不具有特定指向性，难以认定该图形与迈克尔·乔丹存在一一对应关系，并被社会公众普遍认知指向迈克尔·乔丹，故对迈克尔·乔丹关于争议商标损害其肖像权的理由不予支持。在案证据可以证明

迈克尔·乔丹在中国篮球运动领域具有较高知名度，但争议商标中包含的文字"乔丹"与"Michael Jordan""迈克尔·乔丹"均存在一定区别，并且"乔丹"为英美普通姓氏，难以认定其与迈克尔·乔丹存在当然的对应关系。迈克尔·乔丹在宣称使用其姓名及形象时使用的是"Michael Jordan""迈克尔·乔丹"的全名，以及具有一定标志性的飞身扣篮形象标识。尽管迈克尔·乔丹提交的证据中部分报道也以"乔丹"指代，但其数量有限且未就该指代形成统一、固定的使用形式，难以认定争议商标的注册损害迈克尔·乔丹的姓名权。争议商标的注册未构成《商标法》第 31 条关于"损害他人现有的在先权利"所指情形。迈克尔·乔丹援引《商标法》第 10 条第 1 款第（8）项由主要指向其姓名权和肖像权，属于对特定民事权益的保护，在已经依据《商标法》第 31 条规定予以评述后，不宜再纳入《商标法》第 10 条第 1 款第（8）项调整。争议商标并未构成不良影响，不属于《商标法》第 10 条第 1 款第（8）项所指情形。判断是否扰乱商标注册秩序不以注册商标数量的多寡为唯一依据，尽管乔丹公司拥有近二百件商标，但大部分是围绕主商标进行的防御性注册，不属于为谋取不正当利益大量抢注他人知名商标的行为。争议商标经过大量使用，与乔丹公司形成密切联系，其积累的商誉及相关利益应归属于实际使用者。即使乔丹公司部分行为确有不当，亦难以将其作为撤销争议商标的充分依据。因此，争议商标的注册未违反《商标法》第 41 条第 1 款有关"以欺骗手段或者其他不正当手段取得注册"的规定。

对于这一裁定的理由及结论，有不同的声音，即使生效判决后，仍有人认为基于球星乔丹的知名度和影响力，消费者会误认为乔丹体育与球星乔丹有关联。因此这个商标争议案件历时 8 年，经过最高人民法院再审尘埃落定，但对于是否构成可撤销事由的争论并不会就此消失。虽然乔丹体育获得胜诉，但也错失 2012 年上市的机会，给其企业经营带来了很大的影响，因此应尽量避免用此类标识作为商标注册。

三、其他不得注册和使用的情形

下述不得注册和使用的情形，不是因为标识本身需要禁止，而是因为有在先的商标权人需要保护所致。

（一）与同类在先注册商标相同或相似

申请注册的商标在相同或相似商品和服务上不得与他人注册商标相同或近似（统称为混同）。所谓相同商标，是指用于同一种或类似商品上的两个商标的文字、图形等标志相同。如三九和 999，小燕和小雁。相同商品，是指名称、用途、功能、原料或者销售渠道等方面相同的商品。相同服务，是指在服务的名称、内容、方式、对象等方面相同的服务。对于相同商标及相同商品的认定，界限比较清晰，一般不会发生歧义，但对于商标相似、商品和服务相似的认定就比较容易发生歧义。

所谓近似商标，是指在同一种或类似商品上用作商标的文字、图形、读音或含义等要素大体相同的商标。判断商标是否近似，应从商标的外观、读音和含义三个方面来判断。相似商品，是指在功能、用途、生产部门、销售渠道、消费对象等方面相同，或者相关公众一般认为其存在特定联系、容易造成混淆的商品。类似服务，是指在服务的目的、内容、方式、对象等方面相同，或者相关公众一般认为存在特定联系、容易造成混淆的服务。总之判断商标近似、商品和服务近似，其根本的原则是以发生纠纷时相关公众的普通消费者容易造成联系或混淆为判断标准，但在具体认定时会有一定的主观性。

（二）对驰名商标的特别保护

对于未注册的驰名商标，就相同或类似商品申请注册的商标是复制、摹仿或者翻译他人未在中国注册的驰名商标，容易导致混淆的，不予注册并禁止使用。对于注册的驰名商标来说，就不相同或不相类似商品申请注册的商标是复制、摹仿或者翻译他人已经在中国注册的驰名商标，误导公众，致使该驰名商标注册人的利益可能受到损害的，不予注册并禁止使用。因此对已注册驰名商标的保护，扩大到不相同或不相类似商品或服务上。

第二节　商标构成的积极条件

我国现行商标法以保护注册商标为原则，保护未注册商标为例外，商标只要经过商标局注册取得商标权证书，就受到商标法保护，未注册商标只有在符合商标法规定的特别情形下才受到商标法保护，因此广义的商标包括注册商标（R）和未注册商标（TM），狭义的商标指注册商标，本节讲述的商标构成的积极条件，系针对注册商标而言。某一标识不属于第一节讲述的不得使用或注册的标识，还需要具备商标构成的积极条件，才可以通过注册取得注册商标权证书。

商标构成的积极条件概括起来有两个，一是商标由法定要素组成；二是标识具有显著性。构成商标的法定要素由商标法具体规定，对标识是否具有显著性的判断，是复杂而有一定的主观弹性的。

一、商标应由法定的构成要素组成

商标应由法定的构成要素组成是知识产权法定性的体现，我国商标法对商标构成法定要素有一个逐步扩展的过程，1982 年商标法仅规定平面可视性标识可以申请商标注册，2001 年《商标法》第二次修改增加了三维标志和颜色组合，商标构成的法定要素扩展到一切可视性的标识，经过 2013 年《商标法》第三次修改，商标构成的法定要素已经扩展到一切可视性要素和声音。

商标是区分商品和服务来源的标识，消费者获取信息来源于"眼耳鼻舌身"等感官，即基于看到、听到、闻到、尝到和感到的信息，感受的"色声香味触"来判断事物，相比于听到、闻到、尝到和触到的信息，"看到"的信息更直观、更直接，因此可视性标识作为商标，区分商品或服务的来源更直接，是各国商标法的通例。同时可视性标识也容易固定形式，各国商标法都规定可视性标志可以作为商标申请注册。如上所述，消费者还可以通过听到、闻到、尝到和触到的信息来判断事物，因此声音和气味也具有区别商品或服务来源的作用，个别国家商标立法可以将声音或气味等作为构成商标的元素。

我国现行《商标法》第 8 条规定："任何能够将自然人、法人或者其他组织的商品与他人的商品区别开的标志，包括文字、图形、字母、数字、三维标志、颜色组合和声音等，以及上述要素的组合，均可以作为商标申请注册。"将商标构成要素扩展到一切可视性标志和声音。

二、商标应具有显著性

在满足商标法构成要素的前提下，还需要标识具有显著性才能被作为商标申请注册，显著性是审查的重点，非常复杂和弹性。我国现行《商标法》第 9 条规定："申请注册的商标，应当有显著特征，便于识别，并不得与他人在先取得的合法权利相冲突。"

（一）显著性的含义

标识具有显著性是商标受到保护的根本性条件，是商标法对其保护客体的创造性要求，显著性指商标具有显著特征，可以用于区别不同的商品和服务提供者，便于识别。学者们从不同角度论述了标识具有显著性的内涵，吴汉东教授认为从法律上讲，一个标志其含义或者所产生的观念与特定的商品或服务本身没有直接相关，即符合显著性要求，具备识别商品或服务来源的能力[①]。刘

---

① 吴汉东主编：《知识产权法》，法律出版社 2004 年版，第 195 页。

春田教授认为过于简单的图形、线条或过于复杂的图案，普通数字，一般的日常用语或广告宣传用语不具有显著性。① 总而言之，对标识是否具有显著性的判断，要回归到商标的本质功能，即区分商品或服务的提供者，如果仅仅能够区别不同商品，或者无法让标识和商品或服务来源建立联系，这个标识就没有显著性。

实务中，对于显著性的判断有一定的弹性，笔者曾经代理的一起商标权纠纷案件，长沙振升金刚集团有限公司（原告）诉山东华建铝业集团有限公司（被告）商标权侵权纠纷，原告享有注册商标专用权的商标是"振升铝材　构筑未来"。笔者经过查询发现长沙振升金刚集团有限公司还以第6179257号和第6179272号注册了商标"振升门窗无限风光"、第6264091号和第6264091号注册了"振升配件完美奉献"、第27615833号注册了"振升恩廷门窗科技品质工匠精神"、第28832166号和第28832166号注册了"振升　时代同行者　生活好伴侣"，个人认为这种广告宣传语缺乏显著性，不能用作商标注册。

（二）显著性的分类

对于标识显著性的判断，我们可以借鉴美国理论和实务中的判断标准和分类。

1. 任意性、奇异性的商标

这类标识的显著性最强，属于商标权人独创的表达，不会与他人的标识雷同或重复，譬如：KODAK、EXXON、SONY、海尔等，这类商标比较少见。这类显著性非常强的商标，在商标侵权认定时，对于相似商标判断的标准应该比其他商标宽松一些。

2. 暗示性的商标

如中国民航的凤凰造型的图形商标，虽然没有直接表明民航提供的飞行服务，但凤凰是在天上飞翔的且有美好吉祥的含义；譬如原来自行车中有名的品牌，"永久""飞鸽""金鹿"等，都暗含了跑得快、用得久等美好含义。这类商标非常巧妙地传达了商品的信息，又没有明示商品的成分、工艺、产地和性能，是非常好的商标构成要素，显著性也比较强。

3. 描述性的商标

这类标识描述商品或服务的特点，譬如某种成分、功能、产地等，这类标识显著性比较弱，一般不能作为商标注册，例外情况下，这类标识经过长期使用，而产生新的特定含义、即通常说的"第二含义"，标识达到具备识别商品

---

① 刘春田主编：《知识产权法》，中国人民大学出版社2014年版，第254页。

的能力时，该标志被视为具备了显著性，可以获准注册。获得显著性的审查一般由商标评审委员会进行，由申请人提供证据或说明。譬如我们熟知的"两面针"商标，两面针的第一含义（本来含义）是中药名，为芸香科植物两面针的干燥根，全年均可采挖、洗净、切片或段、晒干，分布于广东、广西、福建等地。经过柳州两面针股份有限公司的长期使用，"两面针"具有了"第二含义"即标明该牙膏的提供者身份的功能，就具有了显著性而被注册为商标。

（三）显著性的退化和丧失

标识是否具有显著性是动态的，如上所述有些本不具有显著性的标识，经过长期连续使用而具有了显著性。另外，如果某一标识使用不当，会引起显著性降低，使得本来具有显著性的商标标识被淡化成商品通用名称而丧失显著性。

与商标显著性退化与丧失有关的实例有很多。譬如长期以来很多人认为香槟是指带气泡味道有点酸甜的白葡萄酒，是这类商品的通用名称而不具有显著性，因此这类的含酒精饮品都带有"香槟"字样，"香槟"面临被淡化为商品通用名称之状况。商标权人开始行动起来维护"香槟"标识的显著性。2013年4月11日，原国家质检总局批准对"香槟"实施地理标志产品保护，除了符合"香槟"地理标志产品的葡萄酒，都不得使用"香槟"字样，而改称为"起泡酒"。北京华旗资讯数码科技有限公司（以下简称华旗资讯）于2002年10月23日向国家工商总局商标评审委员会提出申请，请求撤销深圳市朗科科技有限公司（以下简称朗科）注册在第9类计算机存储器等商品上的第1509704号"优盘"商标。华旗资讯声称，"优盘"商标仅仅直接表示了商品的用途及具体的使用方法，该商标已成为此类商品的通用名称；商评委最终作出裁决，认定争议商标已成为其指定使用商品——计算机存储器的通用名称，争议商标"优盘"应予撤销。

第三节　商标的分类

在学习了商标的概念和特征、注册商标构成条件等知识后，大家对什么是商标有了基础的了解，我们再按照不同标准对商标进行分类，这些分类从不同角度展示了商标的特点和内涵，不同的商标分类具有不同的意义。通过学习商标类型的知识，可以让同学们对商标的概念、特征有全方位的认识。

一、根据商标是否注册划分

根据商标是否申请注册为标准，分为注册商标和未注册商标，我国商标法采取商标自愿注册为原则、强制注册为例外的立法选择。我国现行《商标法》第 6 条规定："法律、行政法规规定必须使用注册商标的商品，必须申请商标注册，未经核准注册的，不得在市场销售。"即除了法律（此处法律为狭义的，仅指全国人大及常委会通过的法律）和行政法规规定必须使用注册商标的商品，其他可以使用未注册商标，目前人用药品和烟草必须使用注册商标。

此种划分的意义在于，注册商标和未注册商标的法律保护不同，商标一经注册即受到法律保护，我国现行《商标法》第 3 条规定："经商标局核准注册的商标为注册商标，包括商品商标、服务商标和集体商标、证明商标；商标注册人享有商标专用权，受法律保护。"未注册商标只有以下几种情况下，受到商标法的保护，第一，未在我国注册的驰名商标；第二，连续使用到 1993 年 7 月 1 日的未注册服务商标；第三，在先使用未注册而具有一定影响的商标。

二、根据识别对象的不同划分

商标本质的功能是区别商品和服务的来源，因此商标识别和区分的对象有商品和服务，根据此种标准划分，商标分为商品商标和服务商标。商品商标指生产者或销售者在其生产或销售的产品上使用的商标，是我们日常最常见的商标类型，我国 1982 年《商标法》仅保护商品商标。

服务商标是指餐饮、住宿、旅游文化等提供者，为了标明自己的服务区别于他人的同类服务而使用的商业标识，服务商标也具有非常重要的市场价值，在互联网经济的今天，人们出行在陌生环境下选择住宿、就餐等服务，往往都会依赖服务商标。

此种划分的意义在于，两种商标在"使用方式"上不同，我国现行《商标法》第 48 条规定："本法所称商标的使用，是指将商标用于商品、商品包装或者容器以及商品交易文书上，或者将商标用于广告宣传、展览以及其他商业活动中，用于识别商品来源的行为。"商品商标可以用于商品、商品包装或者容器上，服务商标只能用于广告宣传、展览、店铺招牌以及其他商业活动中。

三、根据商标构成要素不同划分

我国商标法已经将商标构成要素扩展到一切可视性要素和声音，因此商标可以由不同的要素构成，根据构成要素不同划分，商标可分为文字商标、图形商标、字母商标、数字商标、三维标志商标和颜色商标及声音商标。

此种划分的意义在于，不同构成要素构成的商标有不同的特点。

文字商标具有便于呼叫、表意性强的特点，也是基础的、常见的商标形态，同时文字还可以与其他法定构成要素组合，譬如文字与图形、文字与三维标志等构成组合商标。

图形商标视觉冲击力强，便于识别，不受各国语言限制，可仅有图形构成的商标不便呼叫和交流。

颜色商标是指不同颜色排列、组合及色差所组成的商标，我国《商标法》2001 年修订时增设的颜色商标，在草案中曾有人主张单一颜色可以作为商标注册，最后删除了这一提案，首先单一颜色显著性不强、数量有限不宜为某一注册人所垄断使用。因此颜色商标保护一定图形下的颜色组合。

三维标识构成的商标又被称为立体商标，我国《商标法》2001 年修订时把三维标志纳入商标构成的法定要素，但为了防止与外观设计专利权冲突，对三维标志商标有限制性规定，我国《商标法》第 12 条规定："以三维标志申请注册商标的，仅由商品自身的性质产生的形状、为获得技术效果而需有的商品形状或者使商品具有实质性价值的形状，不得注册。"

声音作为法定要素构成的商标是 2013 年《商标法》修订的最新成果，我们不能否认有些声音具有鲜明的显著性，譬如 Windows 开机的声音，曾经广为知晓的"小霸王其乐无穷"，这些声音具有标明商品或服务来源的功能。我国《商标法》将声音这类非形象商标要素纳入法律保护范围，反映了商标立法的发展与进步，但在实践中，声音的商标的注册与管理，还有待商标管理部门制定可行的操作细则。

四、根据商标具有的特殊功能划分

商标的功能是用在商品或服务上区分商品或服务的来源，有一些商标的功能与一般商品商标或服务商标不同，具有其特殊的功能和用途，这些商标有集体商标、联合商标、防御商标、证明商标。

集体商标，是指由某一集体组织所有，其成员共同使用的商标。集体组织可以是行会组织，或企业集团。集体商标虽然也表示商品来源，但它并不是表示某一特定厂家，而是代表由若干企业组成的集体组织。一般来说，集体商标不允许转让，使用该商标的意义在于表明若干企业所生产的同一商品具有相同的质量和规格。

联合商标是指同一个商标所有人在相同或类似的商品上使用的若干个近似商标。其中，首先注册或主要使用的商标为正商标，其余商标为该商标的联合商标。如"娃哈哈"商标注册人把"娃娃哈""哈哈娃"等类似的商标均予以注册，防止他人使用或注册与正商标"娃哈哈"近似的商标。

防御商标是指同一商标所有人在不同类别的商品上注册使用同一个著名商标，如白玉牌牙膏、化妆品、香皂、洗涤剂等，其目的是防止他人在不同类别的商品或服务上使用近似的商标，从而影响自己商标的显著性，也可预防消费者误认为他人与某一有影响力商标使用人之间有一定联系。

由于联合商标和防御商标的注册目的是保护其他商标，因此联合商标和防御商标不受商标法规定的连续 3 年不使用可以被撤销的限制约束。

证明商标是指由对某种商品或服务具有监督能力的组织拥有和控制，授权其他单位或个人使用于其商品或服务，用以证明该商品或服务的某些特征，譬如原料、产地、制作方法、品质等级等，譬如大家熟知的绿色食品标志、纯羊毛标志、有机食品标志等。证明商标的注册人与使用人分离，商标注册人自己不能使用这种商标，符合这个商标规定条件的个人或单位都可以使用此商标，证明商标的注册人负有对使用人提供的商品或服务进行检查、监督、管理和控制的责任。

第三章

商标权的取得及期限

【内容提要】

本章讲述商标权的取得原则、程序，商标权异议程序，商标权到期的续展及终止情形。通过本章学习要达到熟悉商标注册的申请、审查与核准程序，掌握商标注册申请中要注意的事项；掌握商标权异议程序实务操作、商标权续展的期限。

第一节　商标权的产生依据

商标权的产生依据是指根据什么原则和采取什么办法获得商标权，商标权与专利权一样只有财产权，因此商标权可以依法转让，自然人或法人均可以通过受让他人商标权的方式取得商标权，这属于商标权的继受取得，有关内容在商标权的转让一节中叙述，本章讲述商标权的原始取得。

商标权原始取得大体采用以下 3 种原则：使用原则、注册原则和混合原则。

一、使用原则

使用原则指基于商标的实际使用取得商标权，商标权授予最先使用的人，不论其是否对该商标申请注册。在知识产权总论中我们已经学习了，商标权属于对标识性智力成果依法享有的权利，商标权的价值来自于对标识的长期使用，因此使用取得在历史上曾是商标权产生的重要依据。最早保护商标的成文法即以使用为基础并按照使用的先后决定商标权利的归属，申请注册只是起到宣告作用，法国是第一个制定《商标法》的国家，1875 年《关于以使用和不审查原则为内容的制造标记和商标的法律》规定，第一个公开的、不含糊地使用商标的人取得商标上的权利。[①]

使用原则与商标本质的功能相符，符合社会的实质公平正义。但使用原则存在某些难以克服的弊端，首先在发生商标权权属纠纷时，谁"使用在先"的举证义务比较难以实现；其次不同地域的不同的人可能在相同或相似商品或服务上使用相同或近似的商标，他人也无法得知在自己陌生区域该商标的使用情况，商标权属于谁都很容易发生纠纷。因此现在只有极少数英美法系国家采使用取得原则，最为典型的是美国，美国现行的商标保护的制定法仍然维持使用原则，其实质是一种在使用原则背景下的商标权的公示制度。

二、注册原则

注册原则指商标权取得必须经过注册，注册商标受到法律保护，未经注册的商标一般得不到法律保护，未经使用的商标也可以申请注册，按申请注册的先后来确定商标权的归属，将商标权授予最先申请注册的人，因此注册原则又被称为"先申请原则"。注册原则又分为自愿注册和强制注册，自愿注册原则是由商标使用人自愿决定是否申请注册，不注册的商标也可以使用；强制注册原则要求所有商标都必须经过注册才可以使用，商标注册是使用的前提。

注册原则体现了法律对商标保护的要求，注册原则在一国法域内可以被广泛知晓，商标权归属不容易发生纠纷，现在绝大多数国家采用自愿注册原则。注册取得原则的弊端是无法解决商标的恶意抢注问题，一旦他人抢注了商标，真正的商标使用人和创设人不仅不能获得商标权，反而会被禁止使用自己创设的商标，计划经济时代很多国有企业不重视商标的管理，容易被他人抢注，真正的商标创设人不得不花高价回购，这明显违背了知识产权制度的宗旨。

三、混合原则

混合原则是上述两种原则的折中适用，即使用原则与注册原则并行，两种途径都可以获得商标权。有典型代表意义的是作为普通法系和大陆法系的主要代表的英国和德国的立法实践；此外，绝大多数《巴黎公约》成员国，无论是采用何种原则的国家，对未注册的驰名商标都提供保护，并且是强于一般注册商标的保护。

---

① 李光禄、牛忠志主编：《新编知识产权法学》，吉林大学出版社 2009 年版，第 221 页。

四、我国的法律规定

（一）自愿注册原则

我国《商标法》采自愿注册原则，对极少数与人们健康关系密切的商品实行强制注册。其法律依据是《商标法》第 4 条和第 6 条的规定，第 4 条规定："自然人、法人或者其他组织在生产经营活动中，对其商品或者服务需要取得商标专用权的，应当向商标局申请商标注册。"第 6 条规定："法律、行政法规规定必须使用注册商标的商品，必须申请商标注册，未经核准注册的，不得在市场销售。"1982 年通过的《商标法》规定除烟草及药品外，其他商品均采用商标自愿注册制度。

（二）先申请原则

我国《商标法》采申请在先原则，两个或两个以上的商标注册申请人，在相同或类似的商品上以相同或近似的商标申请注册时，申请在先的商标，其申请人获得商标专用权。商标权取得不以使用为前提，但如果两个或两个以上的人同一天在相同或类似的商品或服务上申请注册相同或近似的商标，在先使用人有优先权。我国《商标法》第 31 条规定："两个或者两个以上的商标注册申请人，在同一种商品或者类似商品上，以相同或者近似的商标申请注册的，初步审定并公告申请在先的商标；同一天申请的，初步审定并公告使用在先的商标，驳回其他人的申请，不予公告。"

（三）优先权原则

优先权原则是《巴黎公约》确定的国际保护工业产权的重要原则之一，我国《商标法》与国际接轨，在商标注册申请中适用优先权原则，包括国际优先权和国内优先权。

（1）国际优先权。我国《商标法》第 25 条规定："商标注册申请人自其商标在外国第一次提出商标注册申请之日起 6 个月内，又在中国就相同商品以同一商标提出商标注册申请的，依照该外国同中国签订的协议或者共同参加的国际条约，或者按照相互承认优先权的原则，可以享有优先权。"

（2）国内优先权。我国《商标法》第 26 条规定："商标在中国政府主办的或者承认的国际展览会展出的商品上首次使用的，自该商品展出之日起 6 个月内，该商标的注册申请人可以享有优先权。"

优先权原则可以视为先申请原则的例外，譬如甲公司在 2019 年 3 月 1 日在某一类商品上申请注册某一商标，乙公司于 2019 年 5 月 1 日在相同或类似商品上申请注册与甲公司相同或近似的商标，按照先申请原则，该商标权用授予给甲公司。但如果 2019 年 2 月 1 日乙公司在与中国签订协议或共同参加的国际公约承认优先权的国家就该商标提起注册申请，则该商标权应授予乙公司。依照该条规定要求优先权的，应当在提出商标注册申请的时候提出书面声明，并且在 3 个月内提交第一次提出的商标注册申请文件的副本；未提出书面声明或者逾期未提交商标注册申请文件副本的，视为未要求优先权。

同样如果符合国内优先权适用的情形，经商标注册人在提出商标注册申请的时候提出书面声明要求优先权，并且在 3 个月内提交其在中国政府主办的或者承认的展出其商品的国际展览会名称、在展出商品上使用该商标的证据、展出日期等证明文件，商标注册人可以"首次展览日"排除其他在先申请而获得商标授权。

第二节　商标注册申请

自然人或法人可以按照我国《商标法》及其实施条例的规定，将在生产经营或服务中使用或拟使用的标识，向商标局提出商标注册申请，提交相应的文件，办理商标注册。外国人或外国企业在中国申请商标注册，法律规定仍然必须委托依法设立的商标代理机构办理。

一、商标注册申请人

商标注册申请人可以是自然人、法人和其他组织，申请人还可以是两个或另个以上自然人、法人和其他组织，共同享有和行使商标专用权。

2001 年 10 月 27 日经第九届全国人大常委会第 24 次会议审议通过了对商标法的第二次修改，扩大权利主体的范围，将中国自然人纳入权利主体范围，本次商标法修订后，很多个体工商户对自己的商品或服务申请了注册商标，具有非常重要的现实意义。商标注册申请人主体纳入自然人，使得城市里从事小商品经营、小餐馆服务的自由职业者均可以申请商标注册，更重要的是在互联网经济时代，偏远农村的养殖户、种植户也可以申请商标注册，通过网络实现农副产品销售。

中国的商标申请人可以直接向商标局提出注册申请，因为商标申请涉及商标查询、设计、提交申请文件等事项，为节省时间及精力、提高申请效率，商标申请人也可以委托有资质的商标代理机构代理。在此过程中也应注意保护自己的权益，留好书面证明材料，以防止商标代理机构将委托人的商标作为自己的商标申请注册，最好找信誉可靠的商标代理机构，签订书面委托合同、留好拟申请注册的商标底稿。这样如果商标代理机构再有违规行为，申请人就可依法提出异议。我国《商标法》第 15 条规定："经授权，代理人或代表人以自己的名义将被代理人或被代表人的商标进行注册，被代理人或被代表人提出异议的，不予注册并禁止使用。"

二、商标注册申请文件

办理商标注册的申请人，在申请商标注册之前，要先办理商标查询，对申请注册商标是否有相同或相似的商标在先注册进行查询，以防止在未查询之前就开始投入物力、时间进行商标设计，设计完成之后发现无法获得注册核准。

在完成商标查询之后，需要按照要求提交商标注册申请文件，切记一件商标提交一份申请、不能在一份申请书上申请两个或以上的商标，还有一些在申请过程中需要注意的事项，大家也要掌握，以后在实际工作中都会用到。

（一）商标注册申请书

注册商标申请书是办理商标申请的基础文件，需要列明以下事项。

（1）列明当事人的基本情况，自然人申请的姓名应与身份证一致，法人或其他组织申请的，申请人名称、章戳应与核准登记的名称一致。共同申请商标的，应当在若干申请人中指定一个代表人，方便商标审查人员与申请人联系。

（2）按照商品分类表提出申请，自 1993 年 7 月 1 日起我国开始采用《关于商标注册商品和服务国际分类的尼斯协定》所建立的《商品和服务分类表》，目前使用的尼斯分类第十版，一共 45 类，其中商品 34 类、服务 11 类。① 我国现行商标法律制度采用按类申请注册原则，但是一个商标可同时申请在多个类别上注册。在一个商品分类中含有若干商品，在指定商品时填写的商品名称应是通用名称，最好是《商品和服务分类表》中列明的商品和服务名称；如果商品或服务未列入《商品和服务分类表》的，应当附送对该商品或服务的说明。

（3）按照规定格式填写申请书，由于手写文字容易误认，商标申请文件应当打印或印刷；商标为外文或者含有外文要素的，应当附中文含义。

（二）商标图样

申请人应提交商标图样 5 份，图样的长和宽在 5 厘米到 10 厘米之间。对于指定颜色的彩色商标，交着色图样 5 份，附黑白墨稿 1 份。

对于申请三维标志商标的，应声明不属于商标法限制注册的情形，并提交能够确定三维形状的图样 5 份。

---

① 刘春田主编：《知识产权法》，中国人民大学出版社 2014 年版，第 271 页。

（三）证明文件

根据申请商标及适用商品不同，商标申请人应按照规定提供证明文件。

（1）国家规定限制或许可经营的商品或服务，应提供相应的许可文件，如申请人用药品、医用营养品等的商标注册，应提交省级卫生厅颁发的药品生产企业许可证；申请烟草商标注册，应附国家烟草主管机关颁发的生产许可证。

（2）提交申请人的身份证明，自然人申请提供身份证复印件，法人申请提供营业执照复印件。

（3）办理集体商标、证明商标注册的，应提交申请人主体资格证明文件及商标使用管理规则。

（4）要求优先权的应当在提出商标注册申请时提出书面证明，并在3个月内提交有关证明文件及证据，否则视为未要求优先权。

（5）用人物肖像作为商标注册的，应提供肖像权人许可其使用作为商标注册的公证书。

（6）申请人委托商标代理机构的，应交送代理人委托书1份，列明委托内容及权限。

（四）缴纳费用

按照相关规定缴纳商标申请注册费用。

三、需要注意的事项

（一）另行注册

已经注册的商标，在同一类其他未指定的商品上使用，须另行注册。我国现行《商标法》第23条规定："注册商标需要在核定使用范围之外的商品上取得商标专用权的，应当另行提出注册申请。"

笔者曾经接触过一个实例，山东一支笔文化科技有限公司在第16类办公用品注册了如下图形加文字商标"一支笔"，注册时指定的商品为墨水、印泥等。随着市场的开发，商标权人想在相关产品书写笔上使用该商标，只能另行注册；后来商标权人第二次另行注册增加指定商品钢笔、圆珠笔、活动铅笔、自来水笔等。在经营中发现，该公司在生产经营墨水中形成的商誉对关联产品的销售非常有利，商标权人就想将该商标用在销售渠道及用户与墨水、钢笔一致的纸质文具上，只能再次去商标局注册。在申请注册时发现，这类纸印刷品、文具、胶带、纸箱、包装用纸袋、白板纸等商品已经被另一家企业山东中烟工业有限责任公司用相似商标"　"指定了，只好放弃了扩大相关产品生产销售的机会。

因此，在某一类上申请商标注册时，最好将以后可能生产、销售的商品一次都指定了，现在注册商标时每一个类别下面，可以免费选择 10 个商品小类进行保护，超过 10 个小类要额外收费。

（二）重新注册

如果已经注册的商标，在使用中发现标识本身需要改变，商标权人不能擅自改变标识，必须将拟采用的新标识重新注册。这就提醒大家注意，在商标申请过程中，要慎重对待商标设计图样，商标法规定商标权人只能在核定的商品上使用核准注册的商品，不允许商标权人擅自变更商标标识。

（三）变更注册

商标标识和核定商品都不发生变化，商标注册人若干事项发生变化，就属于变更注册的情形。变更注册有可能是因为商标权转让、商标权人本身信息变更等引起的，也可能是基于商标权人死亡、法院执行质押等原因发生转移，不管是主动的变更还是基于法定事由的转移，只要注册人名义、地址、其他事项的变更，都需要到商标局办理变更注册手续。

第三节　商标注册的审查和核准

商标权取得需要商标主管机关对商标申请进行审查，审查申请注册的商标是否有禁止注册的情形等，商标的审查包括形式审查和实质审查。世界各国对申请注册的商标是否进行审查以及如何审查，大致分为两种做法：一是实行审查原则，既进行形式审查，也进行实质审查，大多数国家采用这种做法。二是实行不审查原则，即只进行形式审查。我国对商标一直采用审查原则。①

一、形式审查

商标管理机关通过对商标申请案进行形式审查，按照本章第二节商标申请中的要求，对申请人主体资格及信息是否齐备、申请书格式及内容是否符合要求、是否按照要求提供了商标图样及证明文件进行形式审查。商标局的形式审查有以下三种结果。

（一）受理商标申请

确定申请日和申请号。我国《商标法实施条例》规定，商标注册申请的日

---

① 刘春田主编：《知识产权法》，中国人民大学出版社 2014 年版，第 273 页。

期以商标局收到申请文件日期为准，通过审查商标申请文件齐备，申请文件完全符合要求的，编订申请号，办理商标申请受理通知书。

（二）申请的补正

通过审查商标申请文件，发现申请文件基本齐备、申请书格式及内容基本符合要求，但需要修改或完善的，通知申请人补正。申请人按照要求的期限和补正要求完成申请文件的修改，并交回商标局的，保留申请日。

（三）申请的退回

通过形式审查发现申请手续不全或者申请书不符合要求的，予以退回，申请日期不予保留。对于要求补正而未做补正或补正超过期限的，也予以退回，不保留申请日。

二、实质审查

商标的实质审查是针对审查注册的商标否符合商标构成条件进行全面审查，包括对商标是否属于禁止注册的情形，是否由法定要素构成，是否具有显著性，是否用了商品通用名称或误导消费者的要素，是否有违反公序良俗的情形，是否与他人在同一类或相似商品上注册的商标相同或相似，是否与他人申请在先的商标或撤销、失效不满一年的注册商标相同或相似，是否与他人在先权利相冲突等。商标的实质审查是决定商标申请能否被核准的关键。

经过对商标的实质审查，也有 3 种审查结果。

（1）初步审定、予以公告。商标局经过实质审查，申请注册的商标完全符合商标法的有关规定，作出"初步审定、予以公告"的裁定。

（2）限定时间修正。商标局经过实质审查，认为申请注册的商标虽有一些不符合商标法规定情形，但非实质性问题、可以修订，将审查意见发给申请人，限定时间修订，申请人修订后复核商标法的所有规定，裁定初步审定、予以公告。

（3）驳回申请。商标局经过实质审查，认为申请注册商标不符合商标法及实施条例的规定，申请人在商标局规定时间内未作修正或修正后仍不符合要求，均裁定驳回申请，给申请人发驳回通知书。对驳回申请、不予公告的商标，商标局应当书面通知商标注册申请人。商标注册申请人不服的，可以自收到通知之日起 15 日内向商标评审委员会申请复审。商标评审委员会应当自收到申请之日起 9 个月内作出决定，并书面通知申请人。有特殊情况需要延长的，经国务院工商行政管理部门批准，可以延长 3 个月。当事人对商标评审委员会的决定不服的，可以自收到通知之日起 30 日内向人民法院起诉。

2013 年修订后的商标法对商标局的审查期限明确作出了规定，规定商标局应自收到商标注册申请文件之日起 9 个月内审查完毕。

三、初步审定和公告异议

商标局经过实质审查，申请注册的商标完全符合商标法的有关规定，裁定"初步审定、予以公告"。初步审定并公告的有商标号、申请日期、申请人、商标、商品或服务类别、指定商品或服务等。初步审定的商标不等于核准注册，商标申请人并未取得商标权，还要经过公告异议程序才能决定是否核准，异议期为 3 个月。

公告异议程序的目的是公开征集社会公众的意见，通过社会公众参与商标授权过程，监督商标局及时发现错误并纠正。因为在先的著作权并不登记，商标局无法查询，如果申请注册的商标侵犯他人在先的著作权、外观设计专利权，或者侵犯他人的姓名权、肖像权等，权利人可以提出异议、维护自己的合法权益，避免和减少商标注册后引发的纠纷。

同时商标异议程序也要兼顾商标注册人权利的保护，防止他人恶意滥用异议权，故意拖延商标注册时间，商标法经过修订，对商标异议程序做了较大的修改。

首先，分别情形规定了异议人的范围。以前的商标法规定任何人都可以提出异议，应以书面形式向商标局提出。这种规定有可能导致有人恶意滥用异议权。因此 2013 年修订的《商标法》根据异议的情形分别规定了不同的异议人范围，对于违反商标法规定的不得注册、不得使用、限制注册的三维标志等公益性规定，任何人均可以向商标局提出异议；对于其他侵犯在先权利或者与他人在先注册的商标相同或相似等情形，规定在先权利人、利害关系人可以提出异议。实践中，大多是利害关系人向商标局提出异议。

其次，规定了异议程序的期限。商标局对异议程序进行调查，应当听取异议人和被异议人陈述事实与理由，自公告期满之日起 12 个月内作出是否准予注册的决定，并书面通知异议人和被异议人。有特殊情况需要延长的，经国务院工商行政管理部门批准，可延长 6 个月。

最后，规定了异议不成立时商标权取得时间。为了避免滥用异议程序，2001 年商标法修订后，经裁定异议不成立而核准注册的商标，申请人取得专用权的时间自初审公告 3 个月期满之日起计算。

四、核准注册

商标核准注册对商标申请人具有重要意义，核准注册意味着商标申请人依法获得了注册商标专用权，按照我国商标法规定，商标一经注册即受法律保护，不论该商标是否已经被使用。

商标局将核准注册的商标和核定使用的商品或服务，登记在商标注册簿上，向商标申请人颁发商标注册证书，商标注册证书是商标申请人取得商标权的合法凭证。

一般情况下商标权取得时间为核准注册之日；例外情况下，经裁定异议不能成立的，商标注册申请人取得商标专用权的时间自初步审定公告 3 个月期满之日起计算。

五、商标的国际注册

在知识产权总论中我们讲述了知识产权可分地域的取得，这一原则在商标权制度中得以典型诠释。大名鼎鼎的"iPad 商标侵权案"中，美国苹果公司和英国 IP 申请发展有限公司（以下简称 IP 公司）与唯冠科技（深圳）有限公司（以下简称唯冠科技）就 iPad 商标案件，经过几个不同的相互诉讼，美国苹果公司和 IP 公司诉唯冠科技不履行 iPad 转让商标义务；唯冠科技起诉美国苹果公司 iPad 商标侵权。2012 年 6 月，广东省高级人民法院通报，苹果支付 6000 万美元一揽子解决 iPad 商标纠纷。苹果公司在很多国家注册了 iPad 商标，但在中国该商标已经被唯冠科技在同类商品上注册，因此苹果公司在中国使用 iPad 商标构成商标侵权，付出了相应的代价。

我国很多企业都已经开启全球布局，在其他国家进行生产销售，首先要进行知识产权布局，包括专利国际申请和商标国际注册。商标国际注册可以按照不同国家商标法律制度的要求，逐一国家申请商标注册。另一种是马德里商标国际注册，即根据《商标国际注册马德里协定》（以下简称《马德里协定》）或《商标国际注册马德里协定有关议定书》（以下简称《马德里议定书》）的规定，在马德里联盟成员国间所进行的商标注册。我们通常所说的商标国际注册，一般指的就是马德里商标国际注册。[①] 我国是《马德里协定》及《马德里议定书》的成员，可以进行商标国际注册，本书仅简单介绍一下商标国际注册的程序和条件。

（一）本国阶段

国际注册申请人的条件，以在本国获得商标注册为前提，申请人在本国获得商标注册与其他商标注册没有任何差别，在我国就按照我国商标法及实施条

---

① "如何办理马德里国际注册申请"，引自中国商标网，应用日期 2017 年 8 月 14 日。

例进行商标注册申请、审查及授权。

在完成本国商标注册的时候，商标国际注册申请人向本国商标注册机关提交国际注册申请书；本国商标注册机关对国际注册申请进行形式审查；收取费用；审查员将中文申请书翻译成法文，寄往国际局。

（二）国际局阶段

国际局对申请案进行形式审查，经审查符合要求的申请案，进行国际注册并予以登记、公布；通知申请人指定的国家。

（三）指定国阶段

指定国在收到国际局通知之日起 1 年内，可以声明对国际注册商标不予以保护，否则，将在指定国家产生效力。

第四节　注册商标的期限和续展

一、注册商标的期限

我国商标法规定注册商标有效期为 10 年，自核准注册之日起计算。

知识产权具有时间性，是衡平知识产权专有人与社会公共利益价值的体现。不同知识产权保护期限不同，知识产品与人们的生活关系越直接和密切，该知识产权授予知识产权保护的期限越短。专利权保护的客体是各种技术方案，是用于解决实践中技术问题的新方案，与人们的健康生活密切相关，因此专利权保护期限最短。

商标权保护的是标识性智力成果，用于区别商品或服务的来源，与其标识的商品或服务的品质没有绝对和必然的联系，为了鼓励商标权人保持连续性，虽然法律规定注册商标保护期限为 10 年，但到期后可以续展，只有商标权人依法办理注册商标续展手续，商标权可以无期限延伸下去，因而事实上商标权是一种可以永久受到保护的权利。

二、注册商标的续展

注册商标续展指注册商标权人在法律规定的注册商标保护期限届满前后一定期限内，按照法律规定依法办理商标续展手续，延长注册商标保护期限的制度。

2013 年商标法修订之前，规定申请续展注册，应当在注册商标有效期届满前 6 个月内办理，称为续展期。如果在续展期内未提出续展申请的，可再给予 6 个月的期限，称为宽展期。2013 年商标法修订，把商标权人申请续展的期限延长至期限届满前 12 个月，更有利于商标权人到期进行续展。

我国现行《商标法》第 40 条规定："注册商标有效期满，需要继续使用的，商标注册人应当在期满前 12 个月内按照规定办理续展手续；在此期间未能办理的，可以给予 6 个月的宽展期。每次续展注册的有效期为 10 年，自该商标上一届有效期满次日起计算。期满未办理续展手续的，注销其注册商标。"

续展注册商标应履行法定程序，并按规定缴纳费用。

第四章

商标权的终止与无效

【内容提要】

本章讲述商标权终止的概念及情形，商标权终止与无效的关系，重点讲述注册商标的无效宣告程序。通过本章学习要达到掌握注册商标无效的情形及无效宣告程序，商标被撤销或无效的法律后果。

第一节　商标权终止与无效概述

商标一经核准注册，不论是否经过使用，其申请人就获得商标专用权。商标权终止是指因法律规定的原因发生导致商标权归于消灭，包括商标权人到期不续展或主动放弃商标权导致商标局注销商标，也包括商标注册条件存在法律规定的障碍、商标权人违反商标使用的规定而导致商标权灭失的情形。因此商标权终止包括注册商标的注销、撤销和无效。

一、注册商标的注销

商标权注销是指商标注册所有人自动放弃注册商标或商标局依法取消注册商标的程序，此种情况下商标本身及商标权人对商标的使用，均无违反法律规定之情形。以下几种情形会引起商标权注销。

（一）未申请续展导致过期注销

商标权期满6个月后商标权人仍不申请续展，商标权人不再对注册商标享有商标权的情形，注册商标将被商标局注销。

（二）自动放弃申请注销

商标权属于民事权利，商标权人可以在商标权保护期满前自动声明放弃商标权，向商标局申请注销。

（三）无人继承注销

商标权人为自然人，死亡后无法定和遗嘱继承人；或者商标权人为法人或其他组织，法人或其他组织被注销后又无财产继承者，注册商标将被商标局撤销。但是无人继承的注册商标，如果其权利属于破产财产，或者已设定有担保，或者在死者生前与他人签订的注册商标使用许可合同有效期内，则该商标权不应归于终止。

商标权从注销公告之日起终止，注销公告以前的商标权是有效的。

二、注册商标的撤销

注册商标撤销是指商标主管机关对违反商标法有关规定的行为予以处罚，使原注册商标专用权归于消灭的程序。以下几种情形会引起注册商标的撤销。

（一）违法使用注册商标

商标权人不按照商标法的有关规定使用注册商标，譬如有擅自变更注册商标标识、商标权人的信息、用在未核定的商品上等情形，地方工商行政管理部门有权责令限期改正，商标权人未按照行政机关要求改正的，商标局可撤销其注册商标，从撤销之日起终止其商标权。

（二）不使用

连续 3 年未使用（商标法和本条例所称商标的使用，包括将商标用于商品、商品包装或者容器以及商品交易文书上，或者将商标用于广告宣传、展览以及其他商业活动中），任何单位和个人均可向商标局申请撤销该注册商标，被称为"撤三"。商标局应自收到申请之日起 9 个月内作出决定，有特殊情况需要延长的，经国务院工商行政管理部门批准，可延长 3 个月。

（三）使用不当

使用注册商标不当，导致商标淡化丧失显著性的，也会导致商标被撤销。注册商标使用过程中，由于不当使用，注册商标成为某类商品或服务的通用名称而丧失了标识商品或服务来源的显著性，任何人都可以向商标局申请撤销该注册商标，程序规定同"撤三"。

三、注册商标的无效

值得注意的是，原来商标法规定了注册商标争议程序，争议程序指注册商标以外的利害关系人对已经注册的商标有异议而在该商标核准注册之后一定期限内向商标评审委员会申请裁定撤销商标的案件。2013 年商标法修改后，注册商标违反商标法核准条件，可依照宣告程序宣告其无效，不再使用"注册商标争议"被撤销的概念。2013 年修改后的《商标法》专章规定了注册商标无效宣告的内容，因此本章重点详细讲述注册商标无效的内容。

四、商标无效与撤销的区别与联系

二者的共同点，无论注册商标被撤销还是被无效宣告后，都使商标权归于消灭。

二者的区别，一是原因不同，注册商标被无效是因为商标注册行为或商标本身存在禁止情形，而被撤销的商标本身没有法律障碍；二是法律后果不同，商标权被撤销自撤销决定公告之日起商标权灭失，无溯及力；注册商标被宣告无效，商标权视为自始不存在。

第二节　注册商标无效的含义及情形

一、注册商标无效的含义

注册商标无效指不具备注册条件但已经核准注册的商标，依法定程序使商标权归于消灭的制度。注册商标无效具有绝对效力，是指本不应该被核准注册的商标取得了注册商标权，应该通过商标无效制度使其归于消灭的补救措施，被无效的注册商标自始无效、当然无效，其原因是商标本身不适格或注册手段不合法。

注册商标无效与注册商标被撤销有原则性的差别，商标被撤销的前提是商标是合法有效的，注册商标本身没有瑕疵，商标构成条件及注册程序没有问题；是由于注册商标权人存在违法使用（包括不使用）情形，商标局可撤销其注册商标。商标被撤销之前，是有效的注册商标。

注册商标无效是各国通行的制度，2013 年商标法修订以前，我国商标法律未使用注册商标无效这一概念，而是混用撤销一词，而撤销与无效应是两个截然不同的概念。2013 年商标法修订后，现行《商标法》第五章专章规定了注册商标的无效宣告制度，规定了导致注册商标无效的情形、不同无效事由提起无效宣告的请求人、无效宣告的程序、法律后果及法律救济途径。

二、导致注册商标无效的情形

注册商标无效是针对不应该被核准注册的商标使其归于消灭的制度，我国现在《商标法》第44条、第45条分别规定了两类导致商标无效的情形，商标法第44条规定了违法商标构成的禁用条款和以不正当手段取得商标注册的情形，第45条规定了侵犯他人在先权利或其他合法权益导致商标无效的情形。

（一）违反商标构成的禁用条款

注册商标构成要素违反商标构成的禁用条款，此种情形下商标自身存在缺陷，这种商标本来就不应该被核准注册，因此是导致注册无效的主要原因之一。违反商标构成禁用条款具体体现为以下3种。

1. 禁用标志

如果注册商标使用了《商标法》第10条规定不得作为商标使用的标志之任一情形，均不应该被注册，如果被核准注册理应依法予以无效宣告。

2. 不得注册的标志

如果注册商标使用了《商标法》第11条规定的不得作为商标注册的系列标志，这些标识缺乏显著性，不能实现商标本质的功能，对其他社会公众和消费者均不公平，因此应依法予以无效宣告。

3. 违反关于三维标志的限制性规定

如果允许商品自身的性质产生的形状、为获得技术效果而需有的商品形状或者使商品具有实质性价值的形状的标识作为商标注册，很容易与外观设计专利权发生权利冲突，也会导致商标权人通过连续的商标续展，事实上实现对这种有实质性价值的产品形状无期限的保护。

（二）以不正当手段取得注册

在商标申请注册过程中，使用欺骗或其他不正当手段获得注册的商标，严重损害了商标制度的价值，也应依法予以宣告无效。

1. 以欺骗手段获得注册

此种情形主要指在商标申请注册过程中，申请人采取虚构、隐瞒事实真相或者伪造申请文件以及其他有关文件进行注册的，在商标被核准注册后应依法进行无效宣告使其归于消灭。实践中此类行为主要表现为伪造申请人盖章或签字、使用虚假的身份证或营业执照、涂改身份证或营业执照、伪造生产许可文件等。

2. 其他不正当手段获得注册

此种情形主要指商标申请人申请注册的商标与他人字号、企业名称、社会组织及其他机构名称、知名商品的特有名称、包装、装潢等构成相同或者近似的；申请注册商标后不实际使用，积极向他人兜售商标，或者向他人索要高额转让费、许可使用费、侵权赔偿金等行为。

三、由于在先权利或合法权利的无效

注册商标侵犯他人合法在先权利，是导致其被无效宣告的重要原因。修改后的商标法将其独立出来，并规定了不同的条件，即不再强调"不正当性"这一主观要件。

他人已有的在先权利主要有在先著作权、在先外观设计专利权、公民肖像权、姓名权、商号权、在先商标权等。他人合法权益主要指未注册的驰名商标，有一定影响的未注册商标、地理标志。

第三节　注册商标无效的程序及效力

一、无效程序的启动

违反商标禁用条款和采取不正当手段取得注册的商标，既可由商标局依职权宣告该注册商标无效，也可以依申请启动无效宣告程序。

（一）申请人

无效程序的启动因无效情形不同，申请人有不同的规定。违反商标禁用条款和采取不正当手段取得注册的商标，任何人都可以作为申请人；因侵犯他人在先权利或合法权益，申请人为在先权利人或利害关系人。

（二）申请时限

违反商标禁用条款和采取不正当手段取得注册的商标，提出无效宣告请求没有时间限制。

因侵犯他人在先权利或合法权益，提出无效宣告请求的期限，自该商标核准注册之日起 5 年内；对于恶意注册的，驰名商标所有人不受 5 年限制。

二、无效申请的裁定

商标法详细规定了无效申请的裁定程序及救济途径。基于不同情形启动的无效宣告程序，无效申请裁定程序略有不同。

（一）商标局依职权宣告无效

我国《商标法》第 44 条第 2 款规定了商标局依职权作出宣告注册商标无效决定的裁定程序是："应当书面通知当事人。当事人对商标局的决定不服的，可以自收到通知之日起 15 日内向商标评审委员会申请复审。商标评审委员会应

当自收到申请之日起 9 个月内作出决定，并书面通知当事人。有特殊情况需要延长的，经国务院工商行政管理部门批准，可以延长 3 个月。当事人对商标评审委员会的决定不服的，可以自收到通知之日起 30 日内向人民法院起诉。"

（二）任何人均可启动的无效宣告

针对任何人均可请求无效宣告的情形，其他单位或者个人向商标评审委员会请求宣告注册商标无效的，我国《商标法》第 44 条第 3 款规定了此种情形下无效宣告裁定的程序为："商标评审委员会收到申请后，应当书面通知有关当事人，并限期提出答辩。商标评审委员会应当自收到申请之日起 9 个月内作出维持注册商标或者宣告注册商标无效的裁定，并书面通知当事人。有特殊情况需要延长的，经国务院工商行政管理部门批准，可以延长 3 个月。当事人对商标评审委员会的裁定不服的，可以自收到通知之日起 30 日内向人民法院起诉。人民法院应当通知商标裁定程序的对方当事人作为第三人参加诉讼。"

（三）利害关系人请求无效宣告

针对侵犯他人在先权利或其他合法权益，利害关系人启动的无效宣程序，我国《商标法》第 45 条第 2 款规定了此种情形下无效宣告裁定的程序为："商标评审委员会收到宣告注册商标无效的申请后，应当书面通知有关当事人，并限期提出答辩。商标评审委员会应当自收到申请之日起 12 个月内作出维持注册商标或者宣告注册商标无效的裁定，并书面通知当事人。有特殊情况需要延长的，经国务院工商行政管理部门批准，可以延长 6 个月。当事人对商标评审委员会的裁定不服的，可以自收到通知之日起 30 日内向人民法院起诉。人民法院应当通知商标裁定程序的对方当事人作为第三人参加诉讼。"

三、宣告无效的效力

商标权被视为自始不存在，但有一定例外：有关撤销注册商标的决定或者裁定，对在撤销前人民法院作出并已执行的商标侵权案件的判决、裁定，工商行政管理部门作出并已执行的商标侵权案件的处理决定，以及已经履行的商标转让或者使用许可合同，不具有追溯力；但是，因商标注册人恶意给他人造成的损失，应当给予赔偿。

第五章

商标权的内容与限制

【内容提要】

本章讲述商标权内容的概念；商标权人的专有使用权和禁止权的具体范围；商标的转让权与许可使用；商标权的限制情形。商标权内容是商标法律制度的核心，是商标权人受到法律保护的体现，也是界定他人构成商标侵权的标准。通过本章学习要能够掌握商标权的内容，商标专用权和禁止权的区别。

第一节　商标权的内容概述

一、商标权的概念

商标权是法律赋予商标所有人对其商标进行支配使用、排除和禁止他人使用相同或相似商标的权利。广义的商标权包括注册商标和未注册商标，前面已经讲过我国商标法以保护注册商标为原则，保护未注册商标为例外，仅对未注册的驰名商标和经过使用有一定影响的未注册商标予以保护；狭义的商标权指注册商标所有人享有的权利。

二、商标权的含义

我国商标法没有采用"商标权"这一概念，在《商标法》第七章标题为"注册商标专用权的保护"，不同学者对商标权的含义有不同的理解，有学者将商标权定义为："商标权是商标所有人依法对其使用的商标所享有的权利。在我国商标权是商标注册人对其注册商标所享有的权利。"[1] 还有学者认为"商标

---

[1]　刘春田主编：《知识产权法》，中国人民大学出版社 2014 年版，第 567 页。

应包括注册商标和未注册商标，将商标权的客体确定为注册商标，商标权变成注册商标权是不适当的"①。对商标权含义的理解有两点需要关注。

一是商标权的客体是"商标"还是"注册商标"，如果是前者就包含"未注册商标"。我国现行商标法主要保护注册商标，但也不能排除未注册商标人的权利，毕竟商标的价值是通过使用取得的，商标法保护的是特定标识与商品或服务之间的关联关系，我国商标法也有条件地保护未注册商标。

二是商标权是仅指商标专用权，还是包含禁止权、转让权、许可权等内容。虽然"商标权"与"商标专用权"联系密切，但是二者的内涵和外延均有区别、不能混为一谈。"商标专用权"是"商标权"的核心内容，但"商标权"除了"商标专用权"，还有禁止他人在相同或者相似商品或服务上使用相同或相似商标的权利、处分商标权的权利等内容。

第二节　商标权的内容和范围

我国现行《商标法》主要保护注册商标的权利，因此通常情况下商标权指注册商标权人依法享有的权利，商标权的内容包括专有使用权、禁止权、转让权和许可权。

一、专有使用权

商标专用权指商标权人在核定使用的商品或服务上专有使用核准注册商标的权利，专有使用权具有以下几个特征。

（1）专有使用权只在特定的范围——核定使用的商品与核准注册的商标——内有效，前面讲过如果想在未核定的商品上使用，应该另行申请；如果想变更注册商标标识，需要重新申请注册。我国《商标法》第49条第1款规定："商标注册人在使用注册商标的过程中，自行改变注册商标、注册人名义、地址或者其他注册事项的，由地方工商行政管理部门责令限期改正；期满不改正的，由商标局撤销其注册商标。"之所以限制商标权人的专有使用权，因为商标权人并不因为商标通过注册而对构成商标的标识享有权利。如果该标识是商标权人有独创性的设计且符合受著作权法保护美术作品的条件，商标权人可以作为著作权人对这个标识享有著作权；如果商标权人用作商标的三维标识符合外观设计专利授权的条件，商标权人可以作为专利申请人通过申请取得外观

---

① 吴汉东等：《知识产权基本问题研究》，中国人民大学出版社2005年版，第568页。

设计专利权，否则商标权人只有在"法定范围"内使用这个标识的权利，这个法定的范围就是在核定使用的商品上，使用核准注册的商标。

（2）专用使用权是商标权的核心内容，是商标权人最基本最重要的权利，是申请注册商标的根本原因。商标权人通过向商标局申请获得注册商标，其根本且正当的目的，就是作为标识用于提供的商品或服务上，这是商标权的核心。实践中，存在一些商标注册人，不是基于专有使用的目的，而是为了通过商标权转让等获得利益，这些都是与商标法的保护目的相悖的，商标法立法中也关注并予以规制。

（3）商标权人对注册商标的使用，既是权利也是义务。我国《商标法》第49条第2款规定："注册商标成为其核定使用的商品的通用名称或者没有正当理由连续3年不使用的，任何单位或者个人可以向商标局申请撤销该注册商标。商标局应当自收到申请之日起9个月内作出决定。有特殊情况需要延长的，经国务院工商行政管理部门批准，可以延长3个月。"

通过学习此部分内容，要记住两点：首先，从权利人角度看，如果你作为商标权人，要依法使用注册商标，将核准注册的商标用于核定的商品或服务上，不能出现连续3年不使用商标的情形。其次，从被控侵犯商标权角度看，在你被诉侵犯商标权的案件中，如果商标权人存在连续3年不使用注册商标的情形，可以依法申请撤销其注册商标。

二、禁止权

商标的禁止权，又称排他权，是注册商标的权利受到法律保护的范围，商标权人禁止他人在相同或者相似的商品上使用与其注册商标相同或相似的商标。禁止权和专有使用权是商标权人重要的支配权，也是行使商标转让和许可的基础权利。

与专有使用权比较，禁止权有更宽的效力范围，采相同和相似标准，其目的是防止消费者对商品或服务来源产生混淆。对于将相同的商标用于相同商品或服务上，非常容易判断；但对于相似的商标用于相似的商品或服务的判断，比较复杂且有一定的弹性。

禁止权的行使范围，也是认定商标侵权行为的标准，在商标权保护一章中会有详细讲解。

三、转让权

转让权是指注册商标所有人将其所有的注册商标的专用权，依照法定程序转移给他人的权利。我们知道商标的价值来自于商标背后所承载的商誉，消费者会基于曾经购买过某一品牌商品的经历，来决定是否继续选择该品牌的商品。商标权如果可以脱离商品或服务的提供者自由转让，会有可能让消费者误认了商品或服务的来源，因此，各国商标法规定了有关转让的不同原则。

（一）连同转让原则

连同转让原则是指注册商标人在转让其注册商标时必须连同使用该商标的企业的信誉，或者连同使用该商标的企业一并转让，而不能只转让其注册商标而不转让使用该商标的企业或企业的信誉。如美国、瑞典等国。

（二）自由转让的原则

自由转让原则是指注册商标人即可连同其营业转让注册商标，也可将注册商标与营业分开转让。在分开转让时，受让人应当保证使用该注册商标的商品的质量。

（三）我国法律的规定

我国商标法采自由转让原则，但出于对消费者保护的考虑，对商标转让的形式有明确要求，同时对转让注册商标有一定的限制。

1. 转让形式

转让人和受让人应当签订转让协议，并共同向商标局提出申请。转让注册商标的，转让人和受让人应当向商标局提交转让注册商标申请书。转让注册商标申请手续由受让人办理。商标局核准转让注册商标申请后，发给受让人相应证明，并予以公告。

2. 转让限制

（1）类似商品使用同一注册商标的不得分割转让。根据《商标法实施细则》的规定，转让注册商标的，商标注册人对其在同一种或者类似商品上注册的相同或者近似的商标，应当一并转让；未一并转让的，由商标局通知其限期改正；期满不改正的，视为放弃转让该注册商标的申请，商标局应当书面通知申请人。

（2）已经许可他人使用的商标不得随意转让。只有在征求被许可人同意的情况下才可以。

（3）几种特殊商标不得转让，包括集体商标、证明商标不得转让，联合商标不得分开转让。

（4）共同所有的商标，任何一个共有人或部分共有人不得私自转让。

注册商标专用权因转让以外的其他事由发生移转的，接受该注册商标专用权移转的当事人应当凭有关证明文件或者法律文书到商标局办理注册商标专用权移转手续。注册商标专用权移转的，注册商标专用权人在同一种或者类似商品上注册的相同或者近似的商标，也应当一并移转；未一并移转的，由商标局通知其限期改正；期满不改正的，视为放弃该移转注册商标的申请，商标局应当书面通知申请人。

四、使用许可权

使用许可权是指注册商标所有人通过订立许可使用合同，许可他人在一定期限内、区域内以约定方式使用其注册商标的权利。商标的使用许可与转让都是商标权人允许他人使用其注册商标的行为，二者不同在于商标权转让发生权利主体的变更，商标权许可的时候未发生商标权主体的变更，被许可人取得了一定期限、一定区域内商标的使用权。商标许可是比商标权转让更为常见的行为，一般通过订立商标权许可合同来规范许可人和被许可人的权利义务。在大家今后的工作中，也很可能会遇到，请大家掌握相关知识。

（一）许可合同种类

在商标许可合同中，商标权人和被许可人可以根据实际情况，采用一种合适的权利许可类型，从被许可人享有的权利独占性从高到低排序，商标许可类型分为独占使用许可、排他许可和普通使用许可。

1. 独占使用许可

顾名思义独占使用许可指被许可人独占被许可商标的使用权，排除任何人甚至包括商标权人本人的使用，更不允许商标权人再许可任何第三人使用该注册商标。当然独占许可是被许可人在一定期限、一定区域内的"独占"，商标权人可以把不同时期、不同区域的独占使用权许可给不同的人。在独占许可合同约定的期限和区域内，该商标使用获得的利益与独占使用被许可人密切相关，因此如果发生商标侵权行为，独占使用被许可人可以自己的名义提起诉讼。

2. 排他许可

排他许可顾名思义排除他人对商标的使用许可，排他许可合同中，被许可人的权利独占性也较高。与独占使用许可相同的是，排他许可合同约定，商标权人在许可合同约定的期限和区域内，不得另行许可任何第三人使用该注册商标；与独占使用许可不同的是，商标权人的使用不被排除在外。在排他许可合同约定的期限和区域内发生商标侵权行为，如果商标权人怠于行使权利，排他许可的被许可人也可以独立行使禁止权。

3. 普通使用许可

普通使用许可中被许可人的权利独占性最低，不仅商标权人可以使用许可的注册商标，商标权人还可以许可其他人在合同约定的期限和区域内使用该注册商标。在普通使用许可的期限和区域内发生商标侵权行为，普通许可人无权以自己的名义行使禁止权，可以收集侵权证据交予许可人，由许可人行使禁止权，对抗侵权行为。

从被许可人权利独占性角度看，当然独占或排他许可更好，但独占或排他许可的费用较高；一般情况下，取得商标权人的普通使用许可或排他许可对被许可人较为合理，因为可以与商标权人共同维护商标的有效性，共同对抗商标侵权行为。

（二）许可合同的主要内容

商标许可合同的主要内容有双方的主体资格，被许可商标的基本情况，许可使用的期限、地域和权利类型，商标许可使用费及支付方式、违约责任及争议解决方法等。商标权使用许可合同受合同法律法规的调整，从合同的成立、生效、履行及违约责任等方面都适用合同法的有关规定，许可合同中双方的合同义务有一定的特殊性。

商标许可人有义务保持注册商标的有效性，商标到期要及时续展、不得在商标权许可合同期限内转让注册商标权。同时要维护被许可人的合法使用权，当第三人侵犯注册商标专有权时，许可人应及时采取有效措施予以制止。

商标被许可人有义务未经许可人的书面授权，不得将商标使用权转移给第三人；如被许可使用的商标被他人侵权，被许可人应协助许可人查明事实；特别注意被许可人有质量保证及标明义务，保证使用许可人注册商标的商品的质量，维护商标信誉，并在其商品或包装上注明商品产地和被许可人的名称，这不仅关乎商标权许可合同双方当事人的权利义务，也关乎消费者的知情权。

（三）许可合同的形式要求

商标权人许可他人使用注册商标，应当通过签订书面许可合同，并且要履行商标使用许可合同的备案程序。我国《商标法》第43条第2款规定："许可他人使用其注册商标的，许可人应当将其商标使用许可报商标局备案，由商标局公告。商标使用许可未经备案不得对抗善意第三人。"

第三节　商标权的限制

知识产权的限制是衡平知识产权专有权人和社会公众利益的要求，我们在著作权和专利权法律制度中，都详细讲述了著作权的合理使用和法定许可行为，是对著作权人行使著作权的限制；在专利法律制度中学习了法律规定的不视为专利权侵权的行为，是对专利权人的限制。从立法层面看，法律对于商标权的限制比对著作权和专利权的限制要弱，我国现行商标法并未明确规定商标权限制的内容，原因是商标权的客体只是一种商业标记，与人们的物质文化生活之间的关联性较弱，对商标权进行限制的客观要求不高。

从理论上分析，对商标权进行合理限制有其必要性和意义。随着经济科技的发展和社会观念的快速更新，商标本身的形式和功能也在发生根本性的演变。商标权理论的扩张是对时代变迁的正确回应，强化商标权的效力是商标法发展的合理趋势。但商标的基本功能是保护商标对产品或服务来源的正确区别，商标权人对商标受保护的权利范围也不能超越商标的区别功能。商标权利的扩张只是硬币的一面，而另一面就是对商标权利限制的强化，以防止一旦异化的商标权对公众利益的不当侵蚀。

实践中对注册商标权人的商标权进行适当限制仍然是有必要的，可以防止商标权人滥用商标权，损害社会公众的权益。在 1996 年和 1997 年，巴东三峡旅行社和长江旅行社在旅游等服务项目上分别注册了"三峡""长江三峡""大三峡""神农溪"等注册商标。在向其他使用上述标志的旅游公司收取商标许可费不成的情况下转而向当地工商行政管理局投诉对方侵权，继而向法院起诉。

我国现行《商标法》虽然没有明确使用"商标权限制"的词汇，规定商标权限制的情形，但已经开始予以关注，规定了某些情况下他人在经营活动或非商业活动中对注册商标的使用不构成侵权。

一、对某些特定要素的使用

2013 年修订后的《商标法》第 59 条第 1 款、第 2 款规定："注册商标中含有的本商品的通用名称、图形、型号，或者直接表示商品的质量、主要原料、功能、用途、重量、数量及其他特点，或者含有的地名，注册商标专用权人无权禁止他人正当使用。三维标志注册商标中含有的商品自身的性质产生的形状、为获得技术效果而需有的商品形状或者使商品具有实质性价值的形状，注册商标专用权人无权禁止他人正当使用。"

这实际上是对商标权人的一种限制性规定，如果商标权人的注册商标中含有上述构成要素，商标权人既然选择这些缺乏显著性或者显著性很低的标识作为商标注册，就不能对这类标识有排他性的保护要求，商标权人对这些要素不能享有独占的专有使用权，也不能禁止他人的正当合理使用。

对于如何界定他人的正当使用，是一个综合考量的过程，要考虑使用人是否出于善意、有无借用商标权人商业信誉的故意；是不是不可避免的适当使用、使用是为了说明商品或服务的特点，且无其他合适词汇替代；对商标的使用是否会让相关公众产生联想或混淆。

对于前述商标权人对"'三峡''长江三峡''大三峡''神农溪'"等含有地名的注册商标，无权禁止他人正当使用。

二、在先使用权

类似于专利法中的"在先使用权"限制，在商标权人申请注册前已经被在先使用的商标，商标权人取得注册商标专用权，不能排除他人在原有范围内对在先使用商标的继续使用。

2013 年修订后的《商标法》第 59 条第 3 款规定："商标注册人申请商标注册前，他人已经在同一种商品或者类似商品上先于商标注册人使用与注册商标相同或者近似并有一定影响的商标的，注册商标专用权人无权禁止该使用人在原使用范围内继续使用该商标，但可以要求其附加适当区别标识。"

这种法律规定既对商标权人进行必要的限制，又能避免造成相关公众、消费者混淆，符合商标保护法律制度的目的要求。

三、非商标法上的使用

在新闻报道、戏谑作品中，未经商标权人许可使用了注册商标标识，商标权人一般不能以侵犯其商标权为由阻止此种使用，这种对商标的使用行为不构成商标侵权。

我国现行《商标法》第 48 条规定："本法所称商标的使用，是指将商标用于商品、商品包装或者容器以及商品交易文书上，或者将商标用于广告宣传、展览以及其他商业活动中，用于识别商品来源的行为。"按照此条规定，将商标用于新闻报道或滑稽作品，不构成"商标法上的使用"，因而不构成商标侵权。

四、权利穷竭

权利穷竭又称为商标权用尽，指商标权人或商标权人许可的人生产的商品投入市场后，任何人再使用或销售该商品，都不构成侵权，因为商标权人的权利已经行使过一次，权利因使用而穷竭或用尽。

权利穷竭不仅是对商标权人权利的限制，也是商标权人实现市场价值的需求，如果商标权自己生产或授权他人生产的产品，流入市场后还不能自由交易，对产品的销售也极为不利。在商标权人本国内商标权用尽没有争议，但商标权在其注册国权利穷竭是否导致在其他国家商标权也用尽，就是所谓的"平行进口"问题，一直广受争议，《知识产权协定》对此未做规定，留给各成员国自行解决。对于平行进口是否合法各国采用了不同的原则，有的国家明确规定平行进口构成侵权而被禁止，有的国家允许平行进口、认定权利穷竭，还有的国家未明确规定平行进口问题。

我国在计划经济时代对外贸进行管制，基本不存在平行进口问题。随着我国对外开放的深入和加入世界贸易组织后，中国已经成为各个国家非常重要的贸易伙伴，国际化程度逐步扩大，这一问题越来越引起人们的关注。

平行进口（parallel import）又称灰色市场（grey market）进口，是指在国际贸易中，进口商未经进口地商标权人（包括商标所有权人及商标使用权人）同意，从境外进口经合法授权生产的带相同商标的同类商品的行为。

我国《商标法》从未明确禁止平行进口，也未明确认可平行进口。前述我国 2008 年《专利法》明确规定了专利权人的"进口权"在首次销售后用尽，即在我国平行进口专利产品是合法行为。这无疑对广大消费者有益，也有利于加强国际贸易往来，所以我们认为平行进口一般不构成商标侵权。

第六章

商标权的保护

【内容提要】

本章讲述商标权保护的内容，其核心是如何认定商标侵权行为以及商标侵权行为应承担的法律责任。通过本章学习，要掌握商标侵权行为的概念和特征，相似商品及相似商标认定的原则及标准，商标侵权行为的法律责任及救济途径，保护商标权的具体执法措施。

第一节 商标侵权行为概述

一、商标侵权行为概念

我国商标法以保护注册商标专用权为原则，关于商标权保护的内容和范围在上一章已经讲述，在商标权保护范围内，其他人未经商标权人许可、又不符合商标权限制的情形，在与商标权人核准使用的相同或相似商品或服务上、使用与注册商标相同或近似的标识，就构成商标侵权行为。

在与商标权人核准使用的相同商品或服务上，使用与注册商标相同标识的侵权行为，在侵权认定上没有问题。在与商标权人核准使用的相似商品或服务上、使用与注册商标近似标识的侵权行为之认定，涉及对"相似商品"和"近似商标"的认定。

"相似商品"是指在功能、用途、销售渠道、消费对象等方面相同，或者相关公众一般认为存在特定联系、容易造成混淆的商品；《商标注册用商品和服务国际分类表》《类似商品和服务区分表》可作为判定类似商品或服务的参考，但不是最终依据。① 一般情况下，列在同一类的商品或服务属于相似商品或服务，个别不在同一分类的商品或服务也有可能构成相似商品或服务，其出发点是看相关公众在生活实践中是否会认为二者存在特定联系和一致性。

在商标侵权案件中，双方一般存在市场重合和竞争关系，才会对商标权人造成影响和损失，对于相似商品或服务的认定在实务中相对比较容易。但对于近似商标的认定，在实践中是复杂的问题，在后面的商标侵权行为认定中，我们重点予以分析探讨。

二、商标侵权行为认定的原则

商标最本质的功能是区别商品或服务的来源，对商标权的保护以达到避免他人提供的商品或服务与商标权人混淆为原则，核心在于防止消费者对商品或服务的来源产生混淆②。因此混淆原则是对商标保护范围确定的基本原则。

我国 2013 年修订的《商标法》，在商标侵权认定中明确纳入了"容易导致混淆"的条件，回归了商标权保护的本质和出发点。我国《商标法》第 57 条第 2 款规定，"未经商标注册人的许可，在同一种商品上使用与其注册商标近似的商标，或者在类似商品上使用与其注册商标相同或者近似的商标，容易导致混淆的；"属侵犯注册商标专用权的行为。

认定是否构成混淆的主观标准，是以"相关公众"的一般认知为标准，这与专利法中对于等同技术特征认定以该领域普通技术人员的判断为标准不同。"相关公众"是指商标所标识的商品或服务的经营者、消费者等与商品或服务市场推广有密切关系的人，不同人群对不同标识是否构成相似或混淆的认知差别很大。譬如对于汽车的标识，奔驰标识⊘和江淮标识⊗，在偏远山区不关注汽车的老人眼中这两个标识一定是近似的，但购买车辆的消费者不会混淆这两个品牌的车辆。"一般认知"是基于普通消费者在购买商品或接受服务时的注意力为标准。

认定商标近似与否的客观标准，是从被控侵权商标与商标权人的商标，在字形、读音和含义或者构图及颜色的整体相似性进行判断。具体认定时可通过"隔离比较观察法""要件观察法"，并对两个商标进行整体判断，来认定是否构成近似商标，能够造成消费者混淆。

认定商标是否构成近似引起混淆，还要根据个案综合考虑物的价值、标识

---

① 最高人民法院《关于审理商标民事纠纷案件适用法律若干问题的解释》第 11～12 条。

② 《知识产权法学》编写组：《知识产权法学》（马克思主义理论研究和建设工程重点教材），高等教育出版社 2019 年版，第 202 页。

的显著性、标识的知名度等因素。首先，我们知道购买的物品价格越昂贵，消费者的注意力就会越高，混淆商品的提供者的可能性就越低，因此是否构成混淆与商标所标识的商品有关。其次，是否构成混淆的认定，还与标识本身的显著性有密切的联系，标识的"显著性"越强，对构成近似商标的认定应宽松；反之，商标构成要素显著性越低，甚至采用了不具有显著性的构成要素，对其相似性认定就应该越谨慎。最后，商标的知名度越高，越容易让消费者留下深刻印象，引起混淆的可能性就越大，因此对于知名度越高的商标，在认定构成近似的时候应越宽松。

三、近似商标认定的案例分析

商标侵权行为认定涉及对"相似商品"和"近似商标"的认定，对于相似商品的认定具体到每个商标侵权个案，对于是否构成混淆在认定上有一定的主观性，下面就前面提及的"振升铝材构筑未来"商标侵权案件进行全面分析，以便同学们对商标侵权判断有更全面的理解。

[案例分析] 该案件的原告长沙振升金刚集团有限公司诉称其 2010 年 11 月 7 日在第 6 类商品上取得了"振升铝材　构筑未来"注册商标专用权，被告山东华建铝业集团有限公司未经许可在对外宣传中使用了"华建铝材　构筑未来"，该行为侵犯了"振升铝材　构筑未来"商标权，诉请法院判令被告停止侵犯商标权行为，赔偿损失人民币 300 万元。

原告主张被告侵犯其商标权的行为是否成立，关键是认定"华建铝材　构筑未来"与"振升铝材　构筑未来"是否构成近似商标。

被告主张两者不构成近似商标。主要理由是，首先从商标构成要素角度分析，"华建铝材，构筑未来"与"振升铝材，构筑未来"，二者核心词汇"华建"与"振升"系各自企业名称中的区别性标识字号，起到了明确提请客户识别其商品各自不同来源的作用和效果。其次原告商标显著性弱，如前所述，原告的商标"振升铝材，构筑未来"中"铝材　构筑未来"都属于公共资源，这六个字均无"显著性"。"铝材"是通用名称，"构筑未来"是业界普遍使用的表达美好愿景的词汇，被告提供的证据《华亚铝材　构筑未来——记广东南庄华亚铝材有限公司》《广亚铝材　实力构筑未来》等文章予以佐证此事实。原告商标"振升铝材，构筑未来"中唯一有显著性的是"振升"，被告使用的"华建"与"振升"没有任何相似性，被告广告语在首要、突出的位置使用具有显著性的词汇"华建"，使得"华建铝材，构筑未来"与"振升铝材，构筑未来"构成显著差异，不构成商标近似。最后，该商标标识的产品是工业产品，每次交易合同额巨大，购买者会多次反复与生产企业沟通，不会连生产厂家都误认就进行交易，根本不会造成相关公众混淆。2017 年 3 月 30 日最高人民法院（2017）最高法民申 716 号民事裁定书中在本院认为部分写明："根据《最高人民法院关于审理商标民事纠纷案件适用法律若干问题的解释》第 10 条的规定，认定商标相同或者近似，应当以相关公众的一般注意力为标准；既要进行对商标的整体比对，又要进行对商标主要部分的比对，比对应当在比对对象隔离的状态下分别进行；判断商标是否近似，应当考虑请求保护注册商标的显著性和知名度。"综合起来，"华建铝材　构筑未来"与"振升铝材　构筑未来"不能构成近似商标。

一审法院湖南省长沙市中级人民法院（2017）湘 01 民初字 3708 号民事判决认定被告构成商标侵权，该判决书在本院认为部分写道：商标相同，是指被控侵权的商标与原告的注册商标相比较，二者在视觉上基本无差别。商标近似，是指被控标识与原告的注册商标相比较，其文字的字形、读音、含义或者图形的构图及颜色，或者其各要素组合后的整体结构相似，或者其立体形状、颜色组合近似。本案中，将"华建铝材构筑未来"与原告第 6179256 号注册商标进行隔离比对，本院认为，被控侵权的"华建铝材构筑未来"标识，与原告注册商标的"振升铝材构筑未来"文字在字数、排序、结构、韵律、含义及后六个汉字等方面完全相同，仅"华建"与"振升"的微弱之差，在一般公众看来，容易产生混淆和误认，构成商标近似。①

笔者认为湖南省长沙市中级人民法院（2017）湘 01 民初字 3708 号民事判决认定被告构成商标侵权的结论有所偏颇。判断是否构成商标侵权意义上的近似，不仅看构成要素的相似性，更要考虑其使用是否足以达到造成市场混淆、相关公众误认的程度。该原则早已在司法实践中得以确认，在 2013 年商标法修订又纳入了这一原则。本案中原告的注册商标"振升铝材，构筑未来"中的"铝材　构筑未来"缺乏显著性，"华建"与"振升"从字形、读音、含义都有明显区别，不会引起相关公众混淆。同时 2013 年《商标法》第 59 条第 1 款规定："注册商标中含有的本商品的通用名称、图形、型号，或者直接表示商品的质量、主要原料、功能、用途、重量、数量及其他特点，或者含有的地名，注册商标专用权人无权禁止他人正当使用。"本案中的商标构成要素"铝材"是通用名称，商标权人无权禁止他人使用。综合判断，笔者认为不应当认定构成商标侵权。从这一案件事实认定上，也可以看出对于商标是否构成近似的认定，具有一定的主观性和不确定性。

---

① 中国裁判文书网，访问时间：2019 - 08 - 01。

第二节　商标侵权行为类型

　　根据我国《商标法》和实施条例等法律文件的有关规定，对商标侵权行为进行了分类，《商标法》第 57 条规定："有下列行为之一的，均属侵犯注册商标专用权：（一）未经商标注册人的许可，在同一种商品上使用与其注册商标相同的商标的；（二）未经商标注册人的许可，在同一种商品上使用与其注册商标近似的商标，或者在类似商品上使用与其注册商标相同或者近似的商标，容易导致混淆的；（三）销售侵犯注册商标专用权的商品的；（四）伪造、擅自制造他人注册商标标识或者销售伪造、擅自制造的注册商标标识的；（五）未经商标注册人同意，更换其注册商标并将该更换商标的商品又投入市场的；（六）故意为侵犯他人商标专用权行为提供便利条件，帮助他人实施侵犯商标专用权行为的；（七）给他人的注册商标专用权造成其他损害的。"我们将上述商标侵权行为分别进行阐述。

一、非法"使用"他人注册商标

　　非法"使用"他人注册商标，即将他人商标标识于其生产的商品上，是我们俗称的"造假"行为。这种非法"使用"是最典型的商标侵权行为，直接侵犯了商标权人的禁止权，也是严重的商标侵权行为。且该侵权行为与其他商标侵权行为有密切关系，是销售"假货"的前提，是制造、销售假冒注册商标标识的推动者。

　　2013 年修订的《商标法》把这种非法"使用"他人注册商标的行为分为两类，第一类是未经商标注册人的许可，在同一种商品上使用与其注册商标相同的商标的侵权行为，这种最直接最完整的商标侵权行为，在认定上不会发生歧义。

　　第二类商标侵权行为是未经商标注册人的许可，在同一种商品上使用与其注册商标近似的商标，或者在类似商品上使用与其注册商标相同或者近似的商标，容易导致混淆的。这类商标侵权行为具体分为三种：（1）在相同商品上使用近似商标的行为；（2）在相似商品上使用相同商标的行为；（3）在相似商品上使用近似商标的行为。对于相似商品和近似商标的认定，前面部分已经叙述，不再赘述。

二、非法"销售"行为

在保护野生动物的广告中，我们经常听到"没有买卖就没有伤害"，在制止商标侵权行为的过程中，让销售侵犯注册商标专用权商品人承担相应的法律责任，禁止和制裁销售侵犯商标权的"假货"，使得制造出的"假货"无法进入市场流通，让制假者的利益难以实现。在流通环节对商标侵权人予以制裁，是保护商标权的重要组成部分。

我们也承认，有些"假货"造假技术高明，销售者难以区分，在销售者完全不知情销售"假货"的情况下，让其承担严重的法律责任有失公允，也违背因过错而承担侵权责任的基本原则。因此我国《商标法》第64条第2款规定："销售不知道是侵犯注册商标专用权的商品，能证明该商品是自己合法取得并说明提供者的，不承担赔偿责任。"

需要注意两点：第一，销售者需要证明该商品是自己合法取得并说明提供者，合法取得包括合法来源及合理价格的要求，如果存在从不正当渠道、以明显低于正品价格进货则不能免除赔偿责任；此种情况下销售者说明了提供者，商标权人可以向"提供者"维权，对商标权人也没有影响。第二，这种不知情的销售行为仍然构成商标侵权，只是不需要承担赔偿责任，停止侵权的法律责任还是要承担的；如果在被告知所销售的是"假货"后，再行销售的部分就属于需要承担赔偿责任的商标侵权行为。

三、非法"制造"或"销售"注册商标标识

非法"使用"商标侵权行为，具体表现为将他人的注册商标标签粘贴于其生产的商品、商品包装或者容器上，以达到让消费者混淆商品提供者的目的。含有他人注册商标的标签印制行为，为他人实施造假、售假行为提供了条件，制止非法"制造"或"销售"注册商标标识行为，是从源头上控制商标非法"使用"行为和非法"销售"行为，具有非常重要的意义。

商标法明确规定，伪造、擅自制造他人注册商标标识或销售伪造、擅自制造的注册商标标识的，属于商标侵权行为，应当承担相应的民事赔偿责任，情节严重的还要承担刑事责任。

非法"制造"或"销售"注册商标标识具体包括以下两种情形：未经商标权人许可擅自伪造、制造其注册商标标识，销售他人伪造、擅自制造的注册商标标识。虽然非法"制造"或"销售"注册商标标识获利数额不大，但社会危害性非常大，因此对此种行为主要通过加强商标印制管理来杜绝。我国对商标印制管理有一套严格完整的制度，商标印制单位必须依法登记，并经其县级以

上工商机关依法登记为"指定印制商标单位"的企业和个体工商户。① 商标印制单位在接受业务前，要认真查验委托人的资格，是否是合法的商标权人或商标权许可的人，委托印制的商标与商标权注册证书的商标是否一致，委托需要提供的生产许可等证明文件是否齐备；并对商标印制有关的事项进行登记备案。严格禁止商标标识擅自交易行为，对印刷过程中商标标识的数量要严格管理，不仅对合格品要严格管理，对印刷过程中的不合格品也要严格管理，废次品商品都要清点好数量进行销毁，销毁时最好规定要有两个以上的人共同销毁、核对、记录。

四、反向假冒行为

所谓的"反向"，顾名思义与通常的商标侵权行为"相反"，通常的商标侵权行为，是品牌知名度低的企业侵犯品牌知名度高的企业商标权，即俗称的"傍名牌"。反向假冒是品牌知名度高的企业侵犯品牌知名度较低企业的商标权，此种商标侵权行为是 2001 年修改《商标法》时增设的内容，是源于著名的"枫叶诉鳄鱼"案。

[案例分析] 1994 年北京服装厂在北京百盛购物中心发现，新加坡鳄鱼公司的经销商购买其生产的"枫叶"牌西裤，剪掉"枫叶"商标并换上"鳄鱼"商标后出售。北京服装厂认为鳄鱼公司侵犯了其商标权，向法院提起商标侵权之诉。鳄鱼公司主张并未使用北京服装厂的"枫叶"商标，不构成商标侵权行为；从前述的商标侵权行为构成要件看，鳄鱼公司确实未使用与北京服装厂主张的"枫叶"商标相同或近似的标识，消费者购买"鳄鱼"品牌的西裤，并没有直接损害北京服装厂的利益，因为消费者不购买"鳄鱼"牌西裤，未必就会购买"枫叶"牌西裤；因此有一种意见认为不构成商标权侵权行为。但此种行为明显违背诚实信用、公平交易原则，侵犯了消费者的合法权益；另一种观点认为，此种行为不仅侵害了消费者的权利，也损害了"枫叶"商标权人的权利，如果此种行为长期发生，会导致商标权人的"枫叶"牌商标失去向消费者展示自己的商标的机会，该标识被消费者忘记，影响"枫叶"商标的知名度和市场影响力；主张构成商标侵权行为。

对于此种行为是否构成商标侵权，世界各国并无通行的立法例，美国采用反不正当竞争法予以规制，法国在商标法中禁止这种行为，德国未作规定，日本法律规定在使用注册商标的商品流入市场前去除商标、更换注册商标构成侵

---

① 吴汉东主编：《知识产权法》，法律出版社 2004 年版，第 251 页。

权，在商品流入市场后去除商标、更换注册商标不构成侵权。①

我国 2001 年修改《商标法》，将此种行为规定为商标侵权行为之一种，未经商标注册人同意，更换其注册商标并将该更换商标的商品又投入市场的，构成商标侵权行为。此种商标侵权行为应该同时符合几个条件，缺其一则不构成商标侵权。首先，必须是未经注册商标人同意，在实践中存在自愿为知名品牌商品提供加工、承揽的品牌定制生产，即我们俗称的"代工"和"贴牌"，生产出的商品并未使用自己的商标，但因为这种经营关系基于双方自愿，不违反法律、行政法规的强制性规定，是合法有效的。其次，更换商标的行为发生在商品流通过程中，如果该商品已经达到了销售目的，被消费者购买后再替换商标，就不属于此种侵权行为。

五、间接侵权行为

2013 年《商标法》修改增加了一个条款，规定故意为侵犯他人商标专用权行为提供便利条件，帮助他人实施侵犯商标专用权行为的，属于商标侵权行为。说明法律对于此种侵权行为的规制非常重视，单独作为一种侵权行为情形予以规制，主要是指在仓储、运输等过程给商标侵权人提供便利条件的行为，也包括帮助商标侵权人隐瞒侵权事实、藏匿侵权商品的行为。

对这些环节加强对商标侵权行为的控制，使得商标侵权行为难以实施，因此《商标法》增加此项规定有积极意义。同时不能对上述仓储、运输人员赋予过重的法律责任，并不是所有为商标侵权行为人提供仓储、运输等便利条件的行为均构成商标侵权，只有当行为人"故意"的时候才构成侵权，即行为人明知他人正在实施侵犯商标权的行为，仍然为其提供仓储、运输等服务，就构成商标侵权行为。

六、其他侵权行为

随着市场经济程度的不断深入，商品销售方式不断更新，商标侵权行为的类型也会有不断的更新或发展，因此我国《商标法》第 57 条有一个兜底的条款，指上述几种比较常见的商标侵权行为之外，凡是给他人注册商标专用权造成损害的行为，都构成商标侵权行为。实务中主要包括将商标用作其他商业标志使用，企业名称侵犯商标权，域名侵犯商标权等行为，只要达到引起相关公众混淆商品或服务来源的程度，都构成商标侵权。

---

① 刘春田主编：《知识产权法》，中国人民大学出版社 2014 年版，第 305 页。

第三节　商标侵权法律责任及执法措施

广义的法律责任泛指任何个人和组织都负有遵守法律规定、维护法律尊严的义务，狭义的法律责任指违法者对其违法行为要承担法律明确规定的、具有强制性的法律责任。本章节所述为商标侵权行为要依法承担相应的法律责任，即我国《商标法》规定的商标侵权行为要依法承担的民事责任、行政责任和刑事责任。依据商标侵权人承担的责任形式不同，也表明商标权人可以通过向法院提起民事诉讼请求损害赔偿、向工商局等行政机关请求行政处罚、向公安机关提供侵权线索追究侵权人刑事责任多种方式维护自己的合法权益。大家通过本节学习，知悉商标侵权几种维权方式的特点，在遇到商标侵权行为时，可结合实际情况恰当处置。

一、民事责任及民事保护

商标侵权人承担民事责任是商标权作为一项民事权利，受到侵害时一种当然的保护措施，只要符合商标侵权构成要件，商标侵权人就应该承担相应的民事责任。对于商标侵权行为，被侵权人可以直接向有管辖权的人民法院提起民事诉讼，关于知识产权民事诉讼相关问题，在总论部分已经讲述，在此只强调关于商标侵权民事诉讼特别的法律规定。通过民事诉讼，判令商标侵权人承担赔偿损失在内的民事责任，既是对商标权人权利最直接的实现，也是最常用的维权方法。2013 年《商标法》修订，强化了商标侵权行为的法律责任，在商标侵权赔偿数额、举证责任、"善意"侵权等事项作出了新的规定。

（一）商标侵权的赔偿责任

2013 年《商标法》第一次明确规定了惩罚性赔偿，并大大提高了酌定赔偿数额的上限。该法第 63 条第 1 款规定："侵犯商标专用权的赔偿数额，按照权利人因被侵权所受到的实际损失确定；实际损失难以确定的，可以按照侵权人因侵权所获得的利益确定；权利人的损失或者侵权人获得的利益难以确定的，参照该商标许可使用费的倍数合理确定。对恶意侵犯商标专用权，情节严重的，可以在按照上述方法确定数额的 1 倍以上 3 倍以下确定赔偿数额。赔偿数额应当包括权利人为制止侵权行为所支付的合理开支。"首次明确规定了对恶意侵犯商标权的惩罚性赔偿，规定对情节严重的恶意侵犯商标专用权行为，可以在法律规定的方法确定数额的 1 倍以上 3 倍以下确定赔偿数额。

同时大大提高了法院依法酌定赔偿数额的上限，从原来的 50 万元，提高到现在的 300 万元，是现行《专利法》法定赔偿数额上限 100 万元的 3 倍。

（二）商标侵权民事诉讼的举证责任分配

2013 年修订的《商标法》在对侵权损失的举证责任分配上有一些新的规定，这些内容对于商标权人非常重要，因为在商标侵权诉讼中，对于损失的举证义务，权利人很难完成。商标权人自己损失方面的证据，被控侵权人会抗辩缺乏客观性；侵权人获利的证据，商标权人很难取得。

2013 年修订的《商标法》第 63 条第 2 款规定："人民法院为确定赔偿数额，在权利人已经尽力举证，而与侵权行为相关的账簿、资料主要由侵权人掌握的情况下，可以责令侵权人提供与侵权行为相关的账簿、资料；侵权人不提供或者提供虚假的账簿、资料的，人民法院可以参考权利人的主张和提供的证据判定赔偿数额。"这一规定极大减轻了权利人的举证责任，加强了商标权保护的力度。

（三）明确规定"善意"侵权承担停止侵权的责任

所谓"善意"侵权，指销售不知道是侵犯注册商标专用权的商品，能证明该商品是自己合法取得并说明提供者的行为，按照《商标法》规定，此种情形下销售者不承担赔偿责任。在教学过程中，一直给学生讲述这种"善意"侵权行为，只是不承担赔偿责任，仍然构成商标侵权，停止侵权的民事责任是要依法承担的，但没有法律的明确规定。2013 年《商标法》第 60 条第 2 款明确规定："销售不知道是侵犯注册商标专用权的商品，能证明该商品是自己合法取得并说明提供者的，由工商行政管理部门责令停止销售。"

二、行政责任及行政保护

商标权不仅可以通过向人民法院提起民事诉讼保护自己的合法权益，还可以通过行政手段及时、有效地维护自己的权益。遇到商标侵权行为时，商标权人不仅可以向人民法院提起民事诉讼维护自己的合法权益，还可以向工商行政管理部门控告，工商行政管理部门有权依照《商标法》及其他法律规定，及时查处商标侵权行为，维护商标权人的合法权益。

通过行政保护方式维护商标权人的合法权益，比民事诉讼方式最大的优点在于效率。我们知道民事诉讼是两审终审原则，一审审限为 6 个月，二审审限为 3 个月，加上一审和二审之间的移送时间，一般情况下要超过 1 年的时间方能结案。相比之下，行政保护的效率就具有明显的优势。

（一）行政查处程序

工商行政管理机关既可依商标权人的申请对商标侵权行为进行处置，也可以依职权处理在检查中发现的商标侵权行为。其他公民也有权利向工商行政机管理关检举商标侵权行为，工商行政机关只要核实有商标侵权行为，都可以依法处置。这与民事诉讼只能由与案件有直接利害关系的公民、法人和其他组织作为原告提起诉讼，有明显不同。

我国《商标法》第 62 条规定："县级以上工商行政管理部门根据已经取得的违法嫌疑证据或者举报，对涉嫌侵犯他人注册商标专用权的行为进行查处时，可以行使下列职权：（一）询问有关当事人，调查与侵犯他人注册商标专用权有关的情况；（二）查阅、复制当事人与侵权活动有关的合同、发票、账簿以及其他有关资料；（三）对当事人涉嫌从事侵犯他人注册商标专用权活动的场所实施现场检查；（四）检查与侵权活动有关的物品；对有证据证明是侵犯他人注册商标专用权的物品，可以查封或者扣押。工商行政管理部门依法行使前款规定的职权时，当事人应当予以协助、配合，不得拒绝、阻挠。"

（二）行政执法措施

工商行政管理机关在查处商标侵权行为并认定后，可以依法采取多种执法措施，及时有效地维护商标权人的合法权益。工商行政管理机关可以采取的行政执法措施有责令停止侵权、销毁侵权制品及工具、处以行政罚款、没收非法所得等措施，这些措施对快速制止商标侵权非常有效。

我国《商标法》第 60 条第 2 款规定，工商行政管理部门处理时，认定侵权行为成立的，责令立即停止侵权行为，没收、销毁侵权商品和主要用于制造侵权商品、伪造注册商标标识的工具，违法经营额 5 万元以上的，可以处违法经营额 5 倍以下的罚款，没有违法经营额或者违法经营额不足 5 万元的，可以处 25 万元以下的罚款。对 5 年内实施两次以上商标侵权行为或者有其他严重情节的，应当从重处罚。销售不知道是侵犯注册商标专用权的商品，能证明该商品是自己合法取得并说明提供者的，由工商行政管理部门责令停止销售。

工商行政管理机关只可以对侵犯商标权的赔偿数额组织调解，不能决定赔偿数额，因为具体赔偿数额的确定，要对双方的证据进行举证、质证，给双方充分的表达机会，必须通过诉讼程序解决。

（三）与民事保护及刑事保护的关系

1. 与民事保护的关系

通过商标权的行政保护不仅可以打击商标侵权行为，还可以固定商标侵权证据，为商标权人通过民事诉讼维护自己的合法权益创造条件。在行政机关查处商标侵权行为时，对侵犯商标专用权的赔偿数额的争议，当事人可以请求进行处理的工商行政管理部门调解，也可以依照《中华人民共和国民事诉讼法》向人民法院起诉。经工商行政管理部门调解，当事人未达成协议或者调解书生效后不履行的，当事人可以依照《中华人民共和国民事诉讼法》向人民法院起诉。

2. 与刑事保护的关系

工商行政机关在行政处理过程中，如果发现商标侵权行为已经构成犯罪，移送司法机关追究侵权人的刑事责任。我国《商标法》第61条规定："对侵犯注册商标专用权的行为，工商行政管理部门有权依法查处；涉嫌犯罪的，应当及时移送司法机关依法处理。"

三、刑事责任及刑事保护

刑事责任是针对严重的侵权行为而设，只有商标侵权行为中主观恶意明显、社会危害性严重的，才让侵权人承担刑事责任。凡是没有明确规定为要承担刑事责任的侵权行为，都不能让侵权人受到刑事处罚。

（一）承担刑事责任的商标侵权行为

按照我国《商标法》第67条和《刑法》第213、214、215条的规定，侵犯注册商标专用权构成犯罪的有：假冒注册商标罪，销售假冒注册商标的商品罪，非法制造、销售注册商标标识罪。这些都是严重侵害商标权的行为，与承担民事责任和行政责任相比较，法律对承担刑事责任的情形做了明确的界定和限缩。

我国《商标法》第67条规定："未经商标注册人许可，在同一种商品上使用与其注册商标相同的商标，构成犯罪的，除赔偿被侵权人的损失外，依法追究刑事责任。伪造、擅自制造他人注册商标标识或者销售伪造、擅自制造的注册商标标识，构成犯罪的，除赔偿被侵权人的损失外，依法追究刑事责任。销售明知是假冒注册商标的商品，构成犯罪的，除赔偿被侵权人的损失外，依法追究刑事责任。"

（二）侵犯注册商标罪的刑罚尺度

根据《刑法》第213、214、215条的规定，构成侵犯注册商标罪的，处3年以下有期徒刑或拘役，并处或单处罚金；情节特别严重或者销售金额巨大的，处3年以上7年以下有期徒刑，并处罚金。单位犯罪的，对单位处罚金，并对直接负责的主管人员和其他直接责任人员，依照前述规定处以刑罚。

第七章

驰名商标的认定及保护

【内容提要】

本章讲述什么是驰名商标，驰名商标认定的主体、方式和因素，对驰名商标有哪些特殊保护手段。本章重点内容为驰名商标的认定和特殊保护。通过本章学习要求大家掌握驰名商标的概念；驰名商标认定应考虑的因素；驰名商标的法律保护。

第一节　驰名商标的概念

最有价值也最容易被侵权的商标，是那些有良好的市场知名度和美誉度的驰名商标。因此法律对于经过长期使用，在市场上享有较高声誉、为相关公众所熟知的驰名商标要进行特别的保护，即在前述注册商标权保护的基础上，增加对这些驰名商标的保护手段。对驰名商标进行特殊保护的前提，是认定哪些商标属于驰名商标。

驰名商标并非商标的某一类型，是与普通注册商标相对应的一个概念，所有的普通注册商标都有可能成为驰名商标，商标是否驰名不会通过注册获得、一定是通过使用达到的。这是商标作为标识性智力成果权，与以创造性智力成果为客体的著作权和专利权的不同，因此我们将驰名商标的保护作为专章讲述。

驰名商标这一表述早已被国际公约和各国法律广泛采用，但对于什么是驰名商标一直没有确切的定义。最早规定保护驰名商标的《巴黎公约》没有给驰名商标一个明确定义，TRIPS 协议扩大了对驰名商标保护的范围，也没有给驰名商标一个具体的概念和定义。世界知识产权组织试图组织专家会议给驰名商标一个明确的定义，也未能达成。各国对驰名商标的称呼也略有差异，也被叫作著名商标、知名商标、名牌商标等。

不管如何称谓，对驰名商标的含义都着重于该商标在市场上的声誉和知名度，是指在相关广大公众中享有较高声誉，有较高知名度的商标。

我国2003年颁发的《驰名商标认定和保护规定》中的驰名商标是指在中国为相关公众所广为知晓并享有较高声誉的商标。相关公众包括与使用商标所标示的某类商品或者服务有关的消费者，生产前述商品或者提供服务的其他经营者以及经销渠道中所涉及的销售者和相关人员等。此定义将驰名商标限定为中国相关公众所广为知晓。

2013年《商标法》第13条规定："为相关公众所熟知的商标，持有人认为其权利受到侵害时，可以依照本法规定请求驰名商标保护。"取消了原来"在中国"为相关公众所知晓的地域限制，已经达到国际社会对驰名商标的一贯理解。

商标是否驰名与注册没有直接关系（已经废止的1996年8月14日国家工商行政管理局发布的《驰名商标认定和管理暂行规定》对驰名商标的定义为，在市场上享有较高声誉并为相关公众所熟知的注册商标），驰名商标不是特定的商标种类，任何商标都有可能成为驰名商标。商标是否驰名是动态的，一个不够驰名的商标经过使用获得了市场相关公众的广泛知晓就成为驰名商标；一个已经驰名的商标，如果之后商标权人不再继续使用该商标，也会使得相关公众对商标的认知降低而不再符合驰名商标的条件。

第二节　驰名商标的认定

驰名商标的认定是驰名商标特殊保护首先要解决的问题，各国对驰名商标认定标准也有些差异。我国商标法律制度从认定的主体、方式及标准各方面，也都是逐步发展和变化的。

一、驰名商标的认定标准

根据我国现行《商标法》第14条的规定，认定驰名商标应考虑下列因素：（1）相关公众对该商标的知晓程度；（2）该商标使用的持续时间；（3）该商标的任何宣传工作的持续时间、程度和地理范围；（4）该商标作为驰名商标受保护的记录；（5）该商标驰名的其他因素。

证明相关公众对商标的知晓程度比较难以量化，一般可以通过社会调查方式取得一个数据，对于样本的采集标准、数量、代表性等方面都要注意。证明该商标使用的持续时间的材料，包括证明商标使用权注册的时间、用于商品包装上开始使用的时间等资料。证明商标的任何宣传工作的持续时间、程度和地理范围的资料，比较重要且容易提供，包括广告宣传的方式、媒体种类、宣传频率和地域范围等，需要提供宣传的合同、电视媒体的视频、平面媒体的报纸及杂志原件。证明该商标作为驰名商标受保护的记录，是指曾在中国或其他国家被司法机关认定为驰名商标进行保护的记录。该商标驰名的其他因素，包括该商品的销售范围、销售量、在同行业中的排名等有关资料。

大家请注意，商标局、商标评审委员会及司法机关在认定驰名商标时，应当综合考虑《商标法》第14条规定的各项因素，但不以该商标必须满足该条规定的全部因素为前提。有些商标使用时间很短，但在一夜驰名的情形下，也可被认定为驰名商标。

二、认定方式

对驰名商标认定的方式包括主动认定与被动认定。所谓主动认定指尚未发生商标侵权纠纷的情况下，有关行政部门主动对商标是否驰名进行认定。被动认定是在商标确权或侵权纠纷案件中，当事人主张其商标驰名的，提交相应证据，交由商标主管机关或法院在个案中进行判断。

我国对于驰名商标的认定经历一个过程：只承认主动认定；以主动认定为主，被动认定为辅，均由行政机关进行认定；司法机关可以对商标是否驰名个案认定。我国现行的驰名商标法律保护体系确立了"个案保护，被动认定"的模式，《商标法》第14条第1款明确规定："驰名商标应当根据当事人的请求，作为处理涉及商标案件需要认定的事实进行认定。"并规定了不同情况下驰名商标的认定的主体和方式。

（一）工商行政部门认定

工商行政管理部门在审查、查处商标违法案件过程中，遇到涉嫌侵权人在不相同或不相似的商品上使用与其注册商标相同或近似的标识，或者在企业名称、域名上使用注册商标标识，按照普通商标的话不构成侵权，商标权人主张其商标构成驰名商标，工商行政管理部门可以对商标是否驰名作出认定，其依据是我国《商标法》第14条第3款的规定："在商标注册审查、工商行政管理部门查处商标违法案件过程中，当事人依照本法第13条规定主张权利的，商标局根据审查、处理案件的需要，可以对商标驰名情况作出认定。"

（二）商标评审委员会认定

商标评审委员会在商标争议处理过程中，遇到他人在不相同或不相似的商品上申请注册与商标权人相同或近似的商标，依照商标按类保护的原则，可以核准注册。商标权人主张自己的注册商品构成驰名商标、可以对抗他人在不相同或不相似的商品上注册，商标评审委员会依照当事人的申请、并根据处理案件的需要，可以对商标驰名情况作出认定。其依据是我国《商标法》第 14 条第 4 款的规定："在商标争议处理过程中，当事人依照本法第 13 条规定主张权利的，商标评审委员会根据处理案件的需要，可以对商标驰名情况作出认定。"

（三）司法机关认定

有管辖权的人民法院在审理商标侵权案件过程中，遇到被控侵权人在不相同或不相似的商品上使用与其注册商标相同或近似的标识，或者在企业名称、域名上使用注册商标标识，按照普通商标进行侵权认定的话不构成侵权，商标权人主张其商标构成驰名商标时，人民法院可在个案中根据具体情况予以认定。其依据是我国《商标法》第 14 条第 5 款的规定："在商标民事、行政案件审理过程中，当事人主张认定其商标为驰名商标的，最高人民法院指定的人民法院根据审理案件的需要，可以对商标驰名情况作出认定。"

第三节 驰名商标的法律保护

我国《商标法》对注册商标保护的手段和方式，对注册的驰名商标都适用，法律对驰名商标有一些特殊的保护。

一、对注册的驰名商标扩大保护范围

（一）对驰名商标的跨类保护

1. 拒绝注册或撤销注册

一般注册商标的保护范围是按类保护，禁止他人未经商标注册人的许可，在同一种商品上使用与其注册商标相同的商标的；在同一种商品上使用与其注册商标近似的商标，或者在类似商品上使用与其注册商标相同或者近似的商标。

对驰名商标扩大保护到不相同或不相似的商品上，不允许他人在不相同或不相似的商品上使用与驰名商标相同或近似的标识。在商标申请注册的过程中，商标局应拒绝这类商标核准注册；如果已经核准注册，驰名商标权人可以申请撤销商标注册。

2. 禁止作为商标使用

不仅这类商标不能被核准注册，也不允许他人在不相同或不相似的商品上，使用与驰名商标相同或近似的商标。我国《商标法》第 13 条第 3 款规定："就不相同或者不相类似商品申请注册的商标是复制、摹仿或者翻译他人已经在中国注册的驰名商标，误导公众，致使该驰名商标注册人的利益可能受到损害的，不予注册并禁止使用。"

3. 特别期限的排他权

按照我国《商标法》的规定，对已经注册的商标，自商标注册之日起 5 年内，在先权利人或者利害关系人可以请求商标评审委员会宣告该注册商标无效。这个 5 年的期限是对一般注册商标而言，对驰名商标法律予以特别期限的排他权，我国《商标法》第 45 条规定："已经注册的商标，违反本法第 13 条第 2 款和第 3 款、第 15 条、第 16 条第 1 款、第 30 条、第 31 条、第 32 条规定的，自商标注册之日起 5 年内，在先权利人或者利害关系人可以请求商标评审委员会宣告该注册商标无效。对恶意注册的，驰名商标所有人不受 5 年的时间限制。"

（二）驰名商标的保护延伸到其他商业标志

对驰名商标的保护，还延伸到商标以外的其他商业标识，目前法律明确规定驰名商标保护延伸到对企业名称，司法实践中已经延伸到域名。

1. 禁止作为企业名称使用

在企业名称中出现驰名商标，会让消费者误认为该企业与商标权人有一定的关联关系，因此驰名商标权人有权请求禁止他人将与自己相同或近似的商标或近似的文字，作为企业名称商号使用。我国早在 1996 年的《驰名商标认定和保护暂行条例》中就禁止将与驰名商标相同或近似的文字作为企业名称一部分使用、可能损害驰名商标注册人权益或可能引起公众误认的行为。2013 年我国《商标法》第 58 条规定："将他人注册商标、未注册的驰名商标作为企业名称中的字号使用，误导公众，构成不正当竞争行为的，依照《中华人民共和国反不正当竞争法》处理。"

2. 禁止作为域名注册

我国《商标法》未规定禁止将驰名商标作为域名注册，在互联网上存在将他人驰名商标作为域名注册的情形，有可能会引起消费者误认该域名与驰名商标权人有一定关联。在司法实践中，杜邦公司诉北京国网信息有限公司计算机网络域名侵权案，法院判决认定被告将他人驰名商标作为域名注册构成侵权，①

---

①　最高人民法院：《中国法律年鉴》，中国法律出版社 2003 年版，第 1074 页。

将对驰名商标的保护扩大到互联网上。

将驰名商标的特殊保护延伸到网络中反映了驰名商标制度的发展趋势，也是维护经营秩序、保护消费者权益和诚实信用原则的要求，但域名与驰名商标的冲突问题比较复杂，同一文字商标有多个驰名商标权人，譬如"长城"；不同文字相同读音的商标，对应的域名是一样，因此不能简单、无条件地将驰名商标保护延伸到域名，而应在个案中具体分析域名注册和使用的真实意图、是否会引起相关公众与驰名商标权人产生混淆和联系等，进行综合考量认定是否构成域名注册不当。

（三）对未注册驰名商标予以保护

我国《商标法》第13条第2款规定："就相同或者类似商品申请注册的商标是复制、摹仿或者翻译他人未在中国注册的驰名商标，容易导致混淆的，不予注册并禁止使用。"第58条规定，将他人注册商标、未注册的驰名商标作为企业名称中的字号使用，误导公众，构成不正当竞争行为的，依照《中华人民共和国反不正当竞争法》处理。

（四）放宽驰名商标注册显著性要求

我国《商标法》第11条规定："下列标志不得作为商标注册：（一）仅有本商品的通用名称、图形、型号的；（二）仅直接表示商品的质量、主要原料、功能、用途、重量、数量及其他特点的；（三）其他缺乏显著特征的。前款所列标志经过使用取得显著特征，并便于识别的，可以作为商标注册。"

二、驰名商标保护的相关问题

（一）禁止驰名商标权人滥用权利

我国《商标法》对驰名商标进行了扩大保护，充分保障驰名商标权人的合法权益。但商标本质的功能是区别商品和服务的来源，商标权人只能按照《商标法》的规定在核定的商品上、使用核准注册的商品，标明商品的提供者，不能将商标用于企业宣传中，让消费者对商品品质产生某些误认。

2013年修订的《商标法》在强化驰名商标保护的同时，也关注了对驰名商标权人不当使用商标行为的规制，该法第14条最后1款规定："生产、经营者不得将'驰名商标'字样用于商品、商品包装或者容器上，或者用于广告宣传、展览以及其他商业活动中。"

（二）防止驰名商标被淡化

商标淡化，是指减少、削弱驰名商标或其他具有相当知名度的商标的识别性和显著性，损害、玷污其商誉的行为。具体淡化行为包括将他人的驰名商标使用在不相同、不相似的商品或服务上，例如，将家用电器"菲利浦"商标作为自己生产的家具的商标；将他人的驰名商标作为自己企业名称的组成部分，例如，将"长虹"商标用作自己酒店的名称。这两种行为已经被我国《商标法》予以禁止，还有一些法律未明确规定的行为，也会造成驰名商标淡化，将他人的驰名商标作为域名使用，例如，将手表商标"OMEGA"（欧米茄）抢注为自己的域名（www. OMEGA. com）；将他人的驰名商标作为自己商品的装潢使用；将他人的驰名商标作为商品或服务的通用名称使用等行为，譬如"香槟"（CHAMPAGNE）是指产自法国香槟产区并严格按照特定工艺酿造的发泡葡萄酒的商标，但由于曾经使用不当以至于很多人认为香槟是起泡的白葡萄酒的通用名称。

美国是较早实施反淡化保护的国家。马萨诸塞州于1947年率先制定了《反淡化法》，以后又有纽约州等20多个州效仿。美国于1996年颁布了《联邦商标反淡化法》，把反淡化理论正式引入联邦法律，从立法上明确禁止将驰名商标用于非类似商品或服务上。

当今世界上除了美国以外，其他国家都没有关于反商标淡化方面的专门立法，我国目前的法律法规中尚没有关于反商标淡化的明确规定。驰名商标权人要关注有可能造成商标淡化的行为，发现有可能减少、削弱驰名商标的识别性和显著性的行为，要及时制止、依法维护自己的合法权益。